Thomas Hofer

Die Tricks der Politiker

UEBERREUTER

Das säurefreie und alterungsbeständige Papier EOS liefert Salzer, St. Pölten (hergestellt aus chlorfrei gebleichtem Zellstoff aus nachhaltiger Forstwirtschaft).

ISBN 978-3-8000-7448-8

Covergestaltung: Kurt Hamtil, Verlagsbüro Wien
Coverfoto: Anthony Berenyi/iStockphoto.com

Gedruckt in Österreich
7 6 5 4 3 2 1

Ueberreuter im Internet: www.ueberreuter.at

Inhalt

VORWORT

Kennen Sie die dümmste Ausrede von Politikern? Ein kleiner Tipp: Es ist auch ihre häufigste. Immer, wenn eine Wahl verloren geht, immer, wenn etwas schiefläuft und sich Medien und Bevölkerung gegen ein politisches Vorhaben aufzulehnen beginnen, flüchten die verantwortlichen Politiker in diesen Satz: »Wir haben nicht ausreichend kommuniziert.«

Dumm ist diese Ausflucht deshalb, weil sie einem Eingeständnis der eigenen Berufsunfähigkeit gleichkommt. Was, wenn nicht die Kommunikation politischer Inhalte, gehört denn zu den Kernaufgaben unserer gewählten Repräsentanten? Ein Politiker ohne Kommunikationstalent ist wie ein Arzt, der kein Blut sehen kann. Er ist schlicht fehl am Platz.

Gute Volksvertreter erkennt man daran, dass sie Sätze wie den oben zitierten nicht brauchen. Deren Leistungen, ihre kommunikativen Tricks und Kniffe sind das Thema dieses Buches. Wer sich von den folgenden Seiten allerdings eine Abrechnung mit dem Berufsstand des Politikers erwartet, wer Vorurteile à la »Politiker sind grundsätzlich korrupt und lügen sowieso immer« bestätigt finden will, der wird enttäuscht werden.

Dieses Buch will aufklären, nicht anklagen. Es wirft einen Blick hinter die Kulissen der Politik. Es macht transparent, in welch komplexem Umfeld Politiker agieren und wie sie es trotz genereller Reizüberflutung schaffen, Gehör zu finden. Anders als manche Branchenkollegen bin ich der Meinung, dass die Funktionsweisen politischer Kommunikation niemals zur Geheimwissenschaft verkommen dürfen. Politische Kommunikatoren sind keine Zauberer, die das Geheimnis ihrer Kunststücke mit ins Grab nehmen. Jede Staatsbürgerin und jeder Staatsbürger hat ein Recht darauf, zu erfahren, wie Politik entsteht und was Politiker tun und sagen, um ihrer Position zum Durchbruch zu verhelfen. Denn: Die Demokratie gefährdende Stehsätze von lügenden und betrügenden Politikern entstehen aus Unwissen und Unsicherheit. Wer weiß, wie im Hintergrund gearbeitet wird, geht gelassener mit den Untiefen des tagespolitischen Hickhacks um.

Nach der Lektüre dieses Buches mögen die Leser professionelle politische Konsumenten geworden sein. Nur solche Staatsbürger schaffen es, dass sich auch Politiker zu Professionalität bekennen. Noch ist Österreich nicht so weit: Hierzulande fürchten sich Politiker vor der Rache der Öffentlichkeit, wenn sie zugeben, dass sie sich auf Medienauftritte professionell vorbereiten und – ja – auch schon einmal ein Kamera- oder Botschaftstraining absolviert haben. Das ist grotesk. Man wirft einem Schulkind ja auch nicht vor, dass es für entscheidende Schularbeiten büffelt.

So ist es aber in Österreich gebräuchlich, dass die meisten Spitzenpolitiker ihre Ansprachen vom Blatt lesen oder in freier Rede durch die deutsche Grammatik stolpern. Bislang wagte erst ein aktuelles Regierungsmitglied – Außenminister Michael Spindelegger – erfolgreich den Sprung ins Zeitalter der Teleprompter. Das sind flache, durchsichtige Monitore, von denen internationale Profis wie US-Präsident Barack Obama schon lange ihre Reden ablesen und dabei dennoch den wichtigen Blickkontakt zum Publikum wahren.

Als Staatsbürger kann man sich keine bemühten Laien, sondern muss sich professionelle politische Akteure wünschen. Sie sollten die hier beschriebenen Tricks kennen und anwenden können. Wer nun die Gefahr der Manipulation sieht, sollte mehr auf die demokratischen Institutionen vertrauen. Wir haben eine Mehrparteienlandschaft, kritische Medien und artikulationsfähige Staatsbürger.

Dass zwischen Überzeugungskraft und Manipulation nur ein schmaler Grat verläuft, ist richtig. Doch die Erfahrung lehrt, dass es meist der eigene Standort ist, der den Standpunkt bestimmt. Wer George W. Bush manipulative Methoden unterstellt hat, findet oft Barack Obamas Rhetorik überzeugend. Dass ihre unterschiedlichen Inhalte mit ähnlichen Methoden aufbereitet werden, beweist dieses Buch.

Am Zustandekommen dieses Buches haben viele Menschen Anteil. Ich danke meinen journalistischen Förderern Herbert Lackner und Josef Votzi, dass sie sich vor vielen Jahren die Mühe gemacht haben, mir die Tricks des politischen Journalismus beizubringen. Ich danke meinen zahlreichen amerikanischen Spin-Lehrmeistern: Von ihrer Professionalität in Sachen politisches Management habe ich enorm profitiert. Und ich danke dem Verlag Ueberreuter für das Zustandekommen dieses Projekts sowie Gernot Bauer und Silke Rudorfer für ihre Kritik und Arbeit am Manuskript.

Thomas Hofer,
Wien, im Jänner 2010

KALKÜL IST ALLES

Sieger überzeugen durch mehr als Rhetorik. Sie siegen, weil sie eine Situation geschaffen haben, in der Menschen sie begleiten wollen – und das ganz ohne Überredungskunst. Das ist, was »Heresthetik« ausmacht: Die Welt so zu strukturieren, dass man gewinnt.

William H. Riker, The Art of Political Manipulation

Von Meisterstrategen

Es war wohl der Höhepunkt im Leben des Marion Shepilov Barry Junior. Der frisch gebackene demokratische Kandidat fürs Bürgermeisteramt der US-Hauptstadt Washington D.C. feierte mit Tausenden Fans eine rauschende Siegesparty im städtischen Convention Center. Die umjubelte Dankesrede begann er mit bedeutungsschweren Worten, angelehnt an den Text des weltbekannten Kirchenliedes »Amazing Grace«: »Welch erstaunliche Gnade, wie süß es doch klingt, einen Schuft wie mich zu retten. Der Glaube kann Berge versetzen. Und wir haben diesen Berg der Verzweiflung, der vor uns war, tatsächlich aus dem Weg geschafft.«

Das war im September 1994, nur vier Jahre nachdem der Langzeit-Bürgermeister von Washington wegen Drogenmissbrauchs für ein halbes Jahr ins Gefängnis gewandert war. Barry war nur wenige Blocks entfernt vom Convention Center verhaftet worden, die Fernsehbilder davon dominierten tagelang die Abendnachrichten. Seine politischen Ämter hatte er nach diesem Skandal verloren. Doch aufgegeben hatte er nicht. Nach zwei Jahren kündigte Marion Barry seine Rückkehr auf den Bürgermeistersessel der Stadt an – sehr zur Erheiterung der Medien und seiner zahlreichen politischen Kontrahenten. 1994 war es dann aber tatsächlich so weit: Barry sackte erst die schwer zu erlangende Nominierung der Demokraten und schließlich locker das Amt des Bürgermeisters ein.

Schon zwei Jahre vor dem erstaunlichsten Comeback seit Lazarus hatte ein bis dahin weithin unbekannter Politiker für Furore gesorgt: Der Gouverneur des eher unbedeutenden US-Bundesstaats Arkansas hatte es entgegen aller Prognosen und Expertenmeinungen ins Weiße Haus geschafft. Sein Name: Bill Clinton. Der Südstaatler wurde schon in den demokratischen Vorwahlen in einen Mehr-Fronten-Krieg verwickelt. Seine Kontrahenten Jerry Brown, Paul Tsongas oder Bob Kerrey waren ursprünglich weit höher eingeschätzt worden. Trotz aller breit in den Medien diskutierten Skandale – sie reichten von einer angeblich zwölf Jahre dauernden Affäre Clintons mit der Schauspielerin Gennifer Flowers bis hin zum ersten Aufflammen des Whitewater-Skandals um fragwürdige Immobilien-Investments des späteren Präsidentenpaares – schaffte es Clinton, ein demokratisches Schwergewicht nach dem anderen aus dem Feld zu schlagen.

Schon in diesen Vorwahlen verlieh er sich selbst das Attribut »Comeback kid«. Dass dieses Etikett passte, bewies Clinton dann auch im Präsidentschaftsrennen gegen den republikanischen Amtsinhaber George Bush senior und den unabhängigen Kandidaten Ross Perot. In den Umfragen zwischenzeitlich auf Platz drei zurückgefallen, schaffte der Demokrat noch den Umschwung und schlug Bush und Perot am Wahlabend klar.

Wolfgang Schüssel, bislang letzter österreichischer Kanzler aus den Reihen der ÖVP, hatte bei der Nationalratswahl 1999 weniger Glück. Er schaffte tatsächlich nur Platz drei und fuhr damit eigentlich eine historische Niederlage für die Volkspartei ein. Warum nur »eigentlich«? Schüssel war es mit der gefiften Wahlkampf-Ankündigung, bei einem Abrutschen auf den dritten Platz in Opposition zu gehen, gelungen, demotivierte Anhänger der ÖVP doch noch zur Wahlurne zu bewegen. In Umfragen lag die ÖVP davor schon weit hinter der kometenhaft aufgestiegenen FPÖ unter Thomas Prinzhorn und Jörg Haider und hatte nur mehr knapp über 20 Prozent Wähleranteil. Mit dem Oppositions-Sager pushte Schüssel seine Partei doch noch auf Augenhöhe mit den Freiheitlichen und kam wie die Blauen auf knapp 27 Prozent der Stimmen. Schüssel hatte damit zumindest ein Ziel erreicht: Er hatte den Eindruck erweckt, eine Aufholjagd gestartet und so das Schlimmste verhindert zu haben.

Zum gefühlten Verlierer der Wahl wurde Viktor Klima mit seiner SPÖ, obwohl diese sechs Prozentpunkte mehr als Blau und Schwarz erreicht hatte. Damit nicht genug, überlistete ÖVP-Chef Schüssel den roten Kanzler in zermürbenden Regierungsverhandlungen und setzte schlussendlich sein schwarz-blaues Reformprojekt mit sich selbst an der Spitze durch. Im Kanzlersessel fühlte sich der lange als ewiger Zweiter abqualifizierte Konservative pudelwohl. Als es den Juniorpartner FPÖ in der Regierung mehr und mehr zerriss, was 2002 schließlich zum Rücktritt einiger regierungstreuer FP-Stützen führte, nützte Schüssel das nächste taktische Mondfenster: Er rief Neuwahlen aus und pulverisierte die FPÖ. Seine Volkspartei kam mit mehr als 42 Prozent der Stimmen locker auf Platz eins. Mit mehr als 15 Prozentpunkten Plus binnen drei Jahren hatte auch Schüssel eine bemerkenswerte politische Wiederauferstehung hingelegt.

Die Beispiele der politischen Stehaufmännchen Schüssel, Clinton und Barry zeigen, dass in der Politik selten ein Kampf verloren ist und dass es sich lohnt, auch in scheinbar aussichtslosen Situationen noch alles zu geben. Die drei Wahlgewinner liefern aber auch die Antwort auf eine der am heißesten diskutierten Fragen in der Welt der politischen Kommunikation: Für viele Wissenschafter und Journalisten ist bis heute umstritten, ob Kampagnen – und noch so gut inszenierte Wahlkämpfe – überhaupt Einfluss auf den Wahlausgang haben. Alle drei genannten Politiker beweisen, dass in der politischen Landschaft vieles mit der richtigen Strategie zu entscheiden ist. Sie erwiesen sich in ihrer Laufbahn als wahre Meisterstrategen: Kaum ein politischer Beobachter hätte Barry nach seinem Gefängnisaufenthalt auch nur minimale Chancen auf die Rückeroberung von Washingtons Bürgermeistersessel gegeben. Auch unter Demokraten hatte wohl die Überzeugung gefehlt, dass der mit Skandalen eingedeckte Clinton in der Lage wäre, einen amtierenden Präsidenten, der gerade den ersten Irak-Krieg gewonnen hatte, aus dem Weißen Haus zu jagen. Und selbst die eingefleischtesten Anhänger der Volkspartei hätten ihrem Obmann Schüssel nach dem Abrutschen auf Platz drei in der Wählergunst wohl keine satte relative Mehrheit beim darauffolgenden Wahlgang zugetraut.

Die drei haben das Unmögliche dennoch geschafft. Nach Barry 1994 wurde in der politischen Kommunikation sogar ein eigenes Manöver benannt. Als »Marion-Barry-Strategie« gilt nach seinem Überraschungssieg eine Vorgangsweise, bei der es ein scheinbar unterlegener Kandidat schafft, mit einer zwar überschaubaren, aber sehr treuen Wählerbasis den Sieg doch an sich zu reißen. Barry hatte sichergestellt, dass die Wahlgänger am Tag der demokratischen Primaries nicht repräsentativ für alle Wahlberechtigten waren. Wäre dem so gewesen, hätte er aufgrund seines Images in weiten Teilen der Stadt keine Chance gehabt. Barrys Anhänger in den ärmsten Vierteln der Stadt waren allerdings hoch motiviert. Im Gegensatz zu den Leuten aus reicheren Gegenden schritten sie in Scharen zur Urne. Die ausnehmend geringe Wahlbeteiligung machte den umstrittenen Menschenrechtsaktivisten schließlich zum Wahlsieger. Barry hatte es zudem geschafft, seine Gegnerschaft zu spalten. Bei den Vorwahlen konnte keiner seiner Kontrahenten eine solide Wählerbasis aufbauen. In der folgenden Auseinandersetzung gegen sein republikanisches Gegenüber hatte Barry leichtes Spiel: Die Hauptstadt Washington wählt traditionell überwiegend demokratisch.

Clinton hatte bei seinem überraschenden Triumph einen ähnlichen Trick angewendet. Der Demokrat spielte geschickt seinen Hauptkonkurrenten George Bush gegen den zweiten Herausforderer im Feld, Ross Perot, aus. Dem republikanischen Amtsinhaber Bush fehlten am Wahlabend schließlich viele jener Stimmen zum Sieg, die auf den unkonventionellen Milliardär entfallen waren.

Wolfgang Schüssel hatte sich zwar mit der Volte der Oppositionsankündigung zurück in die Wahlschlacht gebracht. Sein wahres strategisches Geschick bewies er aber vor allem in den anschließenden Regierungsverhandlungen. 1999 drückte er sein sozialdemokratisches Gegenüber, Bundeskanzler Viktor Klima, so lange gegen die Wand, bis diesem die Luft ausging. Klimas leicht löchriges Nervenkostüm war dem ÖVP-Chef schon bei den österreichischen Beitrittsverhandlungen zur EU im Jahr 1994 aufgefallen. 2000 nutzte er dieses Wissen. Er entlockte Klima ein Zugeständnis nach dem anderen und erreichte so, dass der Gewerkschafter Rudolf Nürnberger die Koalitionsvereinbarung in der entscheidenden Verhandlungsnacht nur ablehnen konnte. Schüssel wechselte daraufhin mit fliegenden Fahnen zum schon lange geplanten nächsten Verhandlungspartner: der FPÖ unter Jörg Haider.

Bei seinen taktischen Haken folgte der Ex-ÖVP-Chef gern den Prinzipien seines Lieblingsstrategen Balthasar Gracian aus dessen »Handorakel«. Der Jesuitenpater hatte im 17. Jahrhundert in machiavellistischer Manier die Grundsätze des Erfolgs definiert. Einer davon muss es Wolfgang Schüssel dabei besonders angetan haben: Man solle, so Gracian, den Gegner immer in Ungewissheit über seine wahren Absichten lassen. Man müsse »warten können«, denn »nur durch die weiten Räume der Zeit gelangt man zum Mittelpunkt der Gelegenheit«.

Schüssel befolgte diesen Merksatz mehr als nur einmal. Auch 2002 hatte der mittlerweile zum Regierungschef aufgestiegene Politfuchs auf den richtigen Moment gewartet: Gerade als der Regierungspartner FPÖ angesichts einer parteiinternen Revolte gegen das Wiener Führungsteam am verwundbarsten war, schlug Schüssel zu und brach zum idealen Zeitpunkt Neuwahlen vom Zaun. Koalitionspartner Haider schwor zwar Rache, seine Partei ging dennoch massiv geschwächt und ohne nennenswerte Gegenwehr in die nächste Regierungszusammenarbeit mit der Volkspartei.

Selbst nach der überraschend verlorenen Nationalratswahl 2006 blitzte ein letztes Mal Schüssels politstrategisches Geschick auf. Die Wahl hatte der VP-Chef zwar in den Sand gesetzt. Doch zumindest die Regierungsverhandlungen dominierte er gegen sein sozialdemokratisches Gegenüber Alfred Gusenbauer. Für die ÖVP schauten nicht nur die Schlüsselressorts der Regierung heraus, Schüssel trieb Gusenbauer auch in unmögliche inhaltliche Positionierungen, mit denen der Wahlsieger und neue Kanzler nicht reüssieren konnte.

Schüssels Instinkt, immer den schwächsten Punkt des Gegners zu treffen, um so möglicherweise auch nur über die eigenen Defizite hinwegzutäuschen, ist genau das, was auch der Politikwissenschafter William Riker in dem diesem Kapitel vorangestellten Zitat mit »Heresthetik« meint: Nur echte Könner schaffen es, die politischen Verhältnisse so zu formen, dass sie gewinnen.

Mit Magie hat das allerdings selten zu tun. Eher zählt die Fähigkeit, komplexe politische Verhältnisse so herunterzubrechen, dass man daraus eine einfache und schließlich gewinnbringende Strategie zimmern kann. Für Joseph Napolitan, Berater von US-Präsident John F. Kennedy und einer der ersten professionellen Wahlkampfmanager überhaupt, sind Kampagnen für Politiker einfach zu beschreiben: »Man sollte das alles nicht verkomplizieren. Es braucht nur drei Schritte, um jeden Wahlkampf zu gewinnen. Erstens: Entscheide, was du sagen willst. Zweitens: Entscheide, wie du es sagen willst. Drittens: Sag es.«

Worauf Napolitan hinzuweisen vergisst ist, dass vor dem ersten Schritt einiges an Denkarbeit zu leisten ist. Das erst ermöglicht die Entwicklung zugkräftiger Botschaften. Ein Politiker muss zu Beginn jeder Kampagne entscheiden, mit welcher Strategie er zum Erfolg kommen kann. Oft hapert es aber schon daran, dass manch ein politischer Player keinen Unterschied zwischen Strategie und Taktik macht. Für die Abgrenzung der beiden Begriffe gibt es zwar tonnenweise theoretische Definitionen, doch wird man wirklich schlauer, wenn man weiß, dass eine Strategie »den Weg zum Sieg beschreibt« und Taktik »die einzelnen Stationen auf diesem Weg«? Ist es aufschlussreich, zu wissen, dass Strategie langfristig, Taktik dagegen kurzfristig wirkt?

Wohl kaum. Wirklich deutlich werden die Unterschiede nur anhand konkreter Beispiele. Die amerikanischen Polit-Strategen aus der

Präsidentschaftskampagne Bill Clintons 1992, James Carville und Paul Begala, ziehen dafür eine bekannte Kriegssituation, den D-Day, heran. Für die Alliierten gab es um die Aktionen am Tag der Landung in der Normandie drei entscheidende Faktoren: Das Ziel, die Strategie und die Taktik. Das Ziel war klar definiert, denn die Aktionen an besagtem Tag sollten in letzter Konsequenz dazu führen, Hitler zu entmachten und die Welt vom Nazi-Terror zu befreien. Bevor man nun daran ging, dieses Ziel zu erreichen, musste eine schlüssige Strategie festgelegt werden: Sie bestand darin, eine zweite Front gegen Hitler-Deutschland zu eröffnen. Das machte den Unterschied und zeichnete in der Folge die Handlungsweise der Alliierten vor. Denn: Alles andere – Ort und Zeitpunkt der Landung, die Frage der Einbindung der unterschiedlichen Truppen – fiel in den Bereich der taktischen Maßnahmen. Entscheidend ist, dass Maßnahmen ohne klare Strategie kaum zum Erfolg führen können. Fehlt die Strategie, fallen die taktischen Operationen eher in die Kategorie von Helmut Qualtingers viel zitiertem »Wilden auf seiner Maschin'«: Man weiß zwar nicht, wohin man will, dafür ist man schneller dort.

Der Blick hinters Plakat

Das Primat der Strategie gilt für militärische Aktionen genauso wie für die Welt des Kampagnenmanagements. In beiden Welten kennt man das Diktum des preußischen Kriegstheoretikers Carl von Clausewitz vom »Nebel des Krieges«: Auch in Kampagnen und Wahlkämpfen sieht man selten klar. Zu unübersichtlich und uneinschätzbar ist meist die Situation, als dass Entwicklungen exakt absehbar wären. Eine Strategie hilft, das Chaos zu besiegen, den Grad an Unsicherheit zu reduzieren und die Geschehnisse in die gewollte Richtung zu lenken.

Ein guter Politiker weiß um die Wundertätigkeit einer gut durchdachten Strategie. Aber auch in Österreich passiert es häufig, dass politische Akteure kommunizieren, ohne eine schlüssige Idee zu haben, welche strategischen Ziele sie damit verfolgen. Diese Strategielosen sind einfach zu enttarnen: Nimmt man ihre Werbemittel – TV- oder Kinospots, Internet-Auftritte oder das in Österreich erstaunlicherweise noch immer dominierende Plakat – unter die Lupe, herrscht rasch Klarheit.

Peter Westenthaler, Spitzenkandidat des BZÖ bei der Nationalratswahl 2006, affichierte in seinem Wahlkampf etwa den Slogan »Mut gewinnt«. Wie dieser zustande kam, kann hier nicht geklärt werden. Offensichtlich ist nur eines: Der Slogan fällt beim Basistest für effektive politische Kommunikation durch. Die verwendeten Worte schaffen keinen Unterscheidungspunkt zu anderen Kandidaten. Die leere Phrase »Mut gewinnt« passt nämlich nicht nur auf Westenthaler – auch Wolfgang Schüssel, Alfred Gusenbauer oder Heinz-Christian Strache hätten ihn plakatieren können, ohne dabei skurril zu wirken. Nun ist es aber so: Passt ein Kampagnenslogan auch auf andere Parteien oder Kandidaten, dann ist er rasch zu entsorgen. Wählerstimmen gewinnt man mit strategiefreien Allerweltsphrasen nämlich sicher nicht.

Wie man es richtig macht, zeigt ein Blick hinter die erfolgreiche Kommunikationslinie von Wolfgang Schüssels Wahlkampf 2002. Schüssel plakatierte sein übergroßes Konterfei mit dem Satz: »Wer, wenn nicht er.« Nicht nur, dass die nassforsche Ansage für politischen Gesprächsstoff sorgte. Sogar die Frage, warum Schüssel einen Punkt und kein Fragezeichen verwendet hatte, wurde zigfach gedeutet. Auch das strategische Konzept hinter der sichtbaren taktischen Umsetzung des Plakats funktionierte blendend. In einer Zeit, in der sich die SPÖ in der Opposition noch selbst suchte und es Schüssels Koalitionspartner FPÖ nach internen Kalamitäten gerade in zumindest zwei Lager zerrissen hatte, war Stabilität und persönliches Vertrauen gefragt. Schüssels verborgene Strategie hinter dem für alle sichtbaren Plakat lautete: *Wir machen das Rennen zu einem reinen Persönlichkeitswahlkampf.*

Inhaltliche Positionierungen suchte man auf dem Kampagnensujet denn auch vergeblich. Schüssels größter Trumpf waren die mageren bis katastrophalen Persönlichkeitswerte seiner Gegner. Also zielte der Kanzler genau auf diesen Schwachpunkt der Herausforderer – und zwängte der gesamten Wahlauseinandersetzung seine Entscheidungsfrage nach der Führungskompetenz auf.

Vier Jahre später freilich rächte es sich, dass Schüssel mit seiner Persönlichkeitsstrategie mehr als 42 Prozent der Wählerstimmen eingefahren hatte. Betört vom eigenen Erfolg kopierte sich Schüssels Wahlkampfteam selbst. Was einmal siegreich war, sollte wieder wirken. Diesmal lautete der Slogan: »Weil er's kann.« Der müde Aufguss der Vorgängerkampagne zog aber nicht mehr. Die politische Landschaft hatte sich verändert – im Gegensatz zu Schüssels Konzept.

Den Stich machte diesmal Alfred Gusenbauer mit einer ebenfalls bis ins Letzte durchdachten Wahlstrategie. Auf seinen Plakaten war Gusenbauer nicht allein, sondern immer im Kreise von Menschen zu sehen. Im Zentrum standen konkrete Forderungen, etwa für Pensionisten oder jugendliche Arbeitssuchende. Gleich blieb nur der beigestellte Slogan: »Neue Fairness braucht das Land.« Die Strategie hinter Gusenbauers Aktionen war das exakte Gegenteil von jener Schüssels. Sie lautete: *Wir machen das Rennen zu einem Themenwahlkampf.* Auf diesem Terrain war Schüssel nach einigen sozial einschneidenden Reformen während seiner sechseinhalbjährigen Regierungszeit verwundbar. Nur mit Hilfe der Erinnerung an sozialdemokratische Kernthemen konnte Gusenbauer seine nach dem BAWAG-Skandal desillusionierte Parteibasis wieder aufrichten.

Auch sein Nachfolger an der Parteispitze, Werner Faymann, stellte sich im Wahlkampf 2008 als strategisch firm heraus. Auf einem knallroten, textarmen Plakat zeigte er sich nicht nur mit Lächeln und trendiger Strickkrawatte, sondern auch mit in die Zukunft gewandten Slogans. Etwa: »Faymann. Die neue Wahl.« Oder: »Genug gestritten.« Das Logo seiner unter Gusenbauer etwas in Verruf geratenen Partei kippte dafür fast aus dem Plakat. Teil von Faymanns Überlegungen war es, wie Schüssel auf den Persönlichkeitsfaktor und dazu den Geruch des frischen, unverbrauchten Kandidaten zu setzen. Damit schuf er einen klaren Gegensatz zu seinem Gegenüber Wilhelm Molterer, der auf ÖVP-Seite Teil des lähmenden Regierungsstreits mit Gusenbauer gewesen war.

Doch der Kern von Faymanns Strategie lautete anders: *Um zu gewinnen, sagen wir uns von der Vergangenheit und Alfred Gusenbauer los.* So hart formulierte es der Neue an der SPÖ-Spitze gegenüber seinem Vorgänger natürlich nicht. Doch genau diese subtile Message zog bei den von Gusenbauer massiv enttäuschten Sozialdemokraten.

Eine weitgehende strategische Leermeldung lieferte 2008 dagegen die ÖVP ab. Ihr Chef Wilhelm Molterer meinte es mit seiner Kampagne zwar gut und versuchte, alle Sünden der Parteivergangenheit binnen weniger Wochen vor der Wahl auf einmal loszuwerden. Dieser radikale Positionierungsschwenk ohne jede Vorbereitung musste in der aufgeheizten Situation eines Nationalratswahlkampfs aber schiefgehen. Die weitgehende strategische Desorientierung wird auch bei der Analyse eines der ersten ÖVP-Plakate des Wahlkampfs deutlich: Das Plakat lässt zwar den Spitzenkandidaten vermissen, zeigt dafür aber umso mehr Text. Neben der Schlagzeile »Pflegeförderung verdoppeln!« waren da noch »Schluss mit Sparbuch-Kontrolle«, der Slogan »Für 24-Stunden-Betreuung« und Molterers Schlüsselsatz des Wahlkampfs »Es reicht!« zu lesen. Auch das Parteilogo hatte noch Platz auf dem Sujet, aber nur gemeinsam mit der Phrase »Neustart statt Stillstand.«

So konnte das für Molterer nicht gut gehen. Nicht nur das heillos überladene Plakat, sondern die gesamte Kampagne der ÖVP überforderte die Wähler und ließ sie eher ratlos zurück. Die Volkspartei hatte die Neuwahlen zwar vom Zaun gebrochen, war aber als jene Gruppierung übrig geblieben, die keine zugkräftige Strategie entwickelt hatte. Ohne Strategie konnte Molterer auch nie einen wirksamen taktischen Fahrplan entwerfen, wie die SPÖ in die Knie zu zwingen war.

Im Gegenteil: Die Planlosigkeit der ÖVP öffnete auch noch das Feld für den neuen Spitzenkandidaten des bundesweit bis dahin eher bedeutungslosen Bündnis Zukunft Österreich (BZÖ): Jörg Haider. Zu Beginn des Wahlkampfs hatte der bekannte Populist geplant, seinen Erben an der Spitze seiner Ex-Partei FPÖ, Heinz-Christian Strache, rechts zu überholen. Doch nach wenigen Tagen war Haider klar geworden, dass das gegen den im rechten Eck solide positionierten Strache nur schwer gelingen konnte.

Mit untrüglichem Instinkt suchte der Kärntner Landeshauptmann nun eine neue Idee – und fand sie in einer geschickt verpackten Frontalattacke gegen Molterer. Die Strategie lautete: *Wir machen Haider zum besseren bürgerlichen Kandidaten des Wahlkampfs*. Haider gab fortan den besonnenen, politisch erfahrenen Staatsmann, der mit den Jahren an Reife zugelegt hatte. Auf seinen Kampagnensujets ließ er sich nachdenklich an Orten der Stille, etwa mitten in einer verlassenen Allee, darstellen. Selbst in den TV-Konfrontationen bestach der ehemals so aggressive Haider mit Ruhe und Besonnenheit. Wenige Wochen vor seinem Unfalltod hatte Haider einen seiner besten Wahlkämpfe geliefert.

Die Macht des Manövers

Die Beispiele zeigen schon: Politiker in Wahlkämpfen sind wie Feldherren auf dem Hügel über der Schlacht. Ihre erste Pflicht ist es, sich einen umfassenden Überblick über die Situation zu verschaffen: Wie stark ist der Gegner? Wo ist er verwundbar? Wie kann ich meine Stärken am besten zur Geltung bringen? Erst nach dieser Analyse wird entschieden, was zu tun ist.

Nicht selten sind politische Kampagnen organisiert wie Truppenaufmärsche. Die Mitarbeiter im Wahlkampf haben klar zugeteilte Aufgaben und sollen unter Hochdruck Außergewöhnliches leisten. Schnelligkeit ist dabei eines der obersten Prinzipien. James Carville, der legendäre Kampagnenmanager von Bill Clinton, wurde berühmt durch die effiziente Organisation seiner Kampagne. Sinnbildlich auch der Name des Clinton-Hauptquartiers: Die demokratischen Wahlhelfer nannten es »War Room«. Eingefallen war die martialische Bezeichnung Clintons Ehefrau Hillary: Ihr war der ursprüngliche Name CAT (für Clinton Action Team) zu brav erschienen. Gekämpft wurde im »Kriegsraum« tatsächlich, wenn auch mit den Waffen der politischen Kommunikation. Clintons Team war immer einen Schritt vor den Kollegen vom Team Bush senior. Die Medienspezialisten des Demokraten schickten noch während laufender TV-Debatten der Kandidaten sogenannte »Prebuttals« an die Journalisten aus. Dort stellten sie erwartete Behauptungen Bushs richtig, oft noch bevor dieser sein Argument überhaupt geäußert hatte. »Speed kills your opponent«, fasste Carville dieses Prinzip einmal zusammen.

In Clintons »War Room« waren all diejenigen auf engstem Raum und möglichst in Rufweite versammelt, die für die Kampagne wichtig waren: Meinungsforscher, Pressesprecher, Strategen und Zielgruppenkommunikatoren, Gegnerbeobachter und Werbeleute. Seit Clintons bahnbrechender Kampagne, mit der er sich aus dem Out wieder zurück ins Rennen und schließlich ins Weiße Haus manövrierte, verzichtet kein professioneller US-Kandidat mehr auf ein solch gut organisiertes politisches Heer. Amerikanische Präsidentschaftskampagnen haben allein im Hauptquartier des Wahlkampfs mehrere Hundert Experten an Bord.

Eines ihrer Hauptziele ist, die öffentlichen Debatten um den Wahlkampf in den richtigen, für die eigene Kampagne vorteilhaften Rahmen zu fassen. Politprofis wissen: Die existierende politische Themenvielfalt kann in einem Wahlkampf niemals vollständig abgebildet werden. In welche Richtung sich ein Wahlkampf entwickelt, ist nicht vorherbestimmt. Also versuchen die Kampagnenteams Einfluss darauf zu nehmen, welche Teile der Realität medial abgebildet werden – und welche unterbelichtet bleiben. Clintons Mannschaft hatte es dabei nicht leicht: Sie versuchte, von den Skandalen um den eigenen Chef abzulenken und den medialen Fokus auf die Versäumnisse der Gegner Bush und Perot zu bringen. Die bestehenden Rahmen der öffentlichen Darstellung mussten so geschickt verschoben werden, dass Clinton endlich aus der Defensive kam. Gelungen war das schließlich mit folgenden kommunikativen Eckpfeilern:

Change vs. More of the Same
The Economy, Stupid
Don't Forget Health Care

Diese drei einfachen Zeilen hatte Kampagnenmanager Carville mitten im »War Room« auf ein Flipchart gekritzelt. Die Botschaften sollten jeden Mitarbeiter ständig daran erinnern, um welche Themen sich das Präsidentschaftsrennen drehen sollte. Bush durfte niemals das Gesetz des Handelns an sich reißen, sondern sollte fortwährend mit der Offensive der Clinton-Kämpfer konfrontiert sein. Der Rahmen der Debatte war damit klar: Er verengte den öffentlichen Fokus auf die ökonomisch schlechte Bilanz des republikanischen Präsidenten und versuchte das Bedürfnis nach einem Richtungswechsel hervorzurufen. Ähnlich legte es 16 Jahre später der nächste Demokrat an, der es zum Präsidenten bringen sollte: Barack Obama. Seine zentrale Begründung, warum er ins Weiße Haus einziehen sollte, kreiste ebenfalls um den nach einer Ära Bush nötigen Politikwechsel, die Erholung der US-Wirtschaft und dazu eine Re-Demokratisierung der Vereinigten Staaten.

Die demokratischen Kandidaten zwischen Clinton und Obama dagegen hatten versagt. Die von ihnen festgelegten Rahmen der Debatte hatten nie gegriffen. Sowohl Al Gore im Jahr 2000 als auch John Kerry vier Jahre später waren in ihren Kampagnen zu wenig fokussiert aufgetreten und hatten ihrem Kontrahenten George Bush junior das Feld überlassen. Der Republikaner hatte am Ende einer von persönlichen Skandalen geprägten Ära Clinton vor allem die Rückbesinnung auf Werte getrommelt – und damit nicht nur konservative Amerikaner auf seine Seite gezogen.

Der Trick war folgender: Bush ließ sich von seinem Wahlstrategen und Spin Doktor Karl Rove gezielt gegen eine alte Schwäche der Republikaner impfen. Mit Ausnahme der Reagan-Jahre hatte Bushs Partei lange als kalt und rigide gegolten, das Feld der Emotion hatte die Grand Old Party lieber den Demokraten überlassen. Rove und Bush änderten das. Unter dem Titel »Compassionate Conservatism« schafften sie es im Jahr 2000, wieder eine menschliche Komponente in die republikanische Doktrin zu bringen. Gegen Bushs Wertorientierung und die ganz auf die innenpolitischen Bedürfnisse seiner potenziellen Wähler abgestimmte Kommunikationslinie wirkte der Demokrat Gore eher hölzern und abgehoben.

Der Durchbruch zum Helden der republikanischen Basis gelang Bush aber erst in der Auseinandersetzung mit John Kerry 2004. Sein Wahlkämpfer Rove hatte über Jahre hin Themen getrommelt, die der frustrierten republikanischen Basis lange abgegangen waren. Im Jahr 2000 etwa waren Millionen evangelikaler und anderer christlich-fundamentalistischer Wähler einfach zu Hause geblieben. Weder Gore noch Bush hatten sie angesprochen. Als Bush dann allerdings ein religiös motiviertes Thema nach dem anderen spielte, erwachte diese Wählerschicht wieder zum politischen Leben. Bush punktete etwa mit der Ankündigung, ein Abtreibungsverbot in der Verfassung verankern zu wollen. In einer breiteren Öffentlichkeit hatte das Thema ob der Aussichtslosigkeit der Umsetzung kaum Wellen geschlagen. Doch Bushs Stratege Rove sorgte mit Direktmarketing-Aktionen dafür, dass Bushs religiöse Positionierung im amerikanischen »Bible-Belt« des Südens sehr wohl registriert wurde.

Die Etablierung eines neuen Rahmens für die öffentliche Debatte kann also jahrelang dauern. Viel schwieriger wird das Unterfangen noch, wenn ein in der Öffentlichkeit lange bestehender politischer Rahmen gebrochen oder zumindest verschoben werden soll. Dazu bedarf es schon einer strategischen Extra-Leistung eines Politikers. In den USA etwa gelten die Republikaner traditionell als die Partei, die sich für Steuersenkungen einsetzt. Das geht zwar auf Kosten staatlicher Leistungen, doch viele republikanische Wähler messen diesen ohnehin nicht jene Bedeutung bei, die sie etwa in Europa haben. Die Demokraten dagegen sind europäischer positioniert. Auch wenn ihr Konzept fernab eines Versorgungsstaates angesiedelt ist, sind sie doch jene in der US-Parteienlandschaft, die für die Übernahme gewisser Leistungen – etwa im Gesundheitssystem – durch den Staat plädieren. Im Umkehrschluss bedeutet das auch, dass Demokraten tendenziell einer höheren Abgabenquote das Wort reden. Vereinfacht stellen sich die Pole so dar:

Demokraten Höhere Steuern, mehr Sozialleistungen	●- - - - - - - - - - - - -●	*Republikaner* Niedrige Steuern, weniger Leistungen

Im Wahlkampf 1996, nach vier Jahren im Amt und einem strikten wirtschaftlichen Konsolidierungskurs, war diese grundsätzliche Unterscheidung der Parteien für US-Präsident Bill Clinton zu einem veritablen Problem geworden. Der Grund: In weiten Teilen der Bevölkerung hatte sich das Gefühl breitgemacht, dass die Steuerlast tatsächlich zu hoch angewachsen war. Für den Demokraten Clinton war das eine fast aussichtslose Situation. Zwar konnte er natürlich generelle Steuersenkungen versprechen. Doch die Glaubwürdigkeit bei diesem Thema lag eindeutig bei den seit Jahrzehnten auf dieses Thema abonnierten Republikanern und ihrem Kandidaten Bob Dole. Propagierte Clinton also nun aus der Position der Schwäche niedrigere Steuern, spielte er den weit besser positionierten Republikanern in die Hände. Sprach er sich dagegen aus, stellte er sich gegen die Mehrheitsmeinung in der Bevölkerung und verlor wohl erst recht die Wahl.

Clinton überantwortete die strategisch heikle Causa seinem neuen Wahlkampfmanager Dick Morris. Der war von den Republikanern ins demokratische Lager übergelaufen und kannte die Opposition wie kein Zweiter. Das Manöver, das Morris sich einfallen ließ, machte unter dem Titel »Triangulation« von sich reden. Clintons Strategiebeauftragter hatte den gordischen Steuerknoten mit einem einfachen Hieb durchschlagen: Er schuf für Clinton eine dritte Position über den traditionellen Verankerungen der beiden Parteien. Der Präsident trickste Dole so gekonnt aus: Er ließ sich weder auf das Thema von generellen Steuersenkungen ein, noch vertrat er die klassisch demokratische Variante höherer Abgaben. Vorbereitet von Morris tingelte Clinton fortan mit der Botschaft von

»Steuersenkungen für die Mittelschicht« durchs Land. Für die Wohlhabenden, so Clinton, sollte es weiter hohe Belastungen geben, die Sozialleistungen gehörten schließlich erhalten. Jene, die tatsächlich unter der Abgabenlast stöhnten, würden allerdings während seiner zweiten Amtszeit als Präsident sehr wohl in den Genuss spürbarer Entlastungen kommen.

Auf dem Reißbrett der Polit-Strategen sieht die geniale Dachkonstruktion der »Triangulation« so aus:

Clinton
Steuersenkung allein für die Mittelschicht

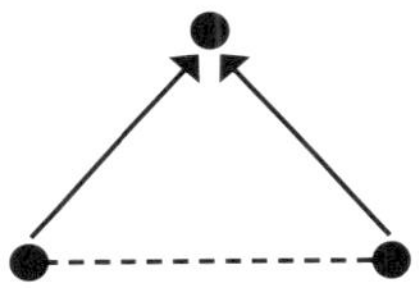

Demokraten
Höhere Steuern,
mehr Sozialleistungen

Republikaner
Niedrige Steuern,
weniger Leistungen

Auch wenn Clinton in der Defensive gestartet war, schaffte er es wie 1992, sich aus dem Schlammassel zu befreien und erneut den Rahmen der öffentlichen Debatte nach seinem Gutdünken abzustecken. Bei der Präsidentschaftswahl 1996 blieb er klar vor seinem republikanischen Kontrahenten und sicherte sich locker die Wiederwahl.

Gut gezielt ist halb getroffen

Zu den ersten und wohl zynischsten Aufgaben eines gewissenhaften Wahlkampfmanagers gehört, sich darüber Gedanken zu machen, welche Bürgerinnen und Bürger am Wahltag sicher nicht zur Urne schreiten. Demokratien westlicher Prägung haben seit Jahrzehnten mit einer teilweise stark steigenden Zahl an Wahlverweigerern zu kämpfen. In den USA etwa ist es selbst bei Präsidentschaftswahlen keine Seltenheit, dass bis zu 50 Prozent des Elektorats am Wahltag einfach zu Hause bleiben. Neben den Eigenheiten des amerikanischen Mehrheitswahlrechts ist dafür sicher auch ein gerüttelt Maß an Politik(er)verdrossenheit verantwortlich.

Bei allen demokratiepolitischen Bedenken gegen eine solche Entwicklung: Einen Wahlkampfprofi muss dieser Umstand noch nicht weiter stören. Ihn interessiert viel eher, wer nicht zur Wahl geht. Sind das nämlich vorwiegend potenzielle Anhänger der politischen Gegner – wie im Fall von Washingtons Bürgermeister Marion Barry – dann ist das für die eigene Kampagne sogar eine gute Nachricht. Wahlhungrige eigene Anhänger bekommen so noch mehr Einfluss auf den Wahlausgang.

Für die Kampagnenplanung hat das Folgen. Die sicheren Nichtwähler scheiden aus, über ihre Bedürfnisse machen sich die Kampagnenmanager keine Gedanken mehr. Wer nicht wählt, zählt nicht. Das hat zur Folge, dass weite Teile der Bevölkerung für die Politik-Macher zu einer vernachlässigbaren Größe werden.

Interessant sind nur die, die am Tag X mit ziemlicher Sicherheit das Wahllokal aufsuchen. In professionellen Kampagnen sind es diese wahrscheinlichen Wähler, die letztlich über die richtige Strategie eines Kandidaten entscheiden. Und das geht so: Hat der Kampagnenmanager einmal ein konkretes Wahlziel festgelegt, versucht er im ersten Schritt herauszufinden, wer für seine Kampagne überhaupt ansprechbar ist. Die Politikprofis versuchen, so viel wie möglich über die Wähler in Erfahrung zu bringen und die Wahlbevölkerung in klar voneinander abgrenzbare Lager zu teilen. In den USA (und in geringerem Maße in anderen westlichen Demokratien) können sich die Parteien Informationen über das Wahlvolk sogar kaufen. Es gibt zwar unentgeltlich zugängliche Informationsquellen wie vergangene Wahlresultate, die auf das Verhalten einer speziellen Region oder eines Wahlsprengels Rückschlüsse zulassen. Auch die in den USA übliche Wählerregistrierung für eine Partei (oder als Unabhängiger) hilft den Politikern bei ihrer Einschätzung. Doch dies ist den Parteien meist nicht genug. Also besorgen sie sich zusätzlich Informationen etwa über das Kaufverhalten und den Lebensstil der potenziellen Anhänger. Dank vielfältig ausgewerteter Kundenkarten verschiedener Handelsketten und Unternehmen ist es keine Hexerei, diese auch mit den vorhandenen Daten zum Wahlverhalten zu verknüpfen. In den USA treibt das Spiel mit der Clusterung der Wählerschaft skurrile Blüten. Unter Wahlkampfexperten gibt es unterhaltsame Schätzspiele, welches Konsumverhalten auf welche Partei deutet. Zwei einfache Beispiele: Wohnt ein Wähler in New Jersey, fährt er einen Volvo und konsumiert er zwei bis drei Caffè Latte pro Monat, gilt er als sichere Bank für die Demokraten. Denn skandinavische Autos haben in den USA einen tendenziell »linken« Touch, genauso wie das italienische Heißgetränk. New Jersey ist außerdem fest in demokratischer Hand.

Das Pendant zu diesem Hardcore-Democrat wäre ein Wähler aus Alabama, der einen Pickup Truck fährt und kistenweise Bier der Marke »Coors« kauft. Warum? Coors gilt als »Bier der Rechten« und der Pickup Truck ist mindestens genauso ein politisches Statement wie das schwedische Fabrikat Volvo. Alabama schließlich ist bei Präsidentschaftswahlen eine für die Demokraten schier uneinnehmbare Hochburg der Republikaner.

Je mehr Informationen die Parteien also über ihre potenziellen Wähler erfahren, desto zielgerichteter können sie diese im Wahlkampf ansprechen. In den USA nennt man die auf exakt definierte, kleinere Gruppen zugeschnittene Kommunikation »Microtargeting«. Eingesetzt wird diese Methode auch in Österreich: Trotz seiner generell kritischen Haltung gegenüber Migranten definierte FP-Chef Heinz-Christian Strache im Nationalratswahlkampf 2008 etwa Zuwanderer aus Serbien als aussichtsreiche Zielgruppe für seine Kampagne. Auf den Wahlplakaten zeigte sich Strache mit einem für Österreicher kaum als solchem erkennbaren serbischen Gebetsband in Blau. Die Pflege der Zielgruppe ging auch im Wiener Wahlkampf weiter: Ein Jahr vor der Entscheidung in der Bundeshauptstadt trat Strache als Hosensponsor des serbisch-österreichischen Boxers Gogi »Lionheart« Knezevic in Erscheinung.

Letztgültige Gewissheit über die Haltung einer potenziellen Wählergruppe ist damit freilich nicht zu erlangen. Also machen sich die Kampagnenmitarbeiter der Politiker neben der Auswertung diverser soziographischer und ökonomischer Daten auch daran, Wähler direkt nach ihren Präferenzen zu befragen. Diese Übung gelangt bei US-Präsidentschaftswahlen vor allem in heiß umkämpften Bundesstaaten zur Anwendung. In persönlichen Gesprächen versuchen die Helfer des Kandidaten herauszufinden, wo ihre potenziellen Wähler sitzen. Mit Hilfe einfacher Fragebögen rastern die Kampagnenexperten die Einstellungen der Bevölkerung zu den Kandidaten und entscheidenden Themen. Das Wahlvolk, natürlich abzüglich der sicheren Nichtwähler, wird dann in fünf Gruppen geteilt. Jeder Befragte wird nach seinem Interview mit einer Ziffer von

1 bis 5 versehen. Basierend auf den Antworten geben die Kampagnen dabei eine Schätzung über Nähe oder Ferne des Wählers zum eigenen Kandidaten ab. Die Ziffern 1 bis 5 stehen dabei für folgende Kategorien:

1 = Überzeugter Anhänger des eigenen Kandidaten
2 = Soft Supporter, also schwankender Anhänger, des eigenen Kandidaten
3 = Unentschlossener
4 = Soft Supporter der Gegner
5 = Überzeugter Anhänger der Gegner

Mit dieser einfachen, aber zeitintensiven Zuteilung haben die Kampagnen nun einen wirklich guten Überblick über das politische Schlachtfeld für den Tag der Entscheidung. Und sie wissen, was mit den einzelnen Gruppen zu tun ist. Eine effektive Kampagne zu führen heißt, aufgrund der begrenzten Ressourcen auch immer Entscheidungen darüber zu treffen, mit welchen Wählergruppen man kommuniziert und wen man dabei besser außen vor lässt. Befragte der Kategorie 5, also die Kernwähler des Gegners, werden aus diesem Grund gleich mal aus den Blöcken der Wahlhelfer gestrichen. Sie landen wie die sicheren Nichtwähler im kampagnentechnischen Nirwana. Für die Anhänger des Gegners wird ab sofort keine Energie mehr verschwendet, außer es gelingt, Teile der Kategorie 4, also die leicht schwankenden Unterstützer des Gegners, zu demobilisieren und bei ihnen erfolgreich Zweifel an der Überzeugungskraft ihres Kandidaten zu streuen (siehe auch das Kapitel über die »Kunst der Attacke«).

Die Entscheidung, mit wem die Kampagnenverantwortlichen nun intensiver kommunizieren wollen, hängt von der Stärke der ersten drei Gruppen ab sowie natürlich vom Wahlziel: Dieses legt fest, bei welchem Prozentsatz der Kandidat am Wahltag landen will. Kann er das Ziel mit den sicheren Anhängern und seinen Sympathisanten erreichen, ist eine lupenreine Mobilisierungsstrategie angesagt. Dann kann der Politiker mit klaren, allein auf die eigene Basis zielenden Ansagen arbeiten.

Bei der SPÖ war das in den vergangenen beiden Nationalratswahlkämpfen der Fall. Alfred Gusenbauer wusste 2006 etwa, dass es nach der BAWAG-Misere sinnlos war, Unentschlossene für die SPÖ begeistern zu wollen. Er konzentrierte sich ausschließlich darauf, die große Basis der SPÖ zu bestärken und die unsicher gewordenen »weicheren« Sympathisanten wieder an die Partei heranzuführen. Werner Faymann ging es nach Gusenbauers Performance im Kanzleramt zwei Jahre später nicht anders. Seine strategische Distanzierung vom Vorgänger war ausschließlich nach innen und somit an die Basis der SPÖ gerichtet.

Erkennt ein Wahlkämpfer allerdings, dass die eigenen Anhänger zu wenige sind, um den gewünschten Wahlerfolg sicherzustellen, muss er seine Botschaften in die Richtung der Unentschlossenen erweitern. Dann braucht es breitere Themen und einen klassischen Überzeugungswahlkampf. Wolfgang Schüssel führte einen solchen im Jahr 2002, als es ihm gelang, weite Teile enttäuschter FPÖ-Wähler an die ÖVP zu binden. Auch der Dritte Weg der Sozialdemokratie des ehemaligen britischen Premiers Tony Blair oder des deutschen Ex-Bundeskanzlers Gerhard Schröder setzte darauf, die klassische rote Wählerbasis aufzubrechen. Blair und Schröder grasten über Parteigrenzen hinaus, streiften das verstaubte Sozi-Image ab und machten ihre Bewegung so wieder attraktiv für Wählerschichten der Mitte.

Die Kenntnis des Publikums ist also die Voraussetzung für politischen Erfolg. Ohne exakte Analyse der Wahlkampfarena bleibt ein Wahlkämpfer orientierungslos. Er weiß weder wen er ansprechen noch welche Themen er trommeln soll. Hat einer den knochentrockenen Job der Zielgruppenanalyse allerdings hinter sich gebracht, stehen die Chancen gut, zielgerichtet kommunizieren zu können.

Für Außenstehende kommt es dann oft zu scheinbar paradoxen politischen Interventionen. In Wien etwa ist der FPÖ spätestens seit der Zeit Jörg Haiders an der Spitze der Bundes-FPÖ an einem Kampf mit den regierenden Sozialdemokraten gelegen. Das ist nicht weiter verwunderlich. Kann sich eine kleinere Partei am Platzhirschen reiben, bringt das Aufmerksamkeit und zumeist eine Maximierung des Wahlerfolgs. Unter dem neuen FPÖ-Chef Heinz-Christian Strache denkt das Dritte Lager in der Bundeshauptstadt da nicht anders. In schöner Regelmäßigkeit werden Plakate gegen den regierenden SPÖ-Bürgermeister Michael Häupl affichiert und Schmäh-Broschüren gegen die Sozialdemokraten verschickt.

Erstaunen mag auf den ersten Blick die Reaktion der SPÖ. Häupl hat diesen Kampf mit den Freiheitlichen nämlich immer dankbar angenommen. Er tat das, obwohl gerade seine Partei viele Stimmen in Richtung Freiheitlicher verloren hatte. Nun möchte man meinen, dass dieser Trend nicht noch durch eine Aufwertung der freiheitlichen Angriffe gefördert werden sollte. Doch das Kalkül hinter der Erwiderung der blauen Kampfansage ist ein anderes: Die Zuspitzung auf ein »Duell« um Wien bringt auch der SPÖ Aufmerksamkeit und damit bessere Chancen auf eine Mobilisierung ihres noch immer riesigen Wählerpotenzials. Je mehr sich die Medien auf ein Match Häupl gegen Strache konzentrieren, desto eher gelingt es der SPÖ, ihren müde gewordenen Apparat wieder zum Laufen zu bringen. Netter Nebeneffekt: Alle anderen Parteien dürfen das Duell nur als Zaungäste verfolgen und bekommen so naturgemäß Schwierigkeiten, ihre Themen zu platzieren.

Mit exakt dieser Strategie hatte Häupl 2001 einen fulminanten Wahlerfolg gegen Haiders FPÖ errungen. Je schriller der FP-Chef wurde, desto mehr profitierte die SPÖ. 2005 dagegen fehlte ein starker Gegner. Nach der Spaltung des Dritten Lagers in FPÖ und BZÖ hatte der neue freiheitliche Obmann Strache Mühe, die Verluste in Grenzen zu halten. Dem Wahlkampf fehlte so auch das emotionale Moment. Das Ergebnis: Waren Häupl in Umfragen bis zu 55 Prozent der Wählerstimmen prognostiziert worden, verlor die SPÖ schließlich doch die absolute Stimmenmehrheit. Die SPÖ-Strategie für die Landtagswahlen 2010 lag demnach auf der Hand: In Umfragen teilweise schon unter 40 Prozent Wähleranteil gerutscht, musste die Wiener Sozialdemokratie das Duell mit Strache hochkochen, um das eigene Potenzial zu heben.

Probleme anderer Art hatte Häupls Freund, der niederösterreichische Amtskollege Erwin Pröll, zu bewältigen. Dem ÖVP-Granden fehlten bei seinem jüngsten Wahlkampf 2008 schlicht die Gegner. Weder bei SPÖ, Freiheitlichen oder Grünen tauchte wie in Wien ein Strache am Horizont auf. Eine Mobilisierung, das ergab die Analyse der Wahlkampfarena, würde für die absolut regierende ÖVP so schwierig werden. Die Wahlbeteiligung drohte dramatisch abzusacken.

Das Häupl-Schicksal des Jahres 2005 vor Augen, griff Pröll tief in die Trickkiste. Um seine Basis aufzuwecken, suchte er sich einfach einen neuen Gegner. Gefunden hatte er ihn in Gestalt der österreichischen Bundesregierung. Die war zwar auch von schwarzen Parteifreunden Prölls dominiert, doch das kümmerte den Niederösterreicher wenig. Er lästerte gegen den rot-schwarzen Streit im Bund und die Unregierbarkeit des

Landes. Ein solches Szenario, so Pröll, müsste in Niederösterreich jedenfalls verhindert werden. Also brauchte es eine neuerliche Absolute.

Pröll hatte dem Wahlkampf einfach einen neuen Rahmen verpasst. Dieser war nicht länger eine Auseinandersetzung zwischen den niederösterreichischen Ausgaben von ÖVP, SPÖ, FPÖ und Grünen. Die Entscheidungsfrage wurde von der regierenden Volkspartei anders gestellt. Nämlich so: Wollt ihr weiterhin ein starkes Niederösterreich (also Pröll) – oder lieber chaotische Zustände wie in der Bundesregierung (also die anderen Parteien)?

Der Schachzug ging auf. Pröll wurde zum Kandidaten des Landes stilisiert und baute seine schon bestehende Absolute noch aus. Der ÖVP-Kandidat hatte die Arena des Wahlkampfs verändert. Aufgrund der Rahmenbedingungen im Land konnte er sein Wahlziel nicht erreichen. Also erweiterte Pröll sein Bundesland für die Zeit der Kampagne um das Kampfgebiet Wien und schuf sich so die richtige Bühne.

Eine Erweiterung der politischen Arena gehört zu den großen Kunststücken politischer Kommunikation. Zum Großmeister dieser Technik avancierte 2008 US-Präsidentschaftskandidat Barack Obama. Er schaffte es nicht nur, dem Rennen seinen thematischen Stempel aufzudrücken. Der Demokrat hob sogar eiserne Grundregeln des Wahlkampfmanagements aus den Angeln. Obamas Strategen fügten sich nämlich nicht bloß so der geltenden Diktion, wonach wahrscheinliche Nichtwähler in einer Kampagne keine Rolle spielten und selbst ein Präsidentschaftsrennen nur knapp mehr als die Hälfte der Wähler interessierte. Sie wussten, dass es aufgrund der Polarisierung unter den bereits registrierten Wählern schwer werden würde, einen satten Vorsprung auf den republikanischen Gegenkandidaten herauszuholen. Also erweiterten Obamas Strategen einfach das Feld, indem sie Erstwähler und bisherige Nichtwähler scharenweise an Bord holten.

Obamas Team rekrutierte im ganzen Land Freiwillige, die einzelne Wahlsprengel bearbeiteten, und stampfte so eine fast flächendeckende Organisation aus dem Boden. Bis zum Ende des Wahlkampfs konnte der Kandidat auf unfassbare fünf Millionen Helfer zählen. Die Aktivisten wurden für die politische Arbeit in sogenannten Obama-»Camps« ausgebildet. An einem Wochenende durchliefen bis zu 7.000 Botschafter das Training der Kampagne.

Obama schaffte es in der Auseinandersetzung mit dem Republikaner John McCain, Millionen Wähler neu zu registrieren und diese dann auch zur Wahlurne zu bringen. Mit 64 Prozent gab es 2008 in den USA die höchste Wahlbeteiligung bei Präsidentschaftswahlen seit 100 Jahren. Gegenüber 2004 schritten fast sechs Millionen mehr Angehörige von Minderheiten zur Wahl. Diese gelten prinzipiell als eher den Demokraten zugeneigt. Doch John Kerry hatte im Vergleich zu Obama keinen Zugang zu dieser Wählergruppe gefunden. Obama war es aber auch gelungen, knapp zwei Millionen mehr Jungwähler in den demokratischen Prozess zu integrieren.

Die Mobilisierung bestehender Anhänger und die Einbringung neuer Wähler hatte für Obama schon in der Vorwahl gegen seine demokratische Parteikollegin Hillary Clinton funktioniert. Im ersten Vorwahlstaat Iowa waren die Kampagnenverantwortlichen Clintons von Obamas Organisationskraft überrumpelt worden. Der Staat, in dem traditionell eher Ältere zur Wahl gingen und der Clinton scheinbar nicht zu nehmen war, stand plötzlich Kopf. Obama mobilisierte in Iowa so viele junge Wähler wie noch nie – und fuhr den Überraschungssieg ein, der seine Nominierung fürs Präsidentenamt erst ermöglichen sollte.

Woher Politiker wissen, was sie sagen müssen

Nach nur einem Jahr im Weißen Haus hatten Obamas Demokraten zwar wieder massiv an Organisationskraft eingebüßt und versagten sogar in Hochburgen wie Massachusetts bei der Mobilisierung ihrer Anhänger. Im Jänner 2010 ging dort trotz dreimal so vieler registrierter Demokraten wie Republikaner ein entscheidender Senatssitz an die Konservativen verloren. Doch in seinem Wahlkampf 2008 hatte Barack Obama eine bislang ungekannte »Grassroots«-Bewegung initiiert. Seine »Graswurzeln«, also die einzelnen Anhänger seiner Kandidatur, waren bis in die Haarspitzen motiviert und trugen ihren Kandidaten zum Sieg. Die pyramidenähnliche Struktur der Obama-Kampagne garantierte auch eine unglaublich rasche Verbreitung der Wahlkampfbotschaften des späteren US-Präsidenten.

Allein: Wie kommt ein Kandidat zu diesen Botschaften? Wie viele soll er überhaupt verwenden? Woher weiß er, welche Ansagen er pushen und welche er besser unterlassen sollte? Wie findet er heraus, welche Angriffe seinen Gegner am härtesten treffen? Die beste Organisationsstruktur eines Wahlkampfs hilft einem Politiker nicht, wenn er kein Team hinter sich hat, das sich um die professionelle Entwicklung der zentralen Wahlkampfbotschaften kümmert. Die beste Analyse der Zielgruppen-Arena ist wertlos, weiß der Kandidat am Ende des Tages nicht, was er seinen Wählern überhaupt vermitteln soll.

Geht es um die Findung von Botschaften, überlassen Polit-Profis rein gar nichts dem Zufall. In Umfragen erheben die Kampagnen laufend und zu allen möglichen Themen Volkes Meinung. Genauso wichtig ist es, unterschiedliche Formulierungen der eigenen Wahlkampf-Botschaften in kleineren Gruppen potenzieller Wähler, sogenannten Fokusgruppen, auf ihre Wirksamkeit zu testen. Klar ist dabei, dass nur die zugkräftigsten auch tatsächlich auf die Allgemeinheit losgelassen werden.

Die Findung der zentralen Wahlkampfbotschaften, die zugleich die Begründung für die Kandidatur eines Politikers sind, läuft als hochkomplexer Prozess ab.

Die Botschaftsfindung beginnt mit einer Gegenüberstellung der Eigenschaften der Kontrahenten. Die Wahlkampfmanager stellen sich vier Fragen: (1) Was sagen wir über unseren Kandidaten? (2) Was sagen wir über unseren Gegner? Dann aber auch: (3) Was sagt der Gegner über uns? Und schließlich: (4) Was sagt der Gegner über sich selbst? Die Beantwortung dieser vier entscheidenden Grundfragen mündet in die sogenannte »Message Box« (Botschafts-Box). Sie gibt dem Wahlkampfteam und vor allem den Strategen der Kampagne jenen Überblick übers bevorstehende Rennen, den sie für die Ableitung aller strategischen Entscheidungen brauchen.

Am Beispiel Obama werden die strategischen Optionen für die Ausrichtung politischer Botschaften offensichtlich. Die wahre Meisterleistung des demokratischen Präsidentschaftskandidaten war nicht die Überwindung seines republikanischen Kontrahenten John McCain am 4. November 2008. Auch diese Auseinandersetzung musste erst geschlagen und gewonnen werden. Doch Obama hatte aufgrund der unfassbar schlechten Imagewerte der Republikaner und der Wirtschaftslage in den USA hier einen großen Startvorteil. Sein schwierigstes Rennen bestritt der Newcomer schon vorher gegen die innerparteilich als haushohe Favoritin aufs demokratische Präsidentschaftsticket gehandelte Hillary Clinton.

Der ehemaligen First Lady war die Nominierung und damit fast schon der Einzug ins Weiße Haus kaum zu nehmen: Sie war bekannter und erfahrener als Obama. Und sie hatte anfangs weite Teile des Partei-Establishments und auch die potenteren Geldgeber an ihrer Seite. Obama stoppte die ehemalige First Lady dennoch, bevor sie richtig in die Gänge gekommen war. Gelungen war ihm das nicht nur aufgrund seiner organisatorischen Überlegenheit und der weltweit für einen Wahlausgang erstmals entscheidenden Nutzung des Mediums Internet. Obama hatte den Überraschungssieg auch mit Hilfe einer überlegenen Botschaft erreicht. Der weltweit bekannte Slogan »Yes, we can« war dabei nur die Spitze des Eisbergs und Ausfluss eines bis ins letzte Detail konstruierten Themenparks der Obama-Kampagne. Hier die Message-Box Barack Obamas gegen Hillary Clinton für die demokratischen Vorwahlen 2008:

Botschafts-Box Obama gegen Clinton 2008

Obama über Obama	Obama über Clinton
• Er ist kein typischer (Alt-)Politiker, kein angepasster Washington-Insider • Er allein steht für den radikalen Wechsel, den Amerika braucht • Er ist die Verkörperung des amerikanischen Traums • Er verbindet Menschen, statt sie zu trennen • Er ist allein wegen seiner Herkunft ein Signal für den Aufbruch • Er weiß um die Sorgen der Menschen, hat sie selbst erfahren • Er gibt enttäuschten demokratischen Wählerschichten neue Hoffnung • Er war immer gegen Bushs Irak-Krieg • Er kann die demokratische Basis begeistern, neue Wähler ansprechen • Er wird die außenpolitische Eiszeit beenden und die US-Reputation in der Welt wiederherstellen • Er wird Reiche höher besteuern und sozial Schwachen helfen • Er wird die Gesundheitspolitik reformieren • Er wird den Lobbyisten in Washington den Kampf ansagen • Er wird der Demokratie in den USA wieder zum Durchbruch verhelfen	• Sie steht für eine Fortsetzung des alten Politik-Stils in Washington • Sie will keinen echten Wandel, steht für »More of the same« • Sie hat die Politik Bushs zu oft unterstützt • Sie war im Gegensatz zu Obama für den Irak-Krieg • Sie ist als Gesundheits-Beauftragte ihres Präsidenten-Gatten kläglich gescheitert • Sie wirkt kalt, arrogant und abgehoben • Sie hat den Kontakt zu den Menschen und ihren wahren Problemen verloren • Sie ist aus dem Clinton-Clan, will den Bush-Clan ablösen – das ist nicht der Wechsel, den Amerika braucht • Mit ihrem Sieg würde ihr Mann zu seiner dritten Amtszeit kommen • Sie polarisiert mehr, als sie verbindet • Für Republikaner ist sie die Hassfigur und würde deren Basis mobilisieren • Sie kann Menschen schlecht begeistern
Clinton über Obama	**Clinton über Clinton**
• Er kann den Job nicht • Er ist zu jung und unerfahren, ein politisches Greenhorn (seine Zeit kommt erst) • Er wurde nie auf die Probe gestellt • Er war nie in einer Führungsfunktion • In Zeiten der Krise ist er eine Gefahr für die Sicherheit • Er ist kein echter Amerikaner, kein Patriot • Seine Ideen sind illusorisch • Er wird Angriffen der Republikaner niemals standhalten • Er ist elitär und von den wahren Problemen der Menschen weit weg • Er kann sich nicht durchsetzen • Er ist ein Träumer	• Sie hat die Erfahrung, die für den Job des Präsidenten nötig ist • Sie kennt alle Staatenlenker und ist international bekannt und angesehen • Sie weiß auch, wie man innenpolitisch agieren muss • Sie wurde oft getestet und hat gemeinsam mit ihrem Mann viele Krisen durchgestanden • Sie weiß, wie man gegen die Republikaner bestehen kann • Sie ist ein Signal an die Frauen • Sie geht Probleme pragmatisch und lösungsorientiert an • Sie weiß, dass Reformen nur schrittweise möglich sind • Sie wird endlich wieder demokratische Parteipolitik machen

Aus dieser Box lassen sich nun für beide Kampagnen relevante Unterscheidungen für den Wahlkampf ableiten. Und genau darum ging es sowohl für Obama als auch für Clinton: Die Kampagnen sollten die Vorteile ihrer Kandidaten in den Vordergrund spielen, um den Teilnehmern an den demokratischen Vorwahlen die aus der Sicht der jeweiligen Kampagne einzig richtige Entscheidungsgrundlage zu bieten. In der Umsetzung mussten nicht nur inhaltsleere Slogans wie Peter Westenthalers »Mut gewinnt« vermieden, sondern auch die Störversuche des Gegners abgewehrt werden.

Obamas Kampagnenteam konzentrierte sich beim Eindampfen der Box auf eine kurze, präzise Botschaft vor allem auf zwei Viertel der Botschafts-Übersicht: den Teil »Obama über Obama«, der gegenüber den Wählern klar festlegen sollte, wofür der neue Kandidat stand, sowie auf die Sammlung der Statements »Obama über Clinton«. Diese Liste würde – wenn auch nicht in offener Feldschlacht – gegenüber der demokratischen Basis genutzt, um Zweifel an Hillarys Erfolgsaussichten zu schüren.

Gute Wahlkampfmanager freilich vergessen bei der Formulierung der Kernbotschaften nicht auf ein entscheidendes drittes Viertel der Message-Box: In der Übersicht »Clinton über Obama« sind nämlich jene Angriffspunkte versammelt, mit denen Obama im Laufe des Wahlkampfs konfrontiert wird. Dagegen sollte sich eine Kampagne tunlichst impfen. Viele Politiker machen genau hier den Fehler. Sie nehmen fälschlicherweise an, dass es allein sie sein werden, die im Wahlkampf über sich selbst Auskunft geben. Wolfgang Schüssel etwa war 2006 offenbar davon ausgegangen, dass er seine Regierungsbilanz ohne gröbere Störmanöver würde anpreisen können. Mit der geschickt lancierten Gegenkampagne von SPÖ-Chef Alfred Gusenbauer hatte er zumindest in dieser Massivität nicht gerechnet.

Obama wusste, was ihm von Seiten der Clintons blühen würde. Ein Blick auf die Botschafts-Box verrät die wahrscheinlichen Angriffsziele: Hillary und ihr Mann Bill würden ihren Kontrahenten als entscheidungsschwach, unerfahren und schlicht für den Job nicht geeignet darstellen. Genau das passierte auch. Doch das Team um den Senator aus Illinois hatte damit gerechnet und den perfekten Konter vorbereitet: Den Vergleich der Positionen Obamas und Clintons zum Irak-Krieg. Mit seiner von Anfang an unverrückbaren Ablehnung dieses auch von der Mehrheit der Amerikaner (und ganz sicher der Demokraten) ungeliebten Krieges demonstrierte Obama, dass er sehr wohl in der Lage war, die richtigen Entscheidungen zu treffen, und zwar im Gegensatz zu Clinton.

Der zweite Schritt des Kampagnenmanagers nach der Formulierung der Message-Box ist die Reduzierung der eigenen Botschaft auf drei wesentliche Eckpunkte. Sie sollen die »Philosophie« des Kandidaten beschreiben und der Wählerschaft die Begründung liefern, warum ausgerechnet der eigene Kandidat der beste ist. Just Bill Clintons Wahlkampfmanager James Carville hatte diese notwendige Entschlackung der sonst unzähligen und für das Publikum nicht überschaubaren Botschaftsflut auf nur mehr drei Eckpfeiler propagiert. Jedes Thema, das der eigene Kandidat hochzieht, so Carville, müsse innerhalb dieses Dreiecks argumentierbar sein. Nur dann würde für die Wählerschaft die nötige Klarheit über die bevorstehende Entscheidung herrschen.

Reduziert man nun die Stärken Obamas aus der Botschafts-Box auf ihren Kern und spiegelt sie mit den verwundbaren Stellen Clintons, fördert das folgendes Message-Triangle (Botschafts-Dreieck) zutage:

Das Obama-Dreieck

An der Spitze steht die klare Ansage, den bisherigen Weg des Republikaners Bush zu verlassen und national wie international alles anders zu machen. Dahinter versteckte sich jedoch mehr als nur eine Distanzierung vom aktuellen Präsidenten: Obama kommunizierte damit auch klar, dass er die Kandidatur Clintons für eine Mogelpackung hielt. Sie würde, so seine Kampagne, zwar ebenfalls eine Abkehr von Bush propagieren, in Wahrheit aber für die Fortsetzung des seit Jahrzehnten in Washington gepflegten Politikstils der Konfrontationen stehen. Mit dieser Gegenüberstellung schaffte Obamas Team den in jedem Wahlkampf nötigen Kontrast, in diesem Fall zwischen Alt (= Clinton) und Neu (= Obama).

Der zweite Pfeiler des Dreiecks, der Wiederaufbau Amerikas, war damit eng verbunden. Auch hier gab es aus Sicht Obamas einen deutlichen Unterschied zwischen ihm und Clinton. Während sie mit Reformansätzen schon vor Jahren gescheitert war, etwa als für die Gesundheitspolitik zuständige Präsidentengattin in der Amtszeit Bill Clintons, plante Obama eine echte Reform an Haupt und Gliedern. Die dazu nötige Frische und die neuen Ideen, so seine Kommunikationslinie, hätte nur er und nicht eine Kandidatin, die schon seit Jahrzehnten integrierter Teil des althergebrachten Politikgetriebes war.

Der letzte Punkt des Triangels war wohl die stärkste Waffe des Newcomers. Obama setzte auf die Macht der Basis. Als Hauptgrund für seine Kandidatur nannte der Senator seinen Plan, die reale politische Macht in Amerika endlich den Menschen zurückgeben zu wollen. Obama wollte nicht sich, sondern seine Wählerinnen und Wähler stark machen. Der Trick von Obamas Botschaftsmachern rund um seinen Chefstrategen David Axelrod war genial: Jeder Obama-Anhänger wählte sich am Wahltag indirekt auch selbst. Obama demokratisierte so seinen möglichen Erfolg. Gefühlt stand nicht nur er, sondern jeder seiner Unterstützer vor dem Einzug ins Weiße Haus. Der Präsidentschaftskandidat sollte wirken, als sei er einer von vielen Unzufriedenen, einer, der ausgezogen war, die satte Politiker-Klasse endlich zur Umkehr zu zwingen. Obama kündigte also eine Re-Demokratisierung des Landes an – und schuf auch damit einen Kontrast zu Hillary, die selbst auf viele demokratische Wähler oft abgehoben und arrogant wirkte.

Diese drei skizzierten Punkte zog der Kandidat Obama bei jedem seiner Statements durch, egal welches Thema gerade am Tapet war. Der Charme eines funktionierenden Botschaftsdreiecks ist nämlich genau der: Es gibt dem schlauen Politiker in jeder Wahlkampflage Halt und Sicherheit. Ob Obama nun über Gesundheits-, Bildungs- oder Wirtschaftspolitik referierte, er musste immer nur innerhalb des Dreiecks bleiben und darauf verweisen, dass (1) die Zeit für ein Umdenken überreif war, (2) es darum gehen sollte, die Ur-Werte der USA zu reanimieren, und (3) endlich wieder die Menschen als treibende Kräfte im Mittelpunkt der Politik stehen sollten. Die Zahlen, Daten und Fakten zu den einzelnen Politikbereichen waren natürlich austauschbar, die Generallinie der Obama-Kampagne jedoch war unverrückbar.

Echte politische Profis agieren wie Obama. Sie wissen, dass es Kernsätze, eine schlüssige Begründung braucht, warum gerade sie in ein Amt gewählt werden sollen. Diese Kurzfassung der Kampagne schaute bei Obamas Kampf gegen Hillary in etwa so aus:

> **Kernbotschaft:** *Obama bringt echten Politikwechsel nach Washington. Er ist nicht wie andere korrumpiert und hat Reformideen, um Amerika wieder auf die richtige Bahn zu bringen. Er wird den US-Bürgern die politische Macht im Land zurückgeben. Mit der Ablehnung des Irak-Krieges hat er bewiesen, dass er die richtigen Entscheidungen fällt und auf Seiten der Menschen ist. Er wird unsere internationale Reputation wiederherstellen, der Wirtschaft neues Leben einhauchen und das Bildungs- und Gesundheitssystem menschengerecht gestalten.*

Diese Kernbotschaft wurde von Obama und seinen zahlreichen Helfern ohne Unterlass getrommelt. In den Kampagnenslogans »Yes, we can« und »Change, we can believe in« wurde diese Botschaft auf simple, eingängige Formeln gebracht, die auch jedem wenig an Politik Interessierten im Gedächtnis blieben. Die Gemeinsamkeit mit den Wählern und das Eintreten für glaubwürdigen Wandel waren die relevanten Unterschiede, die Hillary Clinton schließlich das Präsidentschaftsticket kosteten.

Sie war mit ihrer Zuspitzung des Rennens kläglich gescheitert. Natürlich hätte auch ihr Hinweis auf das gefährliche Experiment mit dem Greenhorn Obama ziehen können. Doch Clintons Berater hatten den politischen Newcomer und seine bärenstarke Botschaft zu lange unterschätzt.

Nach dem Sieg gegen Clinton zog Obama nur mit unwesentlichen Änderungen an seiner Botschaft in die entscheidende Schlacht um die

Präsidentschaft. Gegen John McCain betonte er freilich die Verfehlungen der Republikaner in den vergangenen acht Jahren viel stärker und nutzte auch die im September voll losbrechende Finanz- und Wirtschaftskrise für sich. Nach dem Kollaps der Investmentbank Lehman Brothers fokussierte er wie weiland Bill Clinton darauf, vor allem das amerikanische Wirtschaftssystem wieder aufbauen zu wollen. Die eigentlich wirtschaftsorientierten Republikaner hatten in dieser Frage jede Glaubwürdigkeit verspielt.

Wie am Beispiel Obama gezeigt, ist das Zimmern wählergerechter Botschaften ein wesentliches Merkmal modernen politischen Managements. Das gilt auch für Österreich. Auch hierzulande versuchen die Top-Politiker immer mehr Ressourcen in die Entwicklung stimmiger Botschaften zu stecken. Für professionelle Politik-Beobachter sind dann immer wieder die Grundzüge der Botschaftsentwicklung à la USA erkennbar. Nur ein Beispiel, das noch ausführlicher Thema sein wird – Neo-SPÖ-Chef Werner Faymann versuchte bei der Nationalratswahl 2008 mit folgendem Botschaftsdreieck sein Glück:

Das Faymann-Dreieck 08

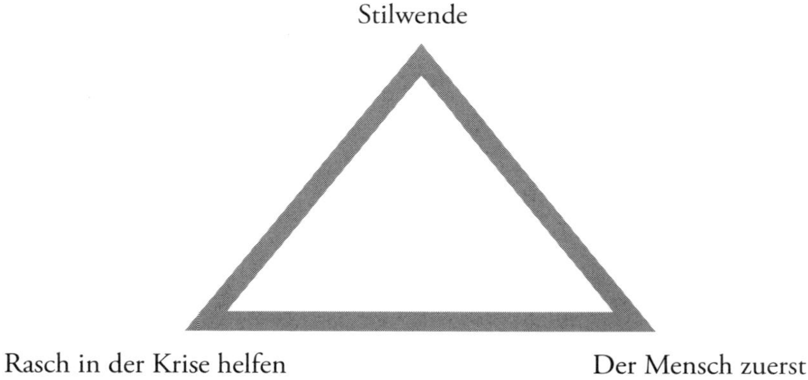

Alle drei Punkte stellten Kontrapunkte zur ÖVP, aber auch eine Abkehr von der SPÖ-Regierungslinie unter Alfred Gusenbauer dar. Der Streit in der rot-schwarzen Regierung sollte unter Faymann der Vergangenheit angehören. Der neue Mann an der SPÖ-Spitze beschrieb die nur eineinhalb

Jahre währende Koalition Gusenbauer-Molterer glaubhaft als Betriebsunfall und sich selbst als jenen, der die guten Seiten der rot-schwarzen Kooperation wieder zum Vorschein bringen konnte. Mit dem zweiten Punkt wetzte Faymann die Scharte aus, die Gusenbauer mit der Missachtung seiner eigenen Wahlversprechen hinterlassen hatte. Faymanns Mission war, die Glaubwürdigkeit der SPÖ wiederherzustellen, indem er einige Sozialgesetze noch vor der Wahl durchs Parlament brachte. Der letzte Punkt schließlich deckte eine Kernpositionierung der SPÖ ab: den Fokus auf sozialen Ausgleich. Hatten einige rote Wähler unter Gusenbauer den Eindruck bekommen, dem Kanzler ginge es vor allem um sich und den eigenen Job, so wollte Faymann diesen Eindruck korrigieren. Am Wahlabend ging dieses Kalkül auf.

Wie Obama hatte der neue SPÖ-Chef auch einen weiteren wichtigen Grundsatz für Kernbotschaften beachtet: Jedes Botschaftsdreieck muss in die Zukunft gerichtet sein. Zwar ist es durchaus möglich, auch eigene Leistungen der Vergangenheit anzusprechen, wenn damit Glaubwürdigkeit für die Zukunft abgeleitet werden kann. Doch die Wählerinnen und Wähler brauchen Anhaltspunkte, wie sich ein Kandidat die kommenden Jahre im Amt vorstellt. Diese Regel verletzte etwa Wolfgang Schüssel in seinem Wahlkampf 2006. Der ÖVP-Kanzler versuchte, allein mit seiner Regierungsbilanz der Jahre 2000 bis 2006 zu reüssieren. Er verzichtete auf Ansagen für die kommende Legislaturperiode. Und scheiterte.

Auch wenn Faymann diesen Job besser machte – für die Professionalisierung der SPÖ-Wahlkampfmaschinerie hatte sein viel gescholtener Vorgänger Gusenbauer gesorgt. Er holte den amerikanischen Wahlkampfexperten und Clinton-Mitstreiter Stanley Greenberg als einflussreichen Berater in die Bundes-SPÖ. Damit folgte Gusenbauer dem Wiener Bürgermeister Michael Häupl, der den Meinungsforscher zuvor schon auf Wiener Ebene eingesetzt hatte.

Greenberg arbeitete auch in Österreich ganz im Stil der amerikanischen Top-Berater. In den Kampagnen für Gusenbauer überließ der Amerikaner nichts dem Zufall. Er erarbeitete für den Kandidaten neben der üblichen Message-Box, dem Message-Triangle und der Kernbotschaft auch genau vorgeschriebene Debattenbeiträge, die Gusenbauer in den TV-Konfrontationen mit den anderen Parteichefs verwenden sollte. Die darin enthaltenen Botschaften und Formulierungen waren vom US-

Experten zuvor in Umfragen und Fokusgruppen bis ins Detail getestet worden, um ihre volle Wirksamkeit zu entfalten.

Im Wahlkampfjahr 2006 zeitigten diese Botschafts-Tests sehr konkrete Folgen. Das Gusenbauer-Team wollte Schüssels ÖVP massiv wegen dessen durchgeführter Rentenreform attackieren und so eine Kernzielgruppe der Sozialdemokratie, die Pensionistinnen und Pensionisten, mobilisieren. Allein: Die geplante Kommunikationslinie stellte sich als weniger zugkräftig heraus als gedacht. Greenbergs Untersuchungen hatten allerdings auch ergeben, dass die Pensionisten sehr wohl aufzurütteln waren – und zwar mit der Botschaft, dass die ÖVP gedenke, die Zwei-Klassen-Medizin voranzutreiben. Die Reaktion der roten Wahlkämpfer war klar: Man setzte massiv auf das Gesundheitsthema und brachte damit die gewünschte Emotion ins Rennen.

Wie professionell der SPÖ-Kandidat Gusenbauer von seinem amerikanischen Berater auch inhaltlich vorbereitet wurde, zeigt ein zentrales Wahlkampf-Memorandum Greenbergs an Gusenbauer aus dem Wahlkampf 2002, das dem Autor vorliegt.* An ihm lässt sich ablesen, wie genau der US-Berater seinen österreichischen Schützling auf Linie brachte. Hier ein Auszug aus dem Redebeitrag, den Greenberg dem SPÖ-Chef für die TV-Konfrontation mit ÖVP-Kanzler Wolfgang Schüssel zum Thema »Arbeitsmarkt« mit auf den Weg gab:

> **Das Greenberg-Memo:** *Where we disagree is the need, particularly now, to take action. The IHS is estimating that there will be a record 320,000 unemployed this winter – about 40,000 young people. [Tell story.] (...) You know, Mr. Schüssel, I believe leaders have an obligation to work for full employment. You relinquished that. (...) We need a different direction. (...) In three years, you and the ÖVP have undermined the core of Austria's social compact. You have aggressively taken advantage of the least powerful in our society.*

Im Realitätstest des TV-Studios hörte sich dieselbe Passage bei der Konfrontation zwischen Gusenbauer und Schüssel dann so an:

* Das vollständige Memo ist abgedruckt in: Thomas Hofer: Spin Doktoren in Österreich. Wien, 2005

Gusenbauer: *Bei all dem, was Sie uns hier erzählen, Herr Dr. Schüssel, was hilft es einem jener 320.000 Menschen, die unter den Umständen im Winter keine Arbeit haben werden? (…) Was hilft das einem Jugendlichen, einem jener 40.000, die unter Umständen im Winter ohne Arbeit sind, dass Sie hier abstrakte Zahlen referieren, aber diese Menschen trotzdem eine neue Hoffnung brauchen? Und daher sage ich Ihnen ganz offen: Ich bin der Meinung, so wie viele andere in unserem Land, dass man einfach über das Schicksal der Menschen nicht so hinweggehen kann. (…) Wir brauchen einen Neuanfang und in den Mittelpunkt müssen die Senkung der Arbeitslosigkeit, neue Jobs und eine Stärkung des sozialen Zusammenhalts gestellt werden.*

Der Vergleich macht sicher. Gusenbauer hielt sich nicht nur in dieser einen Szene, sondern über weite Strecken der Auseinandersetzung mit dem ÖVP-Chef an das mit Greenberg besprochene Skript. Im Gegensatz zu anderen Spitzenpolitikern des Landes hatte sich der SPÖ-Chef auch minutiös auf die Debatten vorbereitet. In einem eigens adaptierten Raum im parteieigenen Renner-Institut übte der Vorsitzende mit Sparring-Partnern für die entscheidenden TV-Duelle.

Bei aller Professionalität, einen zentralen Bestandteil jeder erfolgreichen Positionierungsstrategie ignorierte Alfred Gusenbauer zeit seiner Polit-Karriere beharrlich. Er achtete einfach nicht darauf, dass Politiker den für sie entwickelten Kommunikationslinien auch treu bleiben müssen. Das gilt nicht nur für TV-Debatten, sondern für jede Situation, in der sie sich wiederfinden. Die Einheitlichkeit der Botschaft ist immer zentral: Was ein Politiker sagt und was er tut, muss immer in Einklang mit der angestrebten Positionierung stehen. Passiert das nicht und konterkariert ein Politiker die Kommunikationsvorgaben durch Aussagen oder Handlungen, bleibt nicht nur die Botschaft wirkungslos, es droht sogar ein Imageschaden. Denn nichts ist für das politische Gegenüber oder die Medien verlockender, als Widersprüchlichkeiten eines Politikers aufzuzeigen.

Die Einheitlichkeit zu wahren ist freilich nicht so leicht. In der Praxis verstoßen viele politische Akteure gegen dieses scheinbar einfache Prinzip. Ex-Bundespräsident Thomas Klestil ließ sich in seinem erfolgreichen Wahlkampf 1992 mit seiner damaligen Ehefrau plakatieren und gaukelte so ein heiles Familienleben vor, das längst nicht mehr den Tatsachen entsprach. Als Klestil einige Zeit später gestand, eine neue Frau an seiner Seite zu haben, tauchten Fotos auf, die selbiges schon für die Zeit des Wahlkampfs nahelegten.

Auch Alfred Gusenbauer verletzte gerne seine mühsam aufgebauten Kernpositionierungen. Seine Berater hatten über Jahre die Herkunft des Sozialdemokraten betont: Gusenbauer stammt aus Ybbs an der Donau und dort aus recht bescheidenen Verhältnissen. Die Positionierung Gusenbauers als »Arbeiterkind«, das um die Sorgen und Nöte der Menschen im Land Bescheid weiß, lag somit nahe. Es ist ja auch beileibe kein Nachteil, wenn der sozialdemokratische Parteiführer eine quasi angeborene Nähe zu wesentlichen Zielgruppen der Partei vorweisen kann.

Zum Problem geriet im Laufe der Zeit nur Gusenbauers Handeln. Als Oppositionschef schaffte es der SPÖ-Vorsitzende, am Höhepunkt einer von seiner Partei als »unsozial« kritisierten Pensionsreform von ÖVP und FPÖ seine Kernpositionierung massiv zu gefährden. Während das Land über die Auswirkungen der Einschnitte für die Pensionistinnen und Pensionisten debattierte, gefiel sich der führende Sozialdemokrat in einer anderen Rolle. Unter dem Titel »Frisch wie der Frühling« veröffentlichte der Pensionsreform-Kritiker im Nachrichtenmagazin »profil« in einer »Genuss«-Beilage eine mehrseitige Besprechung der besten und schönsten Weine des neuen Jahrgangs. Gusenbauer wurde vom Magazin als »exzellenter Weinkenner, der selbst die Hanglage eines Barolo korrekt bestimmen« könne, ausgewiesen. In seinem kulinarischen Œuvre über »Österreichs Winzerelite« schrieb er etwa Folgendes: »Der Duft des Frühlings erschafft eine Welt reicher sinnlicher Eindrücke, die den Ausblick auf die kommenden kulinarischen Erlebnisse stimuliert.«

Die Stimulierung der Medien lief für Gusenbauer in eine weniger erfreuliche Richtung: Alle lästerten über des Oppositionschefs Prioritäten in Zeiten der Pensionskürzungen. Das Etikett des abgehobenen »Weinconnaisseurs« blieb dagegen endgültig haften. Und die Glaubwürdigkeit der Inszenierung als mitfühlendes Arbeiterkind war wie weggespült.

Eine ähnlich desaströse Wirkung auf die Einheitlichkeit seiner Positionierung hatte eine Aktion von Johannes »Gio« Hahn im Wiener Landtagswahlkampf 2005. Der Wiener ÖVP-Chef hatte seinen gesamten Wahlkampf darauf ausgelegt, sich ein dynamisches, modernes und weltoffenes Image aufzubauen. Um diese Botschaft real zu untermauern, überlegte sich sein Team öffentlichkeitswirksame Inszenierungen. Eine davon: Die ÖVP funktionierte den Wiener Linienbus 13A – er verbindet einige bei jüngeren Zielgruppen hippe Beislbezirke – kurzerhand zu »Gios Nightline« um. Der Gedanke dahinter war jedenfalls nicht schlecht: Während die Wiener Linien ihr Service bald nach Mitternacht einstellten, servicierte das Hahn-Vehikel die potenziellen neuen Wähler auch noch spätnachts.

Zum Problem der ÖVP geriet allerdings die Art der Inszenierung. Bei den ersten Ausfahrten des Busses waren nämlich nicht nur die Zielgruppen und sie bearbeitende Parteifunktionäre an Bord, sondern auch eine Combo zur musikalischen Untermalung des besonderen Anlasses. Als die Musiker zu nachtschlafender Stunde dann allerdings die an Jungscharlieder angelehnten Textzeilen wie »Danke für diesen schönen Nachtbus, danke« anzustimmen begannen, war die ganze Aktion beim Teufel. Die gewollte Positionierung als urban und modern passte so gar nicht zum verstaubten Liedgut der Wiener Volkspartei.

Selbstfaller wie diese sollten professionelle Politiker tunlichst vermeiden. Sie haben ohnehin genug damit zu tun, ihren wohlkonstruierten Botschaften in der Öffentlichkeit zum Durchbruch zu verhelfen. Wer sich da noch selbst zu den Unsicherheitsfaktoren in einer Kampagne zählen muss, hat das politische Spiel meist schon verloren. Gefahren, in die Defensive gedrängt zu werden, drohen ohnehin vom politischen Gegner, und natürlich von kritischen Journalisten, deren Job es ist, Politiker mit möglichst scharfen Fragen in die Bredouille zu bringen.

Warum Politiker Fragen nicht beantworten

Er war ein Liebling der Journalisten. Sein schillernder Lebenswandel sorgte weit über die Grenzen der politischen Arena hinaus für Schlagzeilen: Gemeinsame Auftritte mit Entertainern wie Frank Sinatra garantierten das genauso wie angebliche Affären mit Showgrößen wie Gina Lollobrigida oder Zsa Zsa Gabor. Die Rede ist von Henry Kissinger, langjähriger außenpolitischer Berater verschiedener US-Präsidenten wie John F. Kennedy, Lyndon B. Johnson oder Richard Nixon. Letzterer hatte ihn 1973 auch zum Außenminister der Vereinigten Staaten gemacht.

Doch es war nicht nur das Privatleben des Spitzendiplomaten, das die Journalisten faszinierte. Auch die geradlinige Art und sein trockener Humor machten ihn zu einem Medienstar. Einmal eröffnete Kissinger eine Pressekonferenz mit der launigen Bemerkung: »Hat jemand irgendwelche Fragen für meine Antworten?«

Die Journalisten hatte der Politfuchs damit wieder einmal bestens unterhalten. Doch Kissinger hatte auch frank und frei einen der Grundsätze professioneller politischer Kommunikation auf einen einfachen Nenner gebracht: Sag als Politiker immer nur das, was du dir vor einem Medienauftritt vorgenommen hast. Jeder politische Berater versucht, seinen Schützlingen dieses Prinzip beizubringen. Denn vor allem politische Greenhorns missverstehen die Situation, der sie in einem Interview, vor allem wenn es live im TV oder Radio stattfindet, ausgesetzt sind. Diese naiven Politiker gehen dann von folgender Gesprächssituation aus:

Interviewer ◄————► Politiker

Der Politiker meint, dass er mit dem Journalisten ein angeregtes Gespräch führt, primär mit diesem kommuniziert und versucht, ihn von seinem Standpunkt zu überzeugen. Diese Annahme ist grundfalsch. Oberflächlich betrachtet ist am TV-Schirm zwar ein Zwiegespräch zwischen dem Politiker als Gast und dem Journalisten als Gastgeber zu sehen. Doch das entspricht nicht der wahren Kommunikationssituation. Denn dem Journalisten geht es nicht in erster Linie um seinen Gast – sondern vielmehr darum, Anwalt des Publikums zu sein, es zu unterhalten und ihm in letzter Konsequenz auch zu gefallen. Der Journalist stellt also seine Fragen zwar vordergründig an den Politiker, als Kommunikationspartner hat er jedoch immer das Publikum im Kopf. Und auch das müssen politische Einsteiger oft erst mühsam lernen: Ein Journalist will und kann von einem Politiker in einem Interview nicht überzeugt werden. Würde er das mit sich geschehen lassen und es gar das Publikum (und seinen Chef) merken lassen, es wäre wohl eines der letzten Interviews als unabhängiger Journalist.

Ein professionell agierender Politiker dagegen weiß, dass es sich bei einem Journalistengespräch bloß um ein Scheingefecht handelt und es um die Kommunikation mit dem Zuschauer geht. Die tatsächliche Interviewsituation sieht so aus:

Interviewer ↘ ↙ Politiker

PUBLIKUM

Beide Akteure wenden sich an jene Schar imaginärer Dritter, die vor dem TV-Gerät sitzt. Hat ein Politiker dieses banale, aber von vielen ignorierte Faktum akzeptiert, kann er die Interviewsituation als Chance sehen, seine Botschaften ans Publikum loszuwerden.

Einem spannenden Interview steht diese Einstellung natürlich häufig entgegen. Denn oft genug führt das Absondern von stereotyp vorgetragenen und vorgefertigten Botschaften zu einer Übersättigung des Publikums – und nicht zuletzt der Journalisten. Neuigkeits- oder Unterhaltungswert bieten solche Gespräche kaum. Vor allem halbwegs solide trainierte, aber nur durchschnittlich begabte Politiker gehen in solchen Interviewsituationen auf Nummer sicher und verlieren sich in immer gleichen Stehsätzen.

Der Grund für die Vorsicht liegt in der natürlichen Konfrontationsstellung zwischen Journalist und Politiker. Natürlich versuchen gute Journalisten immer, einen Stich zu machen und einem Politiker etwas zu entlocken, das dieser eigentlich gar nicht sagen wollte. Wirklich gewonnen hat ein Journalist das »Duell« mit einem Politiker erst dann, wenn er ihn in einen Fehler treibt, der auch tags darauf noch Gesprächsthema in den Massenmedien ist. Kurz gesagt: Der Journalist will den Politiker immer in die Defensive drängen.

Dagegen versuchen sich Politiker zu schützen. Halt gibt ihnen das schon ausführlich besprochene Botschaftsdreieck. Werden Politiker auch mit unerwarteten Fragen des Interviewers konfrontiert, sie können sich immer an der rettenden, vor dem Interview entwickelten Argumentationskette festhalten. Spritzig wirkt ein solcher Austausch dann zwar selten, der Politiker hat die Interviewsituation in seiner Eigenanalyse dann aber immerhin unbeschadet überstanden. Dem Journalisten bleibt nur die Flucht nach vorn. Werden das Publikum und er mit den immer selben Antworten abgespeist, muss er irgendwann das Verhalten des Politikers thematisieren. In diesem Fall unterbricht der Interviewer dann häufig sein Gegenüber, fragt ständig nach und sagt Sätze wie: »Das war nicht meine Frage, ich stelle sie noch einmal«, oder: »Sie weichen geschickt aus, deshalb komme ich auf die Kernfrage zurück.«

Der Politiker wird sich durch solche Aktionen freilich weiterhin nicht aus der Reserve locken lassen. Denn er weiß: Zu oft kann der Journalist das Spiel nicht wiederholen, ohne das Publikum zu langweilen oder gar gegen sich aufzubringen. Grundsätzlich ist bei einem Großteil des Publikums die Sympathie nämlich beim Gast und nicht bei einem penetrant insistierenden Gastgeber. Die meisten Zuseher wollen, dass der Gast ausreden und ein Argument zu Ende führen kann.

Talentierte Politiker wissen um diesen Vorteil. Sie vermeiden es auch, das Botschaftsdreieck zu eng zu interpretieren, und wandeln ihre Botschaften mit immer neuen Beispielen ab. Dabei bleiben sie aber innerhalb des Botschaftsdreiecks und bringen ihre Kernthemen ins Trockene. Im Gegensatz zu kommunikativ weniger begabten Politikern werden sie dabei nicht monoton, sondern bleiben unterhaltsam, obwohl sie eigentlich gar nicht auf die kritischen Fragen des Interviewers eingehen. Ein guter Politiker macht also Folgendes: Er weicht Fragen zwar aus, tut das aber so geschickt, dass es der Zuseher nicht merkt.

Meister ihres Fachs wenden dabei verschiedene Tricks an. Sie können etwa die Frage des Interviewers »dankbar« aufgreifen und dann erst zur Antwort schreiten. Das hat den Vorteil, dass der Frage die Schärfe genommen wird und sich der Politiker gar nicht erst in eine Konfrontationsstellung drängen lässt. Eine andere Möglichkeit ist, dass der Politiker die an ihn gerichtete Kritik einfach neu formuliert. Politikerantworten beginnen dann oft mit der Floskel: »Die entscheidende Frage ist doch folgende …« Der Vorteil dieser Volte: Der Politiker gewinnt Zeit und bringt einen gehörigen Abstand zwischen die eigentliche Frage und seine Antwort. So kann sich der Zuseher oft gar nicht mehr an die Ursprungsfrage des Journalisten erinnern. Wieder andere Polit-Profis nehmen ein kritisch gemeintes Wort aus der Frage des Journalisten auf, stellen dieses aber in einen völlig neuen, ihnen genehmen Zusammenhang.

Eine beliebte Methode, der Interviewsituation an Brisanz zu nehmen ist, den Interviewer zu umgarnen und ihn so ungewollt ins Kuscheleck zu stellen. Oft bleibt der Journalist dann verblüfft zurück, weil er angesichts seiner scharfen Fragen nicht mit der Charmeoffensive seines Gegenübers gerechnet hat. Beispiele für solche gewitzt agierenden Politiker gibt es einige, US-Präsident Bill Clinton etwa, und auch der ehemalige britische Premierminister Tony Blair konnte Interviewer gekonnt einkochen. In

Österreich war Bruno Kreisky in dieser Disziplin einsame Klasse, weil er es verstand, Journalisten im Handumdrehen zu Mitstreitern zu machen.

Ein in dieser Hinsicht ebenfalls sehr talentierter, wenn auch nach seiner politischen Karriere schwer in Misskredit geratener Akteur war Karl-Heinz Grasser. In seiner Zeit als Finanzminister der schwarz-blauen Regierung hatte es immer wieder schwere Krisen, gerade auch im Verhältnis zu verschiedenen Medien, gegeben. Grasser allerdings blieb von diesen lange unbehelligt. Er kommunizierte in einer eigenen Liga und schaffte es so locker an die Spitze der Beliebtheitsrankings.

Selbst nach seinem politischen Abgang blitzte in selten gewordenen Interviews noch hin und wieder sein kommunikatives Talent auf. Als im Sommer 2009 im Zuge der Finanzkrise die Österreichische Bundesfinanzierungsagentur eingestehen musste, Staatsgelder hoch spekulativ veranlagt und dabei möglicherweise Verluste in Höhe von mehreren Hundert Millionen Euro eingefahren zu haben, geriet auch der ehedem dafür zuständige Finanzminister ins Visier der Medien. Am 20. Juli wagte sich Grasser in die Höhle des Löwen zu Starinterviewer Armin Wolf in die »Zeit im Bild 2« und versuchte, die in Misskredit geratenen Veranlagungen zu verteidigen. Seine überaus geschickte Kommunikationslinie ließ Grasser unbeschadet vom Moderatorentisch aufstehen. Denn der Ex-Minister ließ sich nicht auf die Fragen Wolfs ein, sondern kommunizierte schnurstracks an ihnen vorbei mit dem Publikum.

> **Wolf:** *Herr Grasser, können Sie vielleicht unseren Zusehern erklären, was haben Milliarden an Staatsgeldern in sogenannten Structured Investment Vehicles auf den Cayman Islands verloren?*
> **Grasser:** *Vielleicht darf ich zuerst mit dem Schluss Ihres Berichtes beginnen.*
> **Wolf:** *Da kommen wir schon hin. Aber vielleicht können wir mit meiner Frage beginnen.*
> **Grasser:** *Ich glaube, man sollte einmal aufklären was Tatsache ist und was Realität ist. (…) Die Bundesfinanzierungsagentur ist geschaffen worden von Ferdinand Lacina in seiner Zeit damals, 1993. Heute gibt es 16 Jahre Bestand der Bundesfinanzierungsagentur. Bis heute hat sie dem Steuerzahler vier Milliarden Euro an Geldern erspart. Ich möchte das nur sagen.* (…)

Wolf: *Im Rechnungshofbericht wird kritisiert, dass es dort kein richtiges Vier-Augen-Prinzip in der Geschäftsführung gibt. Es gibt kein funktionierendes Risikomanagement und es gab bis nach Ihrer Zeit auch kein Gesamtlimit, was riskante Veranlagungen angeht. Fällt alles in Ihre Zeit, immerhin sieben Jahre als Finanzminister. Tragen Sie da nicht auch Verantwortung dafür?*
Grasser: *Wir alle tragen Verantwortung und ich sage Ihnen, ich trage sehr gerne Verantwortung dafür, dass wir dem Steuerzahler in sieben Jahren vier Milliarden Euro erspart haben. (…) Wenn die Sozialdemokraten jetzt in altem Reflex sagen, der Grasser ist schuld, weil der Grasser an allem schuld ist, dann soll man sich die Jahre 1993 bis 1999 anschauen. Alles sozialdemokratische Finanzminister und Sie werden draufkommen, dass es Verluste von mehr als einer Milliarde Euro in diesen sieben Jahren gegeben hat. (…) Das heißt, man soll jetzt nicht anpatzen, man soll nicht besonders gescheit ein. Ich bin völlig bei Ihnen, das was hier passiert ist und in Veranlagungen danebengegangen ist, das soll man besser machen. Da soll man daraus lernen, da soll man die kritischen Worte, die der Rechnungshof verwendet hat, auch hören und entsprechend handeln. Das hat Bundesminister Pröll jetzt getan und eine Reihe von Maßnahmen eingeleitet, die die Bundesfinanzierungsagentur noch besser machen sollen. Was ich einfach ins Treffen führe ist, nach über 16 Jahren bleiben mehr als vier Milliarden Gewinn für den Steuerzahler.*
Wolf: *Das hatten wir schon.*
Grasser: *Und das sollte man auch sehen und schätzen.*
Wolf: *Das hatten wir jetzt mehrfach. Ich muss Sie bremsen. Vielen Dank für den Besuch im Studio.*
Grasser: *Danke Ihnen sehr. Sie sind mir abgegangen, Herr Wolf.*
Wolf: *Dankeschön.*

Grasser wendete in diesem Gespräch gleich mehrere der erwähnten Tricks an. Der auffälligste: Er umarmte seinen langjährigen journalistischen Widerpart Wolf verbal. Dem journalistischen Vollprofi war die unerwartete Charmeattacke Grassers sichtlich unangenehm. Netter Nebeneffekt für den Ex-Minister: Die Aufmerksamkeit des Publikums ruhte weniger auf den Zahlen, Daten und Fakten um die Finanzierungsagentur als vielmehr auf dem Zwischenmenschlichen, das sich zwischen Moderator und Gast gerade zutrug.

Analysiert man die Grasser'sche Argumentationslinie genauer, kommt man auch dem dahinterliegenden Botschaftsdreieck auf die Schliche. Es kreist um die Punkte: Die Agentur war erfolgreich – Verluste haben nur SPÖ-Finanzminister eingefahren – der aktuelle ÖVP-Minister hat die nötigen Konsequenzen gezogen.

Grasser bleibt während des gesamten Interviews innerhalb dieser drei Eckpunkte. Wolfs Fragen nach den Cayman Islands, der Kritik des Rechnungshofs und seiner eigenen Verantwortung ignoriert er. Mehr als das: Er definiert die Fragen neu. Indem er Wolf an einer Stelle sogar Recht gibt (»bin völlig bei Ihnen«) und Interviewer samt Rechnungshof für sich vereinnahmt, löst er jede Konfrontationsstellung auf. Die Frage nach der Verantwortung dreht er überhaupt ins Gegenteil dessen, worauf Wolf hinauswollte. Plötzlich trägt Grasser Verantwortung für Gewinne, nicht Verluste. Die Seitenhiebe gegen die SPÖ gehen Grasser da fast wie nebenbei von der Hand.

Dieses Interview war nicht das einzige, in dem Grasser zur Höchstform auflief. Es war für längere Zeit allerdings eines der letzten. Wenige Wochen nach diesem Interview war der Ex-Finanzminister wieder in der »ZiB2« zu Gast und geriet diesmal wegen einer Affäre um den unter seiner Ägide erfolgten Verkauf der staatseigenen BUWOG gehörig ins Schwitzen.

Das Grasser-Beispiel zeigt eines sehr schön: Stellen Politiker es geschickt an, können sie auch konfrontative Interviewsituationen für sich nutzen. Sie können einen direkten Zugang zum Publikum finden und so den journalistischen Filter, der in den Medien meist zwischen der Botschaft eines Politikers und seinem gewünschten Publikum eingezogen ist, umgehen. Begreift der Politiker die Interviewsituation in diesem Sinn als Chance, dann muss er nicht wie die meisten Kollegen in die immer gleichen Standard-Floskeln flüchten. Er kann dann versuchen, seine Interpretation des Themas im Interview durchzubringen.

Die Themen-Macher

Unangenehmen Fragen möglichst geschickt auszuweichen, ist für einen Politiker freilich nur die halbe Miete. Ein Auftritt ist erst dann wirklich gelungen, wenn es dem Politiker gelingt, ein Thema zu setzen, das die Medien weit über den Tag hinaus dominiert. In der Fachsprache ist in einem solchen Fall von gelungenem »Agenda Setting« die Rede: Ein Politiker hat eine thematische Duftmarke gesetzt, und keiner, der in den Medien in den kommenden Tagen und Wochen eine Rolle spielen will, kommt daran vorbei. Im besten Fall steht das vom Akteur hochgezogene Thema natürlich in Einklang mit der angestrebten Positionierung in der politischen Landschaft.

Einer, der das Spiel auf der medialen Klaviatur wie kaum ein Zweiter beherrschte, war der 2008 kurz nach der Nationalratswahl verunglückte Kärntner Landeshauptmann und ehemalige Chef der FPÖ und des BZÖ, Jörg Haider. Gerade in der Zeit, als er sich einen Status als Hecht im innenpolitischen Karpfenteich aufbauen wollte, fielen dem Rechtsaußen immer wieder neue Inszenierungen ein, wie er seine Themen auf die Titelblätter der Gazetten hieven konnte. Haider machte zwar vor allem mit unsäglichen Zitaten, etwa zur Zeit des Nationalsozialismus, Schlagzeilen. Doch seine thematische Strahlkraft reichte weit über diesen skandalträchtigen Bereich hinaus.

Das Kommunikationstalent Haider wusste so im Jahr 1994 die damals von der ORF-Führung neu geschaffenen TV-Wahlkonfrontationen aller Spitzenkandidaten am besten für sich zu nutzen. Während die Vertreter des Regierungslagers – SPÖ-Kanzler Franz Vranitzky und sein ÖVP-Vize Erhard Busek – im neuen TV-Format nach Noten schwammen, fühlte sich Haider wie ein Fisch im Wasser. Es war nicht genug damit, dass der Oppositionelle die Debatten mit seinen rollenden Angriffen dominierte und die Regierungspolitiker in die Defensive drängte, Haider schaffte es darüber hinaus, die Duelle mit bis dahin unbekannten Fakten auch inhaltlich zu dominieren. Im Stile eines Aufdeckungsjournalisten präsentierte er dann Geheimpapiere oder solche, die er dafür hielt, und sicherte sich damit in den der TV-Konfrontation folgenden Tagen einen Gutteil der Medienberichterstattung.

Ein Highlight Haiders war am 21. September 1994 im ORF mitzuverfolgen. An diesem Abend traf der FPÖ-Chef im TV-Studio auf Kanzler Franz Vranitzky und konfrontierte ihn mit einem Skandal aus der der SPÖ nahestehenden Arbeiterkammer. Schon 1990 hatte der FPÖ-Obmann das Thema parteipolitischer Privilegien anhand eines über die Maßen gut verdienenden Arbeiterkammer-Funktionärs hochgezogen. Vier Jahre später sollte ihm dasselbe noch einmal gelingen. Haider wählte für seine Positionierung als Robin Hood der Alpen auch die ideale Methode der Inszenierung: Mitten in der Debatte mit dem Bundeskanzler zog Haider eine Schautafel mit dem Gehalt eines Kämmerers aus seinen Unterlagen und hielt diese publikumsträchtig in die Kamera. Der thematische Coup des Oppositionsführers wurde so auch visuell untermauert. Haider wusste, dass das bloße Referieren der Zahlen des neuen Arbeiterkammer-Skandals allein zu wenig Effekt haben und bei den Zuschauern schnell vergessen sein würde. Also hatte er die beeindruckenden Summen noch einmal in Balkenlettern auf sein »Taferl« drucken lassen, um den Zuschauern die Höhe der AK-Bezüge noch deutlicher vor Augen zu führen.

> **Haider:** *Wir haben damals 1990 die Geschichte mit dem Herrn Rechberger zur Sprache gebracht. Damals haben Sie erklärt, es wird jetzt Ordnung gemacht. Sie haben erklärt, es kommt eine große Reform. Es wird eine Rechnungshofkontrolle geben, es werden die Bezüge gekürzt, die unmäßig sind, und die Funktionäre zur Räson gebracht. Und dann gab's ein Paket, wo Sie gesagt haben, keiner darf mehr verdienen als ein Landesregierungsmitglied. Und da waren Sie sehr stolz drauf. Die Rechnungshofkontrolle, Herr Dr. Vranitzky, haben wir bis heute nicht. Und die Gehaltsbeschränkung haben wir auch nicht. Weil ich zeige Ihnen jetzt etwas.* (Haider holt aus seinen Unterlagen ein Taferl, auf dem unter den Worten »Aktivbezug« und »Pension« sechsstellige Summen ausgewiesen sind. Haider zeigt auf die obere Zahl:) *Das ist ein Aktivbezug eines Kammeramtsdirektors der österreichischen Arbeiterkammer: 181.285 Schilling. Und der kriegt das, was angeblich Sie als Vertreter einer Partei von kleinen Leuten nicht wollen, er kriegt einmal im Ruhestand als Kammerbürokrat diesen Betrag: 260.000 Schilling. Wie geht das? Das geht so, dass der Herr Dr. Vranitzky etwas verspricht, aber die Arbeiterkammer*

sagt, was kümmert uns das, was der Bundeskanzler will. Die haben einfach geheime Vereinbarungen weiterhin beschlossen. (Haider zieht einen Zettel aus den Unterlagen und zitiert ausführlich aus einem Geheimprotokoll der Arbeiterkammer, das Vranitzkys Gesetzesinitiative zuwiderläuft. Haider zeigt dann wieder die Tafel mit den Bezügen in die Kamera:) *Das sind die Dinge, wo man sagt, das versprechen Sie und dann passiert nix. (…)*

Vranitzky: *Wenn Sie hier geheime Beschlüsse bekannt geben, dann haben es geheime Beschlüsse so an sich, dass sie geheim sind, das heißt, dass ich sie nicht wissen kann. Und in welcher Arbeiterkammer das auch immer gefasst wurde: Ich bin nicht Mitglied einer Arbeiterkammer, eines Arbeiterkammertages. Und es wird ja sicherlich die Möglichkeit sein für die Arbeiterkammerfunktionäre, dazu Stellung zu nehmen. Ich bin überzeugt davon, dass die das sicher widerlegen können.*

Die Arbeiterkammer-Funktionäre meldeten sich tatsächlich. Doch entkräften konnten sie die Vorwürfe nicht nachhaltig. Der Wahlkampf hatte wieder seine Privilegiendebatte. Wie schon 1990 hatte Haider auch bei der Nationalratswahl 1994 das Aufregerthema gesetzt, dem die große Koalition nur hinterherhecheln konnte. Mit seinem überraschenden Vorstoß, den er nicht wie sonst üblich in einer Pressekonferenz, sondern eben live in der Debatte mit dem Kanzler platzierte, dominierte Haider in den folgenden Tagen die Gazetten. Die Folge: Am Wahlabend hatte die FPÖ 260.000 neue Wähler gewonnen und war der zweitplatzierten ÖVP bis auf fünf Prozentpunkte nahegerückt.

Bei der vorzeitig ausgerufenen Neuwahl ein Jahr danach hatte SPÖ-Kanzler Vranitzky die Konsequenzen aus dem wenig erfolgreichen TV-Duell mit Haider gezogen. In die Auseinandersetzung mit Haider begab er sich nicht mehr selbst, sondern schickte seinen Verkehrsminister Viktor Klima. Als dieser dann mit dem FPÖ-Chef in den Ring stieg, hatte sich die Lage schon wieder geändert. Der Grund: Schon in der Konfrontation mit dem neuen ÖVP-Obmann Wolfgang Schüssel hatte Haider auf die nun schon bekannte Masche mit dem »Taferl« gesetzt. Das Problem dabei: Schüssel hatte genau damit gerechnet und konnte so den Showeffekt Haiders gekonnt herunterspielen. Das zusätzliche Pech des FP-Obmanns war, dass ihm das Taferl in laufender Diskussion umkippte. Die einst geniale Geheimwaffe des Freiheitlichen wurde zum Bumerang. Nicht nur Schüssel machte sich vor laufender Kamera über den FPÖ-Chef lustig. In den Tagen darauf schrieben auch die Printmedien unisono von der »Entzauberung« Haiders durch Schüssel.

> **Haider:** *Da habe ich mir eine Schautafel vorbereitet, die ich Ihnen mitbringen darf. Das ist die Österreichische Nationalbank. Hier haben Sie einen kleinen Mitarbeiter.* (Haider zeigt ein Taferl in die Kamera, auf dem steht: »Alfred T. (Posteinlaufstelle)«, darunter sind dessen Pensions- und Abfertigungsansprüche sowie eine »Jubiläumsprämie« aufgelistet. Haider erklärt nach und nach die Zahlungen an diesen Mitarbeiter.) *Dieser Mann, er ist Ihnen auch namentlich bekannt, er ist ein ÖVP-Funktionär, weil dort sind es ja nur Rote und Schwarze, die was werden. Der ist auf der Posteinlaufstelle. Und dieser Mann verdient derzeit als Mitarbeiter in einer C-Qualifikation 97.000 Schilling, der kann mit 55 in Pension gehen, zahlt nur zwei Prozent Pensionsbeiträge, während jeder Arbeiter in Österreich elf Prozent bezahlen muss und der Betrieb noch einmal so viel. Wenn er mit 55 geht, bekommt er eine Abfertigung von 2,2 Millionen Schilling, eine Prämie von 370.000 Schilling und eine Pension von 105.000 Schilling, obwohl er sein Leben lang nur zwei Prozent gezahlt hat. (…) Daher bin ich der Meinung, dass man in diesem Bereich wirklich einmal ausmisten muss. Das sind die Dinge, wo die Bürger, die in der Privatwirtschaft sind, sich ungerecht behandelt fühlen und sagen, gibt's da zwei Klassen von Staatsbürgern.*
> **Schüssel:** *Nach diesem Vortrag, der uns gleich zu Beginn in die Taferlklasse geführt hat, ich hab's nicht anders erwartet (…): Alles das, was Sie hier sagen, können Sie gleich Ihrem freiheitlichen Vizepräsidenten in der Notenbank sagen, dass der das ändert. Ich bin sofort dafür, damit ist dieses Thema vom Tisch.* (Haider versucht, das Taferl gut sichtbar vor sein Wasserglas zu stellen – das gelingt ihm für einige Minuten. Schüssel kommt dann in einer längeren Passage auf die Angst zu sprechen, die Haider seiner Meinung nach bei vielen Wählern weckt:) *Sie leben ja auch selber in einer Welt, die aus Projektionen von Angst gebaut ist. Und das spüren die Menschen.*

Deswegen haben Sie auch Angst vor Ihnen. (Haider kramt in seinen Akten, dabei kippt die Schautafel.) *Jetzt ist Ihnen das Taferl umgefallen.*

Haider war zur Lachnummer geworden. Wie 1994 hatte er seine Attacke zwar professionell vorbereitet, doch gegen Schüssel, der anders reagierte als Vranitzky, war ihm das Überraschungsmoment verloren gegangen. Der ÖVP-Chef sagte Haider seine Unterstützung gegen die erwähnten Missstände zu und nahm ihm damit den Wind aus den Segeln. Das Malheur mit dem Taferl kostete Haider dann zusätzlich Punkte. Anstatt die Privilegiendebatte neu zu eröffnen, musste sich der Oppositionsführer den Vorwurf gefallen lassen, dass er als Politiker auch schon einmal bessere Tage gesehen hatte. Wie zum Beweis seiner Unform wurde Haider auch noch bei der nächsten TV-Konfrontation von Vranitzky-Ersatz Viktor Klima vorgeführt. Haider hatte beharrlich am Taferl festgehalten und auch seinem neuen Gegenüber von der SPÖ eines unter die Nase gehalten. Klima – auf diese Situation bestens vorbereitet – konterte trocken: »Na, machen wir wieder einen Ausflug nach Maria Taferl?« Das politische Talent Haider schien sein Gespür für Schmäh endgültig verloren zu haben. Der FPÖ-Chef negierte beharrlich eine eherne Regel der politischen Kommunikation: Ein Politiker muss seinen Gegner immer über Strategie und Taktik im Unklaren lassen. Er muss unberechenbar bleiben. Haider aber war wie ein offenes Buch für Schüssel und Klima und fuhr so am Nationalratswahlabend des Jahres 1995 eine seiner bittersten Niederlagen ein.

Klimas gelungener Auftritt gegen den in der SPÖ lange gefürchteten Jörg Haider hatte seine Reputation in seiner Partei schlagartig in die Höhe schnellen lassen. Bald stieg Klima zum Finanzminister auf. Als Kanzler Vranitzky 1997 überraschend das Handtuch warf, folgte er diesem auch als Bundeskanzler. Bei Klimas erster Nationalratswahl als Spitzenkandidat im Jahr 1999 war der Nimbus des Drachentöters aber schon wieder verblasst. Zerstört hatte ihn Klima selbst. Als Kanzler hatte sich Klima gerade beim Thema »Agenda Setting« ungeschickt angestellt. Außer altbekannten Stehsätzen war aus der ehemaligen roten Lichtgestalt nicht viel herauszubekommen. Klima übertrieb es zudem mit den medialen Inszenierungen. Beim Hochwasser von 1997 tauchte der Kanzler mit Gummistiefeln auf und stellte sich in eine Reihe mit Helfern, um beim Wasserschöpfen zu helfen. Die mediale Resonanz war hämisch bis vernichtend. 1998 ließ er sich von einer Info-Illustrierten anlässlich der Fußball-WM in Frankreich beim Kicken im Kanzleramt ablichten. Auch da hagelte es Kritik. Als Klimas Berater auch noch seinen First Dog »Grolli« am Boulevard vermarkteten, war der Ofen aus. Selbst nach Klimas Abgang berichtete etwa das Magazin »Format« über das gar nicht so tolle, weil einsame, Leben des ehemals ersten Hundes im Staat.

Klimas Berater hatten einen schwerwiegenden Strategiefehler begangen: Sie hatten ihren Chef auf einer nicht angemessenen Ebene positioniert. Die Inszenierung war zwar in weiten Teilen professionell arrangiert, doch der Kanzler wirkte in seinen Gummistiefeln und beim Fußballspiel in den Hallen des Kanzleramts alles andere als Kanzler-like. Die Bilder stimmten mit dem Amt einfach nicht überein. In der Darstellung des SPÖ-Vorsitzenden waren die beabsichtigte Botschaft und die inhaltliche Positionierungsarbeit längst hinter das schnelle Bild und die kurzfristige Schlagzeile in Illustrierten und tagesaktuellen Massenblättern getreten. Die Beeinflussung der politischen Tagesordnung entglitt Klimas Strategen so mehr und mehr. Der Kanzler, der eigentlich über der Tagespolitik stehen und sich nur zu wirklich entscheidenden Fragen äußern sollte, war zum Grüßaugust der Nation verkommen.

Zum Kippen des Images ihres Chefs hatten auch die Berater Klimas beigetragen. Entgegen den Regeln der Politikberater-Branche hatten Klimas Spin Doktoren die mediale Aufmerksamkeit auf sich gezogen und sich als die einflussreichen Lenker im Hintergrund dargestellt. In Kombination mit den leicht clownesken Inszenierungen des Kanzlers ergab das den Eindruck, Klima würde mehr Marionette als Macher sein.

Das Beispiel Klima macht klar, dass die Werkzeuge der politischen Themen- und Imagesteuerung im politischen Alltag sehr sorgfältig gewählt werden müssen. Gerade die Spitzenvertreter von Regierung und Parteien müssen penibel darauf achten, welche Botschaften sie in welchem Kanal absetzen. Auch bei Klimas Nachfolger an der SPÖ-Spitze, Alfred Gusenbauer, kippte die öffentliche Darstellung nach einigen Ausrutschern. Das »Arbeiterkind« an der Parteispitze hatte zwar zwei erfolgreiche Wahlschlachten geschlagen und 2006 überraschend den Kanzlersessel zurückerobert, doch geliebt wurde der Parteichef selbst in den eigenen Reihen nie wirklich. Seine nach außen kaum verhohlene Distanz zu Vertretern der Basis versuchten die roten Spin Doktoren zwar zu kaschieren: Sie setzten in der medialen Landschaft geschickt die Botschaft ab, dass Gusenbauer gar nicht so arrogant sei, lerne man ihn erst einmal näher kennen. Doch letztendlich half diese versuchte Umdeutung eines bestehenden Images nicht viel. Im Frühjahr 2008 eskalierte die Stimmungslage. Gusenbauer hatte in einem unbedachten Moment und vor einer ein paar Meter weiter weg laufenden Kamera des ORF-»Report« die eigene Parteibasis beschimpft. Bei seiner Staatssekretärin Heidrun Silhavy erkundigte er sich folgendermaßen nach einer Parteiveranstaltung in der Steiermark: »Und das wird heute was Ordentliches in Donawitz oder das übliche Gesudere?«

Der folgende Aufschrei an der Basis war auch in der SPÖ-Parteizentrale nicht mehr zu überhören. Gusenbauers Berater versuchten, noch einmal das Steuer herumzureißen. In einem Brief an die 300.000 Parteimitglieder gab der Kanzler zu, »auch Fehler« gemacht zu haben. Wenig später allerdings zerstörte der Parteivorsitzende die eigene Beruhigungsstrategie wieder. Er absolvierte gerade Staatsbesuche in Südamerika und ließ bei dieser Gelegenheit den österreichischen Parlamentariern ausrichten, dass sie anders als ihre südamerikanischen Kollegen nach 16 Uhr kaum mehr bei der Arbeit anzutreffen seien. Der Kanzler hatte so erneut ein für ihn innerparteilich extrem schädliches Thema hochgezogen.

Faymann surft

Wenig später war Gusenbauer an Partei- und Regierungsspitze Geschichte. Sein Nachfolger in der SPÖ, Infrastrukturminister Werner Faymann, erwies sich bei der Wahl 2008 als weitaus gewandter, was die Deutung der öffentlichen Meinung anlangte. Trotz widriger Ausgangslage schrieb er mit seinem 5-Punkte-Programm das Skript des Wahlkampfs und erwies sich so als Meister des politischen »Agenda Setting«.

Faymanns Punkte waren strategisch geschickt gewählt: Einerseits sollten sie der erneut auf das Kanzleramt stürmenden ÖVP Einhalt gebieten, andererseits die eigenen Schwächen aus der Ära Gusenbauer vergessen machen. Drei der fünf Postulate wurden so der ÖVP entweder entwendet oder bezogen sich auf bereits erreichte Kompromisse mit dem Noch-Koalitionspartner. Der SPÖ-Kandidat pushte den Ausbau der Pflegefinanzierung, die Verlängerung der Hacklerregelung und die Einführung eines 13. Bezugsmontas für die Familienbeihilfe. Die Volkspartei war dem roten Themensetting hilflos ausgeliefert: Sie konnte zu keinem der Punkte Nein sagen, hatte sie die Maßnahmen doch schon einmal selbst vorgeschlagen.

Dazu stellte Faymann mit der Abschaffung der Studiengebühren bewusst ein ehemaliges sozialdemokratisches Umfallerthema. Der entthronte Kanzler Gusenbauer hatte diese Forderung in seinem Wahlkampf zwar erhoben, aber in den Koalitionsverhandlungen mit der Volkspartei fahrlässig fallen gelassen. Indem Faymann das Prestigeprojekt noch vor der Wahl durchzog, hatte die SPÖ spät, aber doch eines ihrer zentralen Wahlversprechen aus dem Jahr 2006 gehalten.

Auch das letzte Präsent des SPÖ-Geschenkkorbs, die Forderung nach einer Halbierung der Mehrwertsteuer auf Lebensmittel, war ein geschickter Schachzug. Faymann versuchte sich damit in der Kunst des »Agenda Surfings«. Davon spricht man, wenn Politiker aktuelle und für relevante Wählerschichten hochbrisante Themen für sich nutzen und von der allgemeinen Stimmungslage profitieren wollen. Im Fall des SPÖ-Vorsitzenden war dies das Thema Teuerung. Monatelang war die hohe Inflation mediales Thema Nummer eins gewesen. Faymann reagierte und surfte mit der Mehrwertsteuer-Halbierung auf der aktuellen Welle.

Ganz zu Ende gedacht war dieser letzte Punkt des Pakets aber nicht, denn die eilig geforderte Steuersenkung umfasste auch lukullische Spezialitäten und nicht nur Grundnahrungsmittel für die breite Masse. ÖVP und Grüne monierten, dass auch die Käufer von Wachteleiern von der Steuersenkung profitieren würden. Die Umsetzung des letzten Punktes des Pakets wurde allerdings von Jörg Haider und seinem BZÖ blockiert. Der erprobte Populist hatte das Potenzial von Faymanns Paket erkannt. Obwohl er selbst schon für eine ähnliche Steuersenkung eingetreten war, verhinderte er, dass die SPÖ wenige Tage vor der Wahl alle fünf Punkte durchs Parlament brachte.

Dennoch: Der Plan Faymanns diktierte die Schlagzeilen in den entscheidenden Wahlkampfwochen. Der SPÖ-Chef hatte wie weiland Haider mit den von ihm vorgegebenen Themen den Wahlkampf dominiert und die Debatte dorthin gebracht, wo sie der SPÖ am meisten nutzte – auf das Feld sozialer Wohltaten. Der Hauptgegner ÖVP hatte es Faymann bei seiner Neupositionierung der SPÖ allerdings auch leicht gemacht.

FÜNF PRINZIPIEN FÜR POLIT-STRATEGEN

1. DAS PUBLIKUM TEILEN. Nicht jeder Wähler verdient dasselbe Maß an Aufmerksamkeit. Erfolgreiche Politiker achten auf die Ökonomie der Kräfte und kommunizieren mit jenen Gruppen der Bevölkerung, die sie für sich gewinnen können. Anhänger des Gegners lassen sie beiseite. Unterstützung muss organisiert werden, sonst sind moderne Wahlkämpfe nicht zu gewinnen.

2. SICH UND ANDERE DEFINIEREN. In Wahlkämpfen werden Unterschiede geschärft. Harmonie und Eintracht sind nette Prinzipien, in der Politik geht es aber um anderes. Wer sich nicht deutlich von seinen Gegnern abgrenzt, hat verloren. Was zählt, ist der Aufbau eines unverwechselbaren Markenkerns. Zu den Gewinnern zählt, wer es schafft, seine Entscheidungsfragen in der Öffentlichkeit durchzusetzen.

3. PROBLEMATISIEREN. Ein Wahlkampf kommt ohne klar definierte Probleme nicht in Fahrt. Die Wähler wollen auch wissen, wogegen sie sich entscheiden. Deshalb setzen Polit-Strategen häufig auf den Faktor »Angst«. Manche kombinieren ihn mit dem Prinzip Hoffnung, um die eigenen Lösungen zu betonen. Doch ohne »Schreckensszenario« wird jede Mobilisierung erschwert.

4. MASSE UND OFFENSIVE SCHAFFEN. Gewinner agieren, sie reagieren nicht. Der politische Gegner darf nie zu viel Freiraum erhalten, er muss beschäftigt werden. Selbst sollte man sich tunlichst nicht in der Defensive wiederfinden. Wer sich hier ein Übergewicht erarbeitet, wirkt stärker, als er ist. Diese Wucht der (medialen) Wahrnehmung kann Rennen entscheiden.

5. VEREINFACHEN UND WIEDERHOLEN. Politik hat in puncto Komplexität nichts mit Atomphysik gemein: Überladene Botschaften werden nicht gehört. Erfolgreiche Kommunikatoren formulieren kurz und leicht verständlich. Gerade in Zeiten der Informationsflut müssen Botschaften zigfach wiederholt werden, um sie an die Wähler zu bringen. Das heißt nicht, die immer gleichen Sätze zu verwenden. Man kann variieren und doch denselben Inhalt vermitteln.

Baumeister Pröll

Der ÖVP-Wechsel vom unterlegenen Kandidaten Wilhelm Molterer zum ehemaligen Landwirtschafts- und Umweltminister Josef Pröll brachte nach der Wahl 2008 wieder etwas mehr Spannung in den innenpolitischen Kampf zwischen Rot und Schwarz. Den bisherigen leidvollen Erfahrungen von Juniorpartnern in Koalitionen zum Trotz brachte es Pröll in seinen ersten Monaten als Vizekanzler und Finanzminister zustande, die SPÖ zumindest in den Umfragen zu überholen.

Bemerkenswert war aber vor allem eines: Pröll begann sofort den Wahlkampf für den nächsten Showdown mit Faymann. Nicht nur, dass die ÖVP in den ersten Wahlgängen nach der Niederlage besser abschnitt als der größere Koalitionspartner. Pröll richtete seine Partei strategisch neu aus und startete einen kontinuierlichen Prozess des »Agenda Building«. Dabei versucht ein Kandidat eher über Jahre denn Wochen oder Monate die politische Landschaft zu gestalten. Im Fokus ist also weniger der schnelle Erfolg, wie das bei einer kurzen Wahlauseinandersetzung der Fall ist. Angestrebt wird vielmehr eine grundsätzliche und länger anhaltende Verschiebung der thematischen Tektonik.

SPÖ und ÖVP hatten in den Jahren zuvor an großen Themenparks gebaut, um dem jeweils anderen die Wählerstimmen abspenstig zu machen. Die ÖVP war lange erfolgreich, weil sie die SPÖ als eine Partei, die nicht wirtschaften könne, positionierte. Skandale wie die Pleite des Konsum oder der Niedergang der Verstaatlichten Industrie, später der BAWAG, wurden bewusst in diesen Zusammenhang gestellt. Der Konter der SPÖ war nicht minder wirksam: Sie stellte die ÖVP ins Eck der sozialen Kälte. Als Beweis für den angeblichen moralischen Niedergang der Christlichsozialen konnten einschneidende Reformen etwa bei den Pensionen oder eine unter Schwarz-Blau mangelhafte Pflegeförderung gelten.

Unter Pröll versucht die Volkspartei nun wieder den Turnaround. Bereits 2009 startete der neue Vizekanzler und Finanzminister seinen Anlauf aufs Kanzleramt. In einer breit und von den Medien weitgehend wohlwollend rezipierten Rede im Finanzministerium setzte Pröll im Oktober 2009 erste Akzente für den Themenaufbau in Richtung nächster Nationalratswahl. Seine Redenschreiber hatten dabei auch auf jüngste gesellschaftspolitische Erkenntnisse gesetzt: Mit der Solidarität, so lautet ein Befund aus sozialwissenschaftlichen Studien, sei es in der Gesellschaft nicht mehr allzu weit her. Weite Teile des Mittelstands würden aufgrund der Wirtschaftskrise nicht nur die Angst haben, sozial abzurutschen, sondern auch ein Unbehagen über ihrer Meinung nach ungerechtfertig ausbezahlte Sozialleistungen verspüren. Sie selbst dagegen würden durch eine viel zu hohe Steuerlast unfair behandelt.

Der Schluss der Strategen war klar: Die ÖVP sollte zum Anwalt für den Mittelstand, die SPÖ zur Partei für Sozialhilfeempfänger gemacht werden. Der Charme aus ÖVP-Sicht: Im Eck der »Modernisierungsverlierer« hätten die Sozialdemokraten heftige Konkurrenz von den Grünen und vor allem einer weit aggressiver auftretenden oppositionellen FPÖ unter Heinz-Christian Strache. Den Alleinvertretungsanspruch für die politische Mitte, den die ÖVP unter Pröll erhebt, hatte schon Alfred Gusenbauer Jahre früher für die SPÖ versucht. Er war aber an der Umsetzung seiner »solidarischen Hochleistungsgesellschaft« in für alle verständliche Konzepte gescheitert. Die Volkspartei trachtet nun, den thematischen Boden für die Neupositionierung besser aufzubereiten.

Erste Konsequenz war Prölls Grundsatzrede. In ihr gab sich der Finanzminister bodenständig und verglich den Gang der Wirtschaft mit dem bäuerlichen Kreislauf. Beide müssten nach einem Prinzip funktionieren. Pröll: »Man kann nicht mehr herausholen, als drin ist.« Gegen Ende steuerte Pröll dann auf den programmatischen Kern seiner Ausführungen zu:

> **Pröll:** *Wir brauchen keine zusätzlichen Steuern. Stattdessen brauchen wir eine neue Steuerpolitik, die sich auch am Prinzip der Leistungsgerechtigkeit orientiert. Deshalb schlage ich die Einführung eines allgemeinen Transferkontos vor. Ein Konto, auf dem alle staatlichen Beihilfen pro Haushalt zusammengeführt und dargestellt werden. Ein Konto, das mehr Transparenz bringt, mehr Gerechtigkeit und vor allem: mehr Leistungsbewusstsein.*

Das Transferkonto dominierte in den folgenden Wochen die Medienlandschaft. Doch der thematische Scoop des Vizekanzlers war mehr als bloßes »Agenda Setting«. Die Volkspartei hatte eindeutig längerfristige Ziele vor Augen – die Vereinnahmung des leistungsbereiten Mittelstands und eine neue Art der Verteilungsdebatte. Nun sollte nicht mehr über neue Sozialleistungen, sondern über die Nöte der Financiers derselben diskutiert werden. Gerade im Lichte des sozial kalten Images der ÖVP unter seinen Vorgängern war diese Zuspitzung für Pröll zwar gefährlich, doch der ÖVP-Chef versuchte, den Spieß umzudrehen: Er nahm dem harten Image seiner Partei an Schärfe und packte den Weichzeichner aus. Die »soziale Kälte« der ÖVP sollte durch das Konzept eines fairen und transparenten Sozialsystems ersetzt werden. Das Bild der schwarzen Lobby im Dienste von Industrie und Superreichen wollte er in Richtung Verantwortungsgefühl gegenüber den wahren Stützen der Gesellschaft korrigieren. Pröll tat nichts anderes, als vorhandenen politischen Themen das zu geben, wonach jeder Politiker trachtet: den richtigen Spin.

Die Lehre vom richtigen Dreh

Die Europäische Union hat in den meisten ihrer Mitgliedsländer ein katastrophales Image. Nationale Medien suchen die Schuld für unliebsame Entwicklungen oder unverständliche Richtlinien und Gesetze häufig im fernen und anonymen Brüssel. Unterstützt werden sie dabei von heimischen Politikern, die sich freuen, wenn andere Entscheidungsträger als sie selbst das mediale Fett abbekommen. Nicht selten passiert es dann, dass ein und derselbe Politiker einer Maßnahme in Brüssel erst zustimmt und dann – kaum im Heimatland angekommen – über dieselbe Maßnahme lästert. Die Serie solcher Themen ist schier endlos: Sie spannt sich von der »von oben« verordneten Bananen- und Gurkenkrümmung bis hin zum Verbot der guten alten Glühbirne. Auch wenn die Initiativen aus den Mitgliedsstaaten kommen, den Zorn erntet Brüssel.

Dabei müsste das aus Brüsseler Sicht nicht so sein. Denn die Schuld an ihrem Image trägt die EU zu einem großen Teil selbst. Zu viele ihrer Repräsentanten gehen noch immer davon aus, dass sie nicht direkt mit den Bürgern kommunizieren müssen. Die eigene Imagepflege, das Werben um die Richtigkeit von EU-Positionen – all das kommt beim notwendigen Tüfteln an der europäischen Gesetzeswerdung meist zu kurz.

Die EU leistet sich vor allem eines nicht: fähige Spin Doktoren. Zugegeben: Natürlich gäbe das europäische Engagement professioneller politischer Kommunikatoren erneut die eine oder andere negative Schlagzeile am Boulevard. Doch die Vorteile einer Professionalisierung der EU-Kommunikation würden wohl deutlich überwiegen. Denn was tut ein Spin Doktor? Was überhaupt ist »Spin«?

Es ist wie beim Billard: Wer einer politischen Nachricht Spin verpasst, der gibt ihr, wie einer Billardkugel, Effet mit auf den Weg. Dieser Dreh verändert in der Folge die Richtung der öffentlichen Diskussion. Ein Thema bekommt plötzlich Facetten, die es ohne Spin nicht aufgewiesen hätte. Lassen Politiker die Zügel dagegen schleifen und überlassen sie das Thema sich selbst, gerät die Debatte leicht außer Kontrolle, oder schlimmer, sie nimmt den Dreh anderer, weniger wohlwollender Kommunikatoren an.

In der EU passiert das häufig. Zudem glauben manche Verantwortliche offenbar, dass allein mit der Diskussion über aus ihrer Sicht notwendige Richtlinien und komplexe Gesetzwerdungsprozesse Sympathien für die Union oder gar eine emotionale Nähe zu ihren Institutionen herzustellen sind. Das sind fundamentale Irrtümer, die mit allen Wassern gewaschenen Politikern eigentlich nicht unterlaufen dürfen. Politische Profis wissen nämlich, dass es zur Bildung von Bindung sogenannte »weiche Themen« braucht. Auch in den USA ist es nicht so, dass die Hauptstadt Washington D.C. mit ihren politischen Institutionen und Scharen an Lobbyisten in den Bundesstaaten hohes Ansehen genießen würde. Das Gegenteil ist der Fall. Doch es gibt verbindende Elemente, auf die jeder Amerikaner stolz ist: Sportarten etwa, in denen das Land dominiert, oder historische Errungenschaften, mit denen die USA geglänzt haben und für die sie international bewundert werden.

Im Gegensatz zu Europäern verstehen es die Amerikaner, für sie vorteilhaften Darstellungen zum Durchbruch zu verhelfen. In Europa vermuten Kritiker der modernen Politikvermittlung hinter dem Dreh der Spin Doktoren nichts anderes als Irreführung oder gar Lügen. Wahr ist vielmehr, dass jeder Spin – egal ob von Parteien, Politikern, Unternehmen oder NGOs angewandt – eine mögliche Interpretation der Wahrheit darstellt. Während sich die USA bei vielen Themen bemühen, ihre Interpretation zu befördern, tun das ihre vornehmen europäischen Kollegen nur selten.

Ein Beispiel, wie europäischer Spin funktionieren könnte, sind internationale Sportveranstaltungen. Seit Jahrzehnten ist es so, dass das Abschneiden einer Nation etwa bei den Olympischen Sommerspielen auch als Gradmesser für die Leistungsfähigkeit des Landes gilt. Nicht umsonst waren die USA immer stolz auf ihre weltweite Nummer-1-Position. Zur Zeit des Kalten Krieges schenkten sich die Amerikaner und die damalige Sowjetunion auch in sportlicher Hinsicht nichts, gegenseitige (natürlich vorwiegend politisch motivierte) Boykottmaßnahmen inklusive.

2008 erwuchs den USA ein neuer Konkurrent: China. Die aufstrebende Weltmacht wollte der bislang unbestritten führenden Sportnation die Vormachtstellung streitig machen. Die Chancen dafür standen auf heimischem Boden in Peking tatsächlich nicht schlecht. Und wie bestellt hagelte es international Medienstorys, die von einer wirtschaftlichen wie sportlichen Zeitenwende auf der internationalen Bühne berichteten. Der Medaillenspiegel am Ende der sportlichen Festspiele in Peking schien diese Interpretation zu legitimieren.

		Gold	Silber	Bronze	Gesamt
1.	China	51	21	28	100
2.	USA	36	38	36	110
3.	Russland	23	21	28	72
4.	Großbritannien	19	13	15	47
5.	Deutschland	16	10	15	41
62.	Österreich	0	1	2	3

China hatte tatsächlich das historische Kunststück zusammengebracht, die USA zu entthronen. Dieses für das Selbstbewusstsein einer Nation wohl nicht unerhebliche Moment wird seither von der chinesischen Führung auch weidlich genutzt. In den internationalen Medien verstärkte sich seither der Eindruck, die USA – vor allem aber Europa – seien die Kontinente der Vergangenheit, China dagegen die Großmacht der Zukunft.

Freilich lassen sich die Dinge auch anders deuten. Denn ganz in ihrer zurückhaltenden Tradition verharrend verzichtete die Europäische Union weitgehend darauf, am medialen »Krieg« der Spin Doktoren teilzunehmen. Während amerikanische Vertreter unablässig auf den Umstand verwiesen, dass (1) natürlich der Heimvorteil eine Rolle gespielt habe und (2) die Chinesen auch was die Anzahl der Einwohner betrifft ein wenig im Vorteil seien und es deshalb (3) ja eigentlich eine Pro-Kopf-Medaillenquote geben müsste, freuten sich ihre europäischen Kollegen über die Plätze vier (Großbritannien) und fünf (Deutschland). Als Österreicher verbrachte man den Sommer 2008 eher still (Platz 62), konnte aber immerhin auf die »eigentlich wichtigen« Spiele hinweisen: Die finden aus alpenländischer Sicht bekanntlich im Winter statt.

Angesichts der psychologischen Bedeutung solch internationalen Kräftemessens und des schwer darniederliegenden europäischen Bewusstseins in den Mitgliedsländern der EU wäre es freilich ratsam, die Sache anders zu betrachten. Etwa so:

		Gold	Silber	Bronze	Gesamt
1.	EU	87	101	92	280
2.	China	51	21	28	100
3.	USA	36	38	36	110
4.	Russland	23	21	28	72

Aus europäischer Sicht schaut die Bilanz der Olympischen Spiele in Peking 2008 nun ein wenig anders aus. China und die USA kommen insgesamt gerade einmal auf Augenhöhe mit der Europäischen Union. Doch über eine Pro-Kopf-Medaillenquote müssten die Europäer dabei schon eher gnädig hinwegsehen.

Eine solche Darstellung in den wichtigsten nationalen und internationalen Medien der Union könnte ein Ziel europäischer Öffentlichkeitsarbeit sein. So könnte an einer europäischen Identität gebaut werden. Um nationale Befindlichkeiten nicht zu sehr zu überfordern, wäre es durchaus denkbar, die jeweiligen Mitgliedsländer weiter auf den ihnen zustehenden Plätzen auszuweisen, die EU aber als eine zusätzliche Kategorie einzuführen. Der Europastimmung würde ein solcher Trick wohl zumindest nicht schaden.

Jedenfalls wäre eines erreicht: Die EU hätte ein Thema besetzt, das derzeit in der Öffentlichkeit brachliegt. Sie würde Raum für Inszenierungen schaffen, etwa einen europäischen Empfang des Rats- und Kommissions-Präsidenten für ausgewählte Athleten aus jedem Mitgliedsstaat vor und nach den Spielen. Gibt es medialen Raum für eine gemeinsame Verabschiedung und Auslobung der Sportler, steigt auch die Präsenz der sonst so ungeliebten Vertreter der Union.

Das Beispiel des durch die EU ergänzten Medaillenspiegels hat allerdings einen kleinen Haken – oder eben Spin. Der Dreh an der Wahrheit in dieser neuen Darstellung ist, dass in Peking zwar 27 Mannschaften der EU am Start waren, diese aber nur als eine gezählt werden. Die Anzahl der EU-Athleten war im Vergleich zu China und den USA, die natürlich nur je eine Mannschaft stellten, also unverhältnismäßig hoch. Auf diesen Umstand würden chinesische und amerikanische Öffentlichkeitsarbeiter wohl hinweisen. Als Europäer könnte man aber eines entgegnen: Hielte die Europäische Union wie die USA Vorausscheidungen aller Athleten ab, um die Besten vorab herauszufiltern, würde die EU trotz geringerer Anzahl an Athleten wohl dennoch deutlich vorn liegen.

Um solche Feinheiten der Diskussion geht es beim Spin aber nur selten. Was für geschickte Politiker und ihre Berater zählt, ist die grundsätzliche Richtung der Debatte. Und da hat der europäische Spinmeister gewonnen, sobald darüber diskutiert wird, ob es nun legitim ist, die EU an der Spitze des Medaillenspiegels auszuweisen oder nicht. Zentral ist, dass ein Umdenkprozess bei den Zielgruppen stattfindet, die der Absender der Botschaft erreichen will. Und das ist in diesem Fall nun einmal die europäische Öffentlichkeit.

Bislang hat die Europäische Union auf solche Tricks vornehm verzichtet. Stattdessen produziert sie PR-Desaster am Fließband. Freilich passieren aber auch politischen Profis auf der nationalen Ebene Fehler. Der im Wahlkampf 2006 so souveräne SPÖ-Chef Alfred Gusenbauer etwa stolperte nach seinem Wahltriumph von einer Niederlage zur nächsten. Einer der Tiefpunkte: das Ergebnis seiner Verhandlungen mit dem unterlegenen ÖVP-Chef Wolfgang Schüssel in Sachen Studiengebühren. Gusenbauer ließ sich dabei nicht nur eines seiner zentralen Versprechen – eben die Abschaffung der Gebühren – abknöpfen –, er verkaufte den Kompromiss auch noch schlecht und bewies unterentwickeltes Gefühl für den richtigen Spin.

Bei der gemeinsamen Vermarktung des Regierungsprogramms vor der versammelten journalistischen Elite des Landes hatte Gusenbauer drei Botschaften zum Thema Studiengebühren zu bieten. Erstens: Die Gebühren bleiben, die ÖVP hat sich leider durchgesetzt. Zweitens: Jene, die keine Gebühren zahlen wollen, können sich diese mit der Ableistung sozialer Dienste ersparen. Und drittens: Für Unis und Studenten werden in der neuen Legislaturperiode knapp 150 Millionen Euro mehr ausgegeben.

Die Offenheit über sein Versagen in den Verhandlungen zeitigte eindeutige Reaktionen: Die Journalisten entwickelten das Image des »Umfallers« Gusenbauer und sollten es nie mehr korrigieren. Die eigenen sozialdemokratischen Studenten marschierten auf die Straße und traten reihenweise aus der SPÖ aus. Selbst am Tag der Angelobung demonstrierten sie gegen ihren ehemaligen Helden und weckten so unliebsame Erinnerungen an die unter heftigen Protesten abgelaufene Angelobung der schwarz-blauen Koalition im Jahr 2000. Alles in allem war das ein Start, wie ihn sich der SPÖ-Vorsitzende so sicher nicht vorgestellt hatte.

Der Polit-Profi Gusenbauer war an seinem Schicksal allerdings selbst schuld. Denn hätte er das Verhandlungsergebnis ein wenig besser dargestellt, der Sturm der Entrüstung wäre wohl schwächer ausgefallen. Eine Möglichkeit wäre gewesen, die Reihenfolge der Botschaften einfach umzudrehen und dadurch eine andere Wahrnehmung zu erzeugen. Etwa so:

> **Gusenbauer:** *Meine sehr verehrten Damen und Herren, beim Thema Studiengebühren sind ÖVP und SPÖ zwar einen Kompromiss eingegangen, dieser trägt aber eine klare sozialdemokratische Handschrift. Wir nehmen in den kommenden vier Jahren fast 150 Millionen Euro in die Hand, um auch den Kreis der Studienbeihilfenbezieher massiv auszudehnen und so all jene von den Gebühren zu befreien, die sie sich nicht leisten können. Für Studierende aus finanziell besser gestellten Haushalten haben wir ein anderes Angebot: Wenn auch sie sich die Gebühren sparen wollen, sind sie eingeladen, soziale Dienste für die Allgemeinheit zu leisten. Sie können sich so nicht nur die Zahlungen ersparen, sie lernen auch die soziale Realität weniger wohlhabender Menschen im Land kennen.*

Eines ist klar: Auch diese Art des Verkaufs hätte die Medien nicht zu Begeisterungsstürmen hingerissen. Sie hätten noch immer von einer »Mogelpackung« gesprochen und das Verhandlungsergebnis nicht als Erfolg Gusenbauers gesehen. Und doch: Die eigenen Studenten vom VSSTÖ hätten sich wohl etwas schwerer getan, für ihre Kollegen aus wohlhabendem Haus auf die Straße zu gehen und derart heftig gegen ihren eigenen Parteivorsitzenden zu mobilisieren.

Doch Gusenbauer hatte sich anders entschieden und auf jegliche Anwendung von Spin verzichtet. Überhaupt hat er während seiner Kanzlerschaft etwas vermissen lassen, was noch im Nationalratswahlkampf zu seinen Stärken gezählt hatte: Einfühlungsvermögen. Das Publikum hatte bald den Eindruck, dem SP-Chef würde es allein darum gehen, seinen Job als Kanzler zu zelebrieren und die Vorzüge des Regierungschef-Daseins zu genießen. Auf Empathie verzichtete Gusenbauer. Ohne bewusstes Arbeiten mit der Emotion jedoch droht einem politischen Akteur das rasche Aus, nicht nur dann, wenn er Alfred Gusenbauer heißt.

DIE MACHT DER EMOTION

Gnädige Frau, das reicht nicht. Ich brauche eine Mehrheit.

Der demokratische Präsidentschaftskandidat Adlai E. Stevenson auf die Ankündigung einer Anhängerin im Wahlkampf, dass »jeder rational denkende Wähler« für ihn stimmen werde. Stevenson wurde nie Präsident, er verlor die Wahlen 1952 und 1956, jeweils gegen den Republikaner Dwight D. Eisenhower.

Politik der Gefühle

Die Sache schien ein klares Heimspiel für Michael Dukakis zu werden. Der demokratische Präsidentschaftskandidat war als Favorit in den Wahlkampf gegen sein republikanisches Gegenüber George Bush senior gegangen. Am Beginn der politischen Sommerpause des Wahljahres 1988 hatte Dukakis 17 Prozentpunkte Vorsprung. Als sich die beiden Kontrahenten im Herbst für ihre zweite TV-Debatte rüsteten, war Dukakis für viele noch immer der Star. Die Voraussetzungen für die Konfrontation schienen den Demokraten ebenfalls zu begünstigen. Die Diskussion fand an der University of California statt und damit in einem klar demokratisch dominierten Bundesstaat. Hinzu kam, dass Dukakis ein echter Fernsehprofi war. Er hatte vor seiner Nominierung sogar eine eigene TV-Show moderiert. Die Regeln des Fernseh-Business waren ihm also mehr als nur geläufig. Was also sollte da schon passieren?

Einer der Moderatoren der Debatte, CNN-Anchorman Bernard Shaw, stellte die erste Frage des Abends. Das Thema war erwartbar, weil im Lauf des Wahlkampfs bereits heiß diskutiert: die Einstellung der Kandidaten zur Todesstrafe. Shaw versuchte, den Polit-Profi Dukakis – er war zeit seiner politischen Karriere immer gegen die Todesstrafe aufgetreten – mit einer persönlichen Zuspitzung des Themas aus der Reserve zu locken:

> **Shaw**: *Herr Gouverneur, würde Ihre Frau Kitty Dukakis vergewaltigt und ermordet, wären Sie für eine unwiderrufliche Todesstrafe für den Mörder?*

Während der Frage des Moderators hatte Dukakis milde gelächelt. Der demokratische Kandidat zögerte mit seiner Antwort keine Sekunde. Wie aus der Pistole geschossen kamen seine vorbereiteten Sätze zum Thema Todesstrafe.

> **Dukakis**: *Nein, wäre ich nicht, Bernard. Und ich glaube, Sie wissen, dass ich die Todesstrafe schon mein ganzes Leben abgelehnt habe. Ich sehe keine Beweise dafür, dass sie eine abschreckende Wirkung hätte. Es gibt bessere und effektivere Wege, mit Gewaltverbrechen umzuge-*

hen. Das haben wir in meinem Bundesstaat gemacht und das ist einer der Gründe, warum wir den höchsten Kriminalitätsrückgang und die niedrigste Mordrate in Amerika haben.

Dukakis hatte eine auf dem Papier perfekte Antwort gegeben. Er war nicht weiter auf die persönliche Frage des Interviewers eingegangen und sofort auf seine Kernbotschaft zum Thema geschwenkt: Als Gouverneur hätte er einen erfolgreichen Weg zur Kriminalitätsbekämpfung eingeschlagen, gerade ohne Anwendung der Todesstrafe. Diese politisch korrekten, fein säuberlich zurechtgelegten Worte hörte freilich kein einziger Zuseher. Die konzentrierten sich vielmehr darauf, was Dukakis nicht angesprochen – und schon gar nicht gezeigt – hatte: die Gefühlsebene. Der Gouverneur hatte Kitty Dukakis mit keinem einzigen Wort erwähnt. Er hatte nicht einmal in die Richtung seiner im Publikum anwesenden Frau geblickt. Im Gegenteil: Mit seinem leichten Grinsen und der technokratischen, vollkommen emotionslosen Antwort hatte Dukakis das bestätigt, was sein republikanischer Kontrahent George Bush über ihn in der ersten Debatte gesagt hatte. Bush hatte auf den Rat seines Wahlkampfstrategen Roger Ailes gehört und Dukakis als den »Iceman« der amerikanischen Politik bezeichnet.

Den Beweis für diesen Spin lieferte Dukakis gleich zu Beginn der zweiten Debatte selber frei Haus. Nicht einmal eine Minute war in dieser 90-minütigen TV-Konfrontation vergangen, Bush war noch nicht einmal am Wort gewesen, und dennoch hatte er das Duell bereits für sich entschieden. Egal welche genialen Antworten Dukakis noch nachschieben sollte, er hatte den wichtigsten Moment der Debatte vermasselt. Und zwar gründlich. Natürlich spulten die beiden Kandidaten auch noch die restlichen 89 eher unaufregenden Minuten der Debatte ab. Doch die Schlagzeilen und Kommentare der Journalisten waren klar und fokussierten auf die ersten Sekunden der Auseinandersetzung. Die Kampagne des Demokraten versuchte sich zwar in Krisenmanagement und ließ in der Folge Kitty und Michael Dukakis gemeinsam in Talkshows auftreten. Doch das Image des »Iceman« hatte sich verfestigt. Favorit Dukakis verlor die Wahl aufgrund seiner eigenen Schwäche und einer perfekt in Szene gesetzten Negativkampagne der Republikaner.

Warum aber hatte Dukakis in diesem entscheidenden Moment versagt? Warum hatte sich der TV-Vollprofi vom Moderator mit einer einfachen, wenn auch aufgeladenen Frage aufs Glatteis führen lassen?

Dukakis beging einen Fehler vieler Politiker: Er beantwortete die Frage auf der falschen Ebene. Moderator Shaw hatte Gefühle angesprochen, Dukakis mit kalten Fakten dagegengehalten. Dieses Match musste der Politiker verlieren. Der Demokrat hatte wohl ein rational denkendes Publikum vor Augen und gestaltete seine Antwort pragmatisch und der Sachebene entsprechend. Den emotionalen Rucksack, den ihm Moderator Shaw mit auf den Weg gegeben hatte, ignorierte Dukakis.

Eine solche Herangehensweise endet in der Politik meistens im Desaster. Wie der Linguist George Lakoff und der Neurowissenschafter Drew Westen nachweisen, gibt es bei Wählern nämlich keinen rein auf Fakten basierenden Entscheidungsprozess. Immer ist auch Emotion in die politische Meinungsbildung involviert. »Das politische Hirn ist ein emotionales Hirn«, sagt Westen. Lakoff: »Wir haben Vernunft und Emotion immer als Gegensatzpaare betrachtet. Aber diese Sicht der Aufklärung ist grundfalsch. Vernunft braucht Emotion.« Wir alle bauen politische Einstellungen also niemals losgelöst von Emotionen oder rein auf rationalen Grundlagen auf. Entsprechend anfällig sind Menschen auch für emotional argumentierende Politiker. Das gilt, wie der amerikanische Politikwissenschafter Ted Brader nachweist, mindestens ebenso für höher gebildete Wählerschichten. Auch sie reagieren auf emotionale Botschaften viel eher als auf solche, die lediglich rational argumentiert werden.

Der Mangel an Gefühl wurde schon vielen Politikern zum Verhängnis. Der Demokrat Adlai Stevenson war zwar ein brillanter Kopf, verlor aber zweimal klar gegen den auch mit Hilfe von Emotionen in Szene gesetzten Kriegsgeneral Dwight D. Eisenhower. Hillary Clinton ließ es über Jahre hinweg zu, dass sie als eiserne und kalte Lady des US-Senats positioniert wurde. Als sie dann als Favoritin mit Barack Obama, einem perfekt mit Emotionen spielenden Kandidaten, konfrontiert war, musste sie bald ins Hintertreffen geraten. Erst nachdem die erste Vorwahl in Iowa gegen Obama verloren gegangen war, versuchten ihre Strategen gegenzusteuern. In einer unkonventionellen Pressekonferenz zeigte die Kandidatin erstmals Emotionen und zerdrückte ob der prekären Lage der USA sogar die eine oder andere Träne. Clinton plauderte ungewohnt freizügig über ihre Gefühlslage und berichtete sogar von ihren Schwierigkeiten, auf der Wahlkampftour das Idealgewicht zu halten. Der Imageschwenk war freilich zu radikal und kurzfristig, die ehemalige eiserne Lady mit ihrem Gefühlsausbruch nicht glaubwürdig genug.

Eisern war auch das Oberhaupt des Vereinigten Königreichs, Queen Elizabeth II., angesichts des Todes ihrer ehemaligen Schwiegertochter und Mutter von zweien ihrer Enkel, Lady Diana, geblieben. Standhaft weigerte sich die Königin, wie bei Todesfällen in der Königsfamilie üblich, die Fahnen über Buckingham Palace auf halbmast zu setzen. Der Furor der Briten war entsprechend groß. Die Tore des königlichen Palastes wurden mit Blumen überschwemmt, die Queen dagegen mit Verachtung gestraft. Sie hatte die Gefühlslage ihres Volkes falsch gelesen und musste erst vom neu gewählten Premierminister Tony Blair überzeugt werden, doch wenigstens ein Mindestmaß an Anteilnahme zu zeigen. Sie tat das schließlich in einer viel beachteten Rede. Zum Helden der Herzen war inzwischen allerdings längst der mitfühlende Blair von der Labour Party aufgestiegen.

Schon Jahre vorher hatte das Bill Clinton in den USA geschafft. Dem persönlich gewiss nicht fehlerfreien Demokraten war es wie kaum einem Präsidenten gelungen, sich seinen Wählern emotional anzunähern. Die Bevölkerung hatte es ihm zwischenzeitlich mit den höchsten Werten seit der Einführung von Popularitätstests im Jahr 1948 gedankt. Die empathischen Fähigkeiten Clintons blieben bis Obama unerreicht. Gegipfelt hatte die emotionale Zuwendung Clintons in einem Satz, den er häufig etwa gegenüber Verbrechensopfern und Hinterbliebenen äußerte: »I can feel your pain.« Auch wenn solche Politikersätze für europäische Standards dick aufgetragen und anbiedernd erscheinen mögen: Ein guter Politiker kann Emotion mit Empathie kanalisieren.

Für geschickt eingesetztes Pathos gibt es im Übrigen auch genügend österreichische Beispiele. Die ehemalige steirische Landeschefin Waltraud Klasnic etwa stieg 1998 mit der Bewältigung des Grubenunglücks von Lassing zur »Landesmutter« auf. Als der bereits tot geglaubte 24-jährige Georg Hainzl doch noch lebend geborgen werden konnte, machte die ÖVP-Landeschefin unter Tränen die für die Bergleute zuständige Heilige Barbara für die Rettung verantwortlich. Sie spielte sich so in die Herzen der meisten steirischen Landsleute. Ganz anders der ebenfalls nach Lassing geeilte, kühle Wirtschaftsminister Hannes Farnleitner. Der war zwar lange Vorsitzender der Katholischen Männerbewegung Österreichs, hatte im Gegensatz zu seiner Parteifreundin Klasnic in seinen Statements aber den Draht nach oben vermissen lassen. Während die Familien der Verschütteten noch hofften, hatte der Minister die Bergleute de facto schon für tot erklärt.

Wie Farnleitner fehlte auch US-Präsidentschaftskandidat Michael Dukakis das nötige Gespür. Auch überzeugte Gegner der Todesstrafe konnte seine rein technische Antwort nicht kaltlassen. Selbst die engsten Anhänger des Kandidaten schimpften mehr über die tendenziöse Frage des Moderators als sie die Antwort ihres Kandidaten verteidigten. Hinter Shaws oberflächlicher Anspielung auf die Frau des Kandidaten steckten natürlich andere, für die Wähler wirklich zentrale Fragen: Ist Dukakis ein richtiger Mann und geeigneter Präsident, der auch mal auf den Tisch haut? Oder ist er wirklich der kalte Technokrat, als den ihn die Republikaner hinstellen?

Auf diese impliziten Fragen hätte Dukakis eine Antwort finden müssen. Und: Er hätte dabei nicht einmal seine Kernpositionierung in Sachen Todesstrafe riskiert. Hier ein Antwortversuch, wie Dukakis die emotionale Frage des Moderators abfangen und für seine Zwecke hätte nützen können:

> **Shaw**: *Herr Gouverneur, würde Ihre Frau Kitty Dukakis vergewaltigt und ermordet, wären Sie für eine unwiderrufliche Todesstrafe für den Mörder?*
> **Dukakis**: *Kitty, die heute hier im Saal sitzt, ist der wichtigste Mensch in meinem Leben, Bernard. Würde so etwas passieren, wäre ich aus Verzweiflung wohl zu manchem fähig. Es wäre besser, wenn ich selbst den Mörder nicht zu fassen bekäme. Ich verstehe alle Hinterbliebenen von Gewaltopfern und ihre Rachegefühle gegenüber den Tätern. Doch persönliche Wut darf nicht der Gradmesser für die Gesellschaft sein. Ich lehne die Todesstrafe ab, weil auch sie inhuman ist und nichts löst. Sie hat keine abschreckende Wirkung. Es gibt bessere Wege, Gewaltverbrechen einzudämmen. In meinem Bundesstaat haben wir das gemacht. Wir haben seither den höchsten Kriminalitätsrückgang und die niedrigste Mordrate in Amerika.*

Mit dieser Antwort hätte Dukakis die emotionale Aufwallung geliefert, die sich jeder Zuseher in einer solchen Situation von ihm erwartete. Er hätte die anwesende Kitty Dukakis an die Spitze seiner Gefühle gestellt und sich selbst als liebenden Ehemann positioniert, ohne dabei in die Rolle des brutalen Racheengels abzudriften. Seine liberale Haltung hätte mit einer emotionalen Antwort keinen Schaden genommen, denn der zweite Teil des Statements ist exakt auf der Linie des von Dukakis tatsächlich Gesagten. Im Zusammenhang mit den ersten Sätzen wirken die Worte nicht mehr kalt und abgehoben. Dukakis hätte gezeigt, dass er ein Mensch ist, zudem aber auch in der Lage, als verantwortungsvoller Politiker zu handeln. So aber überließ er diese Rolle seinem Gegenüber George Bush, der die Auflage des Demokraten dankbar annahm und mit einem Statement pro Todesstrafe verwertete.

Natürlich hätte es Dukakis aber auch mit einem emotionalen Statement nicht geschafft, die Anhänger der Todesstrafe von ihrer Position abzubringen. Denn eines haben zahlreiche Studien zu ähnlichen Fällen ergeben: Selbst wenn der Gouverneur von Massachusetts die Kriminalitätsstatistik seines Bundesstaats in noch so schillernden Farben geschildert hätte, die republikanischen Anhänger wären nicht darauf eingestiegen. Jeder Mensch tendiert dazu, jene Fakten zu missachten, die nicht seinen bestehenden Denkmustern entsprechen. Viele Raucher etwa ignorieren erfolgreich alle Warnungen ihre Gesundheitsgefährdung betreffend. Ihrem Verhalten zuwider laufende Informationen blenden sie schlichtweg aus.

Genau aus diesem Grund ist es meist auch unseriös, als Analytiker eindeutige Sieger von politischen Debatten zu küren. Wenn nicht wie im Fall Dukakis ein derart spektakuläres Eigentor passiert, das jede Diskussion über den Sieger erübrigt, sieht jeder Zuseher seinen ursprünglichen Favoriten im Vorteil. Die Kandidaten trachten in solchen Konfrontationen auch immer danach, ihre Anhänger zu motivieren und dazu noch möglichst vielen Unentschlossenen zu gefallen. Der Großteil der Zuseher hält in solchen Diskussionen Ausschau nach jenen Informationen und Sagern, die den bestehenden Rahmen ihrer politischen Überzeugungen bestärken. Sie wollen ihre Identität und ihre Werte bewahrt wissen.

Das einzige Mittel, das so oft den Unterschied machen kann, ist die Verpackung der Botschaften. Nur wenn es einem Kandidaten gelingt, einen bestehenden emotionalen Rahmen aufzubrechen, ist auch die Chance da, Zugang zu den Wählern seines Gegenübers zu finden. Jörg Haider etwa schaffte eine solche Intervention in der schon diskutierten TV-Auseinandersetzung mit Kanzler Franz Vranitzky im Wahlkampf 1994. Haider appellierte wie der Sozialdemokrat an die Solidarität und das Eintreten für den viel vereinnahmten kleinen Mann. Er ging sogar so weit, dies auch Vranitzky zuzugestehen. Mit dem Gehaltsbeispiel des sozialdemokratischen Arbeiterkammer-Bonzen ließ er Vranitzky in den Augen der Wähler dann aber wie den Verräter des gemeinsamen Anliegens dastehen.

Ein solcher Treffer gelingt aber eben nur selten. In ausgeglichenen Debatten rittern die Politiker deshalb meist um den Punktesieg. Dieser soll garantieren, dass sie in der medialen Nachberichterstattung zum eigentlichen Dominator der Konfrontation erklärt werden, auch wenn sich das gar nicht mit der ersten Einschätzung der Zuseher nach der Sendung decken muss. Wer allerdings in den Printmedien danach besser wegkommt, hat gute Chancen, den gefühlten Sieg davonzutragen.

Oft kommt es in solchen Situationen auf einen einzigen gut angebrachten Sager an. Ein solcher gelang 1975 dem amtierenden SPÖ-Bundeskanzler Bruno Kreisky gegen seinen Herausforderer Josef Taus von der Volkspartei. Kreisky hatte mit einem Bonmot eine ganze Generation von Journalisten in Verzückung versetzt. Den mit Zahlen und Fakten um sich werfenden Taus stellte Kreisky mit einem einzigen Satz kalt: »Nicht mich schulmeistern, Sie haben so eine gouvernantenhafte Art.« Kreisky hatte sich damit nicht nur aus einer misslichen argumentativen Lage befreit, er hatte sich über die Diskussion gestellt, die Position des Kommentators eingenommen und sein Gegenüber gemaßregelt.

Die emotionale Thematisierung einer Diskussionssituation gelang auch Kreiskys Parteigenossen Alfred Gusenbauer als Oppositionschef. In der TV-Debatte gegen Kanzler Wolfgang Schüssel im Wahljahr 2002 war Gusenbauer wegen seiner früheren Gegnerschaft zum EU-Beitritt Österreichs in die Defensive geraten. Schüssel wollte seinen Angriff gerade weiterführen, als Gusenbauer die Emotionskeule auspackte und seinerseits Schüssel massiv in die Ecke trieb.

Gusenbauer: *Jetzt passen's amol auf. Sie wissen ganz genau: Sie – und jetzt blicken Sie mir in die Augen – wir sind gemeinsam bei zig Veranstaltungen aufgetreten, um die Österreicherinnen und Österreicher davon zu überzeugen, dass der Beitritt zur EU sinnvoll ist. Sie und ich, wir sind dann gemeinsam dafür eingetreten, dass Österreich der Wirtschafts- und Währungsunion beitritt. Und Sie und ich haben gesagt, was immer passiert in der Frage der Erweiterung der EU, es gibt eine gemeinsame Vorgangsweise, weil das für Österreich richtig und wichtig ist. Und dann setzen Sie sich hierher und wechseln Kleingeld von vor 15 Jahren? Haben Sie zuerst den Begriff schäbig gebracht, Herr Dr. Schüssel? Soll ich Ihnen was sagen, das finde ich wirklich schlimm, nach all dem, was wir gemeinsam für Europa gemacht haben und für den österreichischen Beitritt, das hier abzulassen. Das ist Ihrer in der Tat nicht würdig.*

Schüssel konnte diese Situation nicht mehr retten. Dafür gesorgt hatte eine einzige Phrase seines Herausforderers. Als Gusenbauer den Kanzler aufforderte, ihm gefälligst in die Augen zu blicken, saß Schüssel in der Falle. Vermied er den Blickkontakt, musste das arrogant und wie eine Flucht wirken. Folgte er der Aufforderung dagegen, ordnete er sich dem »Befehl« des Oppositionschefs unter.

Schüssel verlor laut medialer Nachbetrachtung die Diskussion – auch weil Gusenbauer einige Male mit humorigen Bemerkungen (etwa: »Reden'S keinen Lavendel«) gepunktet hatte –, gewann aber die Wahl. Die Niederlage im TV-Studio wurmte Schüssel dennoch. Als sich die beiden Spitzenpolitiker 2006 erneut am Konfrontationstisch gegenübersaßen, wollte sich der VP-Kanzler für die Diskussionsschmach vier Jahre davor rächen. Sobald Gusenbauer in der Debatte auf eine Sache zu sprechen kam, die Schüssel in den Wochen zuvor Probleme bereitet hatte, schlug der Kanzler äußerst emotional zurück. In den Medien war vor der Diskussion der Vorwurf aufgetaucht, Schüssels Schwiegermutter sei von einer illegalen Pflegerin betreut worden. Gusenbauer nahm darauf direkt Bezug:

Gusenbauer: *Aber ich sage Ihnen, was eine wirkliche Bedrohung ist, nämlich wenn ein Bundeskanzler ein Vorbild an Illegalität sein will, weil dass Sie hier im Fernsehen erklärt haben, Sie würden es ein zwei-*

tes Mal genauso machen, dass Verwandte von Ihnen illegal gepflegt werden – das ist nicht meine Vorstellung von einem Bundeskanzler. (...) Das wird es uns ja wohl wert sein, dass wir Menschen in Österreich legal pflegen. Mit Österreichern, mit denen, die uns dabei aus dem Ausland helfen, und niemand dazu gezwungen ist, illegale Dinge zu machen.

Schüssel: *Jetzt verstehe ich Ihre Schweißperlen auf der Lippe. Mit diesem Untergriff haben Sie sich endgültig disqualifiziert. Ich würde niemals Ihre Familie hereinziehen, niemals. Ich habe in dieser Frage gar nichts gemacht. Das sage ich Ihnen. Meine Schwägerin und meine Frau waren dafür verantwortlich, nur ich lasse sie nicht hängen. Ich distanziere mich nicht davon. Das ist der Unterschied. Ich mache kein billiges Spiel so wie Sie.*

Schüssel war ob der Attacke Gusenbauers zu Recht emotional geworden. Er hatte aber seinerseits einen Untergriff begangen, indem er Gusenbauers Schweißperlen thematisiert hatte. So konnte Schüssel nicht als der moralische Sieger aus dem Schlagabtausch hervorgehen, hatte er sich doch mit seiner Attacke auf eine Stufe mit dem Oppositionschef gestellt. Diese zu direkte und aggressive Art war Schüssel schon einmal zum Verhängnis geworden. In der entscheidenden TV-Debatte des Wahlkampfes 1995 Anfang Dezember hatte der damals gerade einmal ein halbes Jahr im Amt befindliche ÖVP-Chef gegen den amtierenden SPÖ-Kanzler Franz Vranitzky im Spitzenduell des TV-Wahlkampfs mit Argumenten bestochen.

Alle Polit-Profis sahen den Vizekanzler nach Punkten klar vor dem Kanzler. Das Problem dabei: Schüssel war zwar argumentativ besser, er war aggressiver und immer darauf aus, einen Treffer zu landen. Doch Vranitzky behielt das emotionale Kommando. Er war sichtlich grippegeschwächt in die Diskussion gegangen. Bewaffnet mit einer Tasse Tee und leicht belegter Stimme hatte der SPÖ-Vorsitzende die rollenden Angriffe Schüssels über sich ergehen lassen. Die inhaltliche Debatte hatte er zwar nicht gewonnen, sehr wohl aber seine menschliche Seite gezeigt und dadurch die Sympathien des Publikums erobert. Im ORF-Zentrum und der Parteizentrale der Sozialdemokraten gingen noch am Abend der Debatte zahlreiche wütende Anrufe – vor allem von Pensionistinnen – ein, die sich darüber beschwerten, wie rüde Schüssel mit dem Kanzler verfahren sei. Das Ergebnis am Wahlabend bestätigte Kanzler Vranitzky: Er blieb deutlich vor dem erstmals aufs Kanzleramt stürmenden Schüssel.

Der frisch gebackene ÖVP-Chef hatte bei seinem Angriffsfurioso eine goldene Formel des Fernsehens zu wenig bedacht. Diese Formel lautet: 60:33:7. In verschiedenen empirischen Untersuchungen wurde klar nachgewiesen, dass fast zwei Drittel der Wirkung eines Politikers (und jedes anderen Akteurs im TV) von seinem Auftreten, seiner Mimik und Gestik bestimmt sind. Die erste Frage, die zählt, ist die nach dem optischen Eindruck eines Kandidaten. Und hier machte Schüssel in der Konfrontation 1995 entscheidende Fehler. Seine verbale Aggressivität wurde durch seine Körperhaltung und Mimik noch verstärkt. Einwände Vranitzkys tat Schüssel mit wegwerfenden Gesten ab, die Positionen des Kanzlers quittierte er nicht selten mit einem abfälligen Schmunzeln. Im Gegensatz zu seinen späteren, betont ruhigeren Auftritten wirkte Schüssel hier streckenweise rastlos und hektisch. Er sprühte vor Angriffslust, hinterließ aber eben einen fahrigen Gesamteindruck. Vranitzky dagegen blieb stoisch und gelassen – und das nicht nur wegen seiner physischen Angeschlagenheit. Dass der Kanzler schwitzte – ein unter normalen Umständen für politische Berater wenig erbauliches Zeichen –, konnte klar auf seine Grippe zurückgeführt werden. Denn immerhin stand ja der für Polit-Debatten ungewöhnliche, aber in diesem Fall rettende vorweihnachtliche Tee vor dem SPÖ-Chef.

Ein Drittel der Wirkung eines Polit-Diskutanten ist dessen Stimme geschuldet. Wird sie zu schrill oder überschlägt sie sich am Höhepunkt einer Diskussion, kann sich das negativ auf das Bild des Kandidaten auswirken. Generell sind höhere Stimmlagen benachteiligt. Politikerinnen geraten in dieser Hinsicht gegenüber männlichen Kollegen oft ins Hintertreffen, vor allem wenn es in einer Diskussion wirklich hitzig zugeht. Nicht wenige weibliche Vertreter der Branche arbeiten deshalb mit Trainern daran, ihre Stimmlage leicht nach unten zu modulieren. In der Wahlkampfdiskussion 1995 hatte Vranitzky trotz Krankheit die besseren Ausgangsbedingungen. Seine Stimme war sonorer und ruhiger als Schüssels Stimme. Der Oppositionschef vermittelte dagegen den Eindruck, es auf dem Weg ins Kanzleramt eilig zu haben. Er sprach oft zu schnell, beschwerte sich beim Moderator und trug seine Angriffe fast stakkatoartig vor.

Nach Abzug der optischen und akustischen Wirkung bleiben noch mickrige sieben Prozent für den Inhalt eines Politiker-Statements. Das mag schockieren, ist aber aufgrund des sinnlichen Fokus' des Fernsehens nur allzu verständlich. Wer nun allerdings dazu verleitet ist, dem Inhalt keinerlei Bedeutung beizumessen, täuscht sich gewaltig. Zwar beweist auch die Wahlkampf-Auseinandersetzung zwischen Vranitzky und Schüssel 1995 nur das politische Primat der Emotion über die Information. Schon Aristoteles wusste: »Ein emotionaler Redner schafft es immer, dass sein Publikum mit ihm fühlt, selbst wenn seine Argumente leer bleiben.«

Doch sind Inhalte natürlich nicht unerheblich. Ein professioneller Politiker muss lernen, sie emotional so knapp und eingängig wie möglich zu verpacken. Nur dann hat er eine Chance, dass seine Botschaften auch tatsächlich bei den erwünschten Zielgruppen gehört und verstanden werden. Das Problem an dieser an sich recht einfachen Erkenntnis ist: In der Realität läuft die Sache meist anders. Es ergeben sich oft Diskussionssituationen wie die folgende zwischen der Chefin der österreichischen Grünen, Eva Glawischnig, und dem Generalsekretär der Industriellenvereinigung, Markus Beyrer. Thema in der »Zeit im Bild 2« war die österreichische Klimabilanz:

> **Glawischnig**: *Von der Gesundheitsbelastung, nicht nur vom Klimaschutz, wird Österreich weiteres Verkehrswachstum einfach hinnehmen, in einem großen Ausmaß. Was das für Niederösterreich, für Ostösterreich heißt, kann man sich vorstellen bei dem, was jetzt schon los ist. Sie sind also nicht unser erstes Sorgenkind. Allerdings: Sie haben trotzdem auch steigende Emissionen. Weiterhin.*
> **Beyrer**: *Darf ich dazu einen Satz sagen. Die Emissionen sind für das Jahr 2006 um 200.000 Tonnen gestiegen. Das entspricht einem Anstieg von 0,8 Prozent. Für diese 0,8 Prozent sind 7,25 Prozent mehr Wertschöpfung produziert worden. Das heißt, wir haben in einem Faktor von fast 1:10 mehr Wertschöpfung produziert, als dafür* CO_2 *gestiegen ist.*

Glawischnig hatte zwar nicht brilliert, aber immerhin Bilder der zukünftigen Verkehrslawine gezeichnet. Anders Beyrer. Sein Versuch, einen komplexen Sachverhalt in einem Satz erklären zu wollen, war zwar

Wolfgang Schüssels Kampagne 2002: Der ÖVP-Kanzler spitzt den Wahlkampf erfolgreich auf einen Persönlichkeits-Contest zu

Alfred Gusenbauers Konter 2006: Der SPÖ-Kanzlerkandidat entthront Schüssel mit einem reinen Themenwahlkampf

Werner Faymann 2008: Im Zentrum der Kampagne des SPÖ-Kandidaten stand die Distanzierung von seinem gescheiterten Vorgänger Gusenbauer

Wilhelm Molterer 2008: Den überladenen und unübersichtlichen Sujets des ÖVP-Chefs fehlte eine klare, strategische Ausrichtung

Jörg Haider 2008: Der BZÖ-Kandidat und Ex-Revoluzzer erfand sich ein letztes Mal neu und inszenierte sich als erfahrener, überlegter Kandidat

Plakat Heinz-Christian Straches 2005: Der FPÖ-Chef setzt auf extremen Kontrast und den Kampf »Gut« gegen »Böse«

Wiens Bürgermeister Michael Häupl (SPÖ) 2005 (o.);
Niederösterreichs Landeschef Erwin Pröll (ÖVP) 2008: Statt der Parteien werden die Spitzenkandidaten zu zentralen Wahlmotiven gemacht

TV-Konfrontationen Gusenbauer – Schüssel 2002 (o.) und Vranitzky – Schüssel 1995: Gegen den ÖVP-Chef setzte Gusenbauer auf minutiöse Vorbereitung, Vranitzky auf die Macht der Emotionen

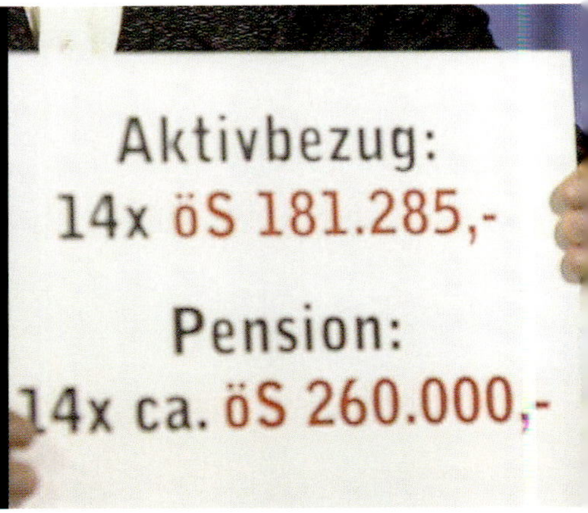

TV-Konfrontationen Haider – Vranitzky 1994 (o.) und Schüssel – Haider 1995: Haiders Inszenierung mit dem Taferl brachte ihm 1994 den Sieg – und fiel ihm ein Jahr später auf den Kopf

TV-Debatte Obama – Clinton 2008: Clintons Heiterkeit täuscht – die demokratischen Präsidentschaftskandidaten lieferten sich ein beinhartes Rennen

Nächste Seite: Obama in New Hampshire, Jänner 2008:
Seine rhythmische, hoch emotionale Rede erlangte
Kultstatus

CHANGE
WE CAN BELIEVE IN
BarackObama.com

anerkennenswert, doch er ging daneben. Um zu verstehen, was der IV-General meint, braucht es entweder ein einschlägiges Studium oder die mehrmalige Lektüre der besagten Sätze. Als Leser dieser Zeilen hat man diese Möglichkeit. Der TV-Konsument allerdings blieb in der Live-Sendung eher ratlos zurück: Zum Sendezeitpunkt der »ZiB2« nach zehn Uhr abends ist er nach einem harten Arbeitstag wohl schon zu geschafft, um die sachlich überkorrekten Prozentrelationen zu verarbeiten.

Mit der Überforderung der Fernsehzuseher ist Beyrer beileibe nicht allein. Den meisten Diskutanten passiert Ähnliches: Sie wollen ihr Wissen anbringen, sie wollen sachpolitisches Terrain abstecken und rational überzeugen. Deshalb geraten die meisten Diskussionssendungen zu meist schwer verdaulichen Fachdisputen. Die Diskutanten überfrachten die Sendezeit mit Informationen. Dass das Publikum nicht auf der rationalen, sondern fast ausschließlich auf der emotionalen Ebene abzuholen ist, vergessen sie dabei nur allzu leicht. Die Stars der Politik-Branche gehen die Sache anders an.

Wie Politiker Emotionen wecken

Die Musik ist getragen, die Kameraführung ruhig. Man sieht Bilder eines goldenen Kornfeldes, durch das sanft der Wind streicht, und lachende Kinder, die US-Fähnchen schwenken. Ein stolzer Kriegsveteran winkt Menschen am Straßenrand zu. Die Kamera hat eine leicht tiefere Position, zeigt den Veteranen von unten. Durch diese »untersichtige« Kameraeinstellung, die sogenannte »Heldenperspektive«, erscheint der ehemalige Kämpfer größer und imposanter, als er ist. Der Effekt ist beabsichtigt: Denn als der Mann ins Bild kommt, spricht der Erzähler des Werbespots gerade von Hoffnung und Stärke, die trotz Krise noch immer im Land vorhanden seien.

Gleich darauf zeigt die Kamera den Hauptdarsteller des 30-minütigen Films: Barack Obama, den Präsidentschaftskandidaten der Demokraten 2008. Der spätere Präsident steht in einem holzvertäfelten Büro, das dem Oval Office im Weißen Haus verblüffend ähnlich sieht. Sogar eine große amerikanische Flagge ziert den Raum. Obama erzählt von der schwierigen Situation, in der sich das Land nach acht Jahren Präsidentschaft von

George Bush junior befindet, von der darniederliegenden Wirtschaft und den vielen Problemen für die amerikanische Mittelschicht. Am Beginn seiner Ausführungen steht der Kandidat hinter einem massiven, hölzernen Schreibtisch. Bald geht er aber um das Möbel herum, auf den Betrachter zu und setzt sich leger auf die Vorderkante des Schreibtischs. Das soll Nähe vermitteln und eine intimere Atmosphäre schaffen. Obama berichtet vom Reformstau in der Hauptstadt Washington. Er sagt, dass sich frühere Politikergenerationen um die Lösung der wahren Herausforderungen im Land gedrückt hätten. Deshalb, so der Kandidat, stünde das Land vor einem entscheidenden Wahlgang, bei dem jeder Einzelne für wahren Wechsel stimmen könne.

Die Kamera zoomt langsam, aber merkbar auf den Kandidaten. Der erzählt gerade von seinen Reisen durch die Bundesstaaten der USA und den Menschen, die er dabei kennengelernt hat. Einige dieser typischen Amerikaner, sagt er, wolle er nun den Zusehern näher vorstellen. Diese Lebensgeschichten seien voll mit Problemen und Herausforderungen. Aber sie zeigten auch alle den eindringlichen Willen in der Bevölkerung, endlich für einen Politikwechsel zu sorgen.

Die vierfache Mutter Rebecca Johnston aus dem Bundesstaat Missouri ist die erste Bürgerin, die Obama seinen Sehern näherbringt. Als er die typische Mittelklasse-Amerikanerin vorstellt, betankt diese gerade ihren Van. Wie nebenbei bekommen die Seher die stark gestiegenen Benzinpreise mit. Auf das Heck des Autos sind Strichmännchen gemalt: Rebecca Johnston erklärt, dass jedes für ein Familienmitglied steht. Sogar die beiden Katzen sind aufs Auto gepinselt. Frau Johnston lebt mit ihrem Mann und den Kindern in einem Einfamilienhaus in einem klassischen amerikanischen Vorort. Obama lässt sie von der Teuerung erzählen – während des Wahlkampfs 2008 gerade an einem Höhepunkt angelangt – und davon, wie die gestiegene Inflation ihrer Familie das Leben schwer macht. Die Musik im Hintergrund wird dramatischer, als sie von ihrem Mann berichtet, der gerade eine nötige Operation wegen finanzieller Schwierigkeiten aufgeschoben hat. Frau Johnston zeigt den Kühlschrank: Jedes Familienmitglied hat dort ein eigenes Fach mit der Essensration für die Woche. So seien die Kinder sparsamer, sagt sie.

Obama berichtet, dass er auf seiner Reise viele Familien kennengelernt habe, die wie die Johnstons ums tägliche Auskommen kämpften.

In groben Zügen stellt er sein Programm zur Stärkung der Mittelklasse vor. Das sieht unter anderem Steuererleichterungen für alle Familien, die weniger als 200.000 Dollar pro Jahr verdienen, vor.

Die beschriebenen Szenen stammen aus einem der bemerkenswertesten politischen Werbespots der amerikanischen Wahlkampfgeschichte. Normalerweise dauert ein Polit-Spot dort 30 Sekunden und liefert den Zusehern eine kurze, eingängige Botschaft ins Haus. Nicht so in diesem Fall: Obamas filmische Tour durch Amerika dauert ungewöhnlich lange 30 Minuten. Gesendet wurde er zur Primetime wenige Wochen vor dem entscheidenden Wahlgang gegen den Republikaner John McCain. Kostenpunkt für die Ausstrahlung auf den wichtigsten Lieblingssendern der Amerikaner: schlanke fünf Millionen Dollar. Sogar ein entscheidendes Football-Match konnte wegen der überlangen Einschaltung des Demokraten erst später beginnen.

Das aber war nicht das Erstaunliche an dem Spot. Obamas Berater hatten es geschafft, die Zuseher 30 Minuten lang mit politischen Botschaften zu fesseln. Das verwundert nicht nur gelernte Österreicher, die bis vor einigen Jahren im Vorabendprogramm des ORF mit schlecht gemachten, sogenannten »Belangsendungen« der Parteien gequält wurden. Es ist auch für den durchaus abwechslungsreichen und viel emotionaleren Politikmarkt USA verblüffend.

Wie schaffte Obama diese Wirkung? Sein bester Trick war, sein politisches Programm anhand konkreter Menschen vorzustellen. Rebecca Johnston und die anderen Porträtierten in dem Spot waren keine Schauspieler, sondern echte Bürger mit alltäglichen Problemen. So konnte während des gesamten Werbefilms nie der Eindruck der Künstlichkeit oder gar Abgehobenheit entstehen. Obama präsentierte nur, was war. Natürlich solidarisierte er sich auch mit den Schwierigkeiten der von ihm Porträtierten. Erreichen konnte er das durch einen einfachen Kunstgriff: Im Unterschied zu anderen Politikern engagierte er als Präsentator keinen Profi-Sprecher. Er selbst mimte den Erzähler mit angenehm sonorer Stimme und bot nicht nur Identifikationsfläche für die Zuseher. Er vermittelte auch glaubwürdig, dass er genau wusste, wovon er sprach und wo die Bevölkerung der Schuh drückte.

Konkrete Daten und Fakten über sein politisches Programm verabreichte der Demokrat dagegen nur in homöopathischen Dosen – und niemals abstrakt, sondern immer in Kombination mit real existierenden Problemen. Anders als viele Politiker, die sich in Debatten gegenseitig Zahlenkolonnen an den Kopf werfen, wurde Obama so dennoch konkreter. Denn seine Zahlen bezog er immer auf greifbare Fälle. Er wusste, dass jede Information, jedes Programmdetail einer emotionalen Einbettung bedurfte. Die Leitlinie war für ihn dabei ein kommunikatives Konstrukt, das Politikern die Komplexität eines Themas reduzieren und dessen Alltagstauglichkeit steigern hilft: die Botschafts-Pyramide.

Die Botschafts-Pyramide

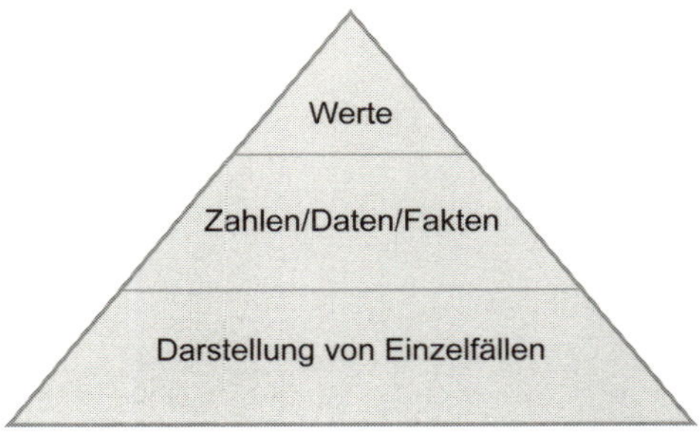

Die Pyramide bildet jene drei Ebenen ab, auf denen sich politische Kommunikation im Allgemeinen und Debatten im Besonderen abspielen. Die meisten Teilnehmer an Diskussionssendungen bewegen sich auf der mittleren Ebene, der Welt der Zahlen, Daten und Fakten. Dort sind die Experten zu Hause, dort fühlen sie sich wohl. Untereinander verstehen sie sich in solchen Debatten durchaus und können fachsimpeln. Doch das Publikum bleibt meist überfordert – oder gar schlafend – zurück.

Wie man die Pyramide richtig und effektiv nützt, zeigte Obama nicht nur mit seinem Spot, sondern in vielen Reden und Debatten während seines Wahlkampfs. Auch wenn er im ersten Jahr seiner Präsidentschaft an Überzeugungskraft einbüßte, es an Umsetzungsschritten mangelte und er etwa bei der Diskussion um die anstehende Reform des amerikanischen Gesundheitswesens auch kommunikativ ins Hintertreffen geriet: Obama ist aktuell sicher einer der stärksten politischen Kommunikatoren weltweit.

Wie also gebrauchen Politiker wie Obama die Botschafts-Pyramide?

Wichtig ist das erste Setting der Debatte. Bevor auf die Ebene von Zahlen oder Fakten überhaupt eingegangen werden kann oder Einzelfälle präsentiert werden, muss der Rahmen der Diskussion abgesteckt sein. Die Zuseher müssen wissen, warum das Gesagte überhaupt interessant ist, wie sie es einordnen können und vor allem wo für sie selbst die persönliche Betroffenheit und Relevanz liegt. Im Fall der vierfachen Mutter Rebecca Johnston geht es um die Werte der Gerechtigkeit und der Fairness. Diese Werteebene spricht Obama in seinem Spot unmissverständlich an. Seine Botschaft: Es könne nicht sein, dass das Ehepaar Johnston arbeite, Steuern zahle und vier Kinder großziehe, von der Gesellschaft (oder besser: der republikanischen Politik) aber dennoch bestraft werde. Die von ihm damit geforderte Wiederherstellung der Würde der Mittelklasse war etwas, das auch die Mehrzahl seiner potenziellen Wähler bewegen konnte.

Der Demokrat arbeitet den ganzen Spot über stark mit Emotionen. Denn wer empfindet die Situation der Familie Johnston nicht als ungerecht, wenn er die halbleeren Kühlschrankfächer der Kinder sieht? Welcher Amerikaner empfindet beim Anblick verdienter Kriegsveteranen und Fähnchen schwingender Kinder nicht Stolz auf sein Heimatland?

Ist die Werteebene erst mal abgesteckt, weiß also der Zuseher, worum es im Kern geht, kann auf die darunterliegenden Ebenen der Pyramide gewechselt werden. Der geschulte Politiker präsentiert dann am besten die möglichst eingängige Geschichte eines typischen Falles, erklärt dessen Relevanz und steigt erst am Ende auf die Zahlenebene. Ein Politiker sollte so wenig Daten zur Illustration bringen wie möglich. Deren sechs in einen kurzen Absatz zu pferchen, wie das der IV-Generalsekretär in der zitierten Klimaschutzdebatte mit der Grünen-Vertreterin getan hat, muss das Publikum überfordern. Auch für TV-Duelle in Wahlkämpfen gilt: Mehr als drei Zahlen binnen einer oder eineinhalb Stunden kann sich ein durchschnittlicher Zuseher kaum merken. Besser, als seine Kompetenz mit Zahlenkolonnen unter Beweis zu stellen, ist es, auf einige wenige markante Kennziffern zu fokussieren, diese mit Werten und Beispielen emotional aufzuladen und während der Diskussion zu wiederholen.

In vielen Debatten gelingt es nicht, die Alltagskompatibilität des Gesagten unter Beweis zu stellen. In den USA etwa versagten die Demokraten lange dabei, den seit 2001 regierenden Republikanern Megapleiten wie Enron oder Worldcom politisch umzuhängen. Sie schafften es schlicht nicht, die Riesenverluste der Unternehmen auf eine für Otto Normalverbraucher verständliche Ebene zu bringen. Dasselbe passierte auch in Österreich: Hier versuchte die ÖVP im Wahljahr 2006 vergeblich, die Verluste der SPÖ-nahen BAWAG in Höhe von rund zwei Milliarden Euro plastisch darzustellen. Wie die Demokraten scheiterten auch die Strategen der Volkspartei an der Botschafts-Pyramide. Wie viel Geld sind schon zwei Milliarden Euro? Vom BAWAG-Skandal blieb so bei vielen weniger die horrende Schadenssumme als das luxuriöse Penthouse des Ex-Generaldirektors Helmut Elsner in Erinnerung.

Obama gelang die emotionale Aufladung in seinem Spot weitaus besser. Mehrmals etwa kam er auf den unhaltbaren Zustand von 47 Millionen Amerikanern ohne Krankenversicherung zu sprechen. Nach knapp 18 Minuten seines Films widmet er sich dem Thema eingehender. Er präsentiert seinen Plan, die Versicherungskosten für eine typische Familie um 2.500 Dollar zu senken. Und er verspricht, Krankenversicherungen dazu zu zwingen, keine Behandlungen mehr mit dem Hinweis auf sogenannte »Preexisting Conditions« zu verweigern. Solche liegen laut US-Versicherern dann vor, wenn der Verdacht besteht, dass der Patient bei Abschluss einer Polizze schon eine Krankheit in sich trug und diesen Umstand der Versicherung möglicherweise sogar verschwiegen hat. Für österreichische Krankenversicherte unvorstellbar, können US-Konzerne dann den Abschluss oder die Mitnahme einer Versicherung verweigern und oft sogar die Abgeltung von Behandlungskosten legal einstellen.

Nach der Präsentation dieser programmatischen Eckpunkte tut Obama etwas für einen Politiker fast Unerhörtes: Er erdet sein Programm erneut mit einem konkreten Beispiel für die bestehende Ungerechtigkeit, zieht dafür aber seine eigene Familie heran. Das ist eine gefährliche Übung, denn Politikern wird selten der Status eines »Normalbürgers« zugeschrieben. Nicht so bei Obama. Wie zu Beginn des Spots setzt er Musik und Bilder geschickt zur Steigerung des Emotionsgehalts ein. Untermalt von melodramatischer Klaviermusik bekommt der Zuseher plötzlich Fotos von Obamas Mutter präsentiert: Sie mit ihrem Sohn am Strand, oder als Jugendliche mit Kätzchen auf dem Arm. Währenddessen spricht Barack Obama in eindringlichen Worten über den Tod seiner Mutter. Er tut dies aber nicht als Erzähler mit direktem Blick in die Kamera, sondern in einer Interviewsituation, die weniger frontal und offiziell wirkt:

> **Obama**: *Der Tod meiner Mutter war einer der schwersten Momente meines Lebens. Dass sie dem Krebs so schnell erlegen ist, war ein Schock. (…) Jeder, der so etwas mitgemacht hat, weiß, wie schwierig und schmerzlich es ist, einen geliebten Menschen so gehen zu sehen.* (...) (Die Szenerie wechselt zu einer Wahlkampfveranstaltung, bei der Obama ebenfalls über den Tod seiner Mutter spricht, diesmal verknüpft mit klaren politischen Statements. Immer wieder sind die fassungslosen Gesichter der Zuschauer zu sehen.) *Ich kandidiere, weil ich es leid bin, immer nur über das Schicksal von 47 Millionen Menschen ohne Krankenversicherung zu reden. Ich will endlich etwas dagegen tun. Meine Mutter hat ihre Enkelkinder nie gesehen. Das bricht mir das Herz. Was mir aber auch das Herz gebrochen hat, war, dass sie die letzten Monate ihres Lebens nicht nur versucht hat, wieder gesund zu werden, sondern auch damit zubringen musste, Versicherungspolizzen zu studieren. Sie hatte gerade einen neuen Job begonnen und die Versicherung sagte: Vielleicht war diese Krankheit schon viel früher da. Und: Wir zahlen die Behandlung nicht. Ich weiß also, was es heißt, einen geliebten Menschen leiden zu sehen. Leiden zu sehen, nicht nur weil er krank ist, sondern wegen eines kaputten Gesundheitswesens. Es ist einfach falsch.*

Weiter kann ein Politiker kaum gehen, ohne eine emotionale Überdosis zu riskieren. Nach dem Spot war den meisten Zusehern aber jedenfalls eines klar: Dieser Mann würde mit Sicherheit an der Einlösung seiner Versprechen arbeiten und die Menschen an die erste Stelle seiner Politik stellen. Der unpatriotische, kalte Zeitgenosse, als den ihn seine republikanischen Gegner porträtierten, konnte er nach dieser persönlichen Leidensgeschichte nie und nimmer sein.

Obama hatte sich mit diesem Spot überhaupt in eine andere Liga der Politik geschossen. Er hatte jede emotionale Distanz zwischen sich und seinem Wahlpublikum abgebaut. Ganz auf der Linie seiner Kernbotschaften hatte er sich präsentiert als jemand, der tatsächlich aus der Mitte der gewöhnlichen Amerikaner kam, als jemand, der wie sie sein ganzes Leben lang mit den massiven Problemen des Alltags zu kämpfen hatte. Sein Kontrahent John McCain dagegen konnte in einem Interview nicht einmal die genaue Zahl seiner Immobilien (es waren sieben) nennen. Während sich Michelle und Barack Obama ein Auto teilten, kamen die McCains auf stolze 13 Stück. Das war ein Kontrast ganz nach dem Geschmack der demokratischen Spin Doktoren.

Obama hat in seinem Wahlkampf überhaupt eines geschafft: Er hat den Republikanern nicht nur das Monopol auf Gefühle, sondern auch das auf Werte entzogen. Jahrelang waren es nämlich die Republikaner gewesen, die mit geschickten Inszenierungen die emotionale Welt der Amerikaner und damit die Wahlkämpfe dominiert hatten. Während sich der demokratische Präsidentschaftskandidat John F. Kerry 2004 stolz als Absolvent der Top-Universität Yale porträtierte, ließen sowohl sein republikanischer Gegner George W. Bush als auch Barack Obama vier Jahre später ihre Eliteausbildung beiseite. Sie wussten: Ein Politiker sollte in einem Wahlkampf nicht auch noch seinen Sonderstatus betonen.

In der Prä-Obama-Ära schafften es die Republikaner auch besser, die Themen auf der politischen Agenda zu prägen. Spätestens seit den Anschlägen des 11. September 2001 waren die Demokraten innenpolitisch abgemeldet. Denn ab sofort interpretierten die Regierenden George W. Bush und sein Vize Dick Cheney jedes Thema hinsichtlich der Sicherheit des Landes. Mit dem für Europäer manchmal unverständlichen, für die attackierten Amerikaner allerdings maßgeschneiderten »Krieg gegen den Terror« trafen sie den Nerv der Zeit nach 9/11. Selbst die Religion wurde zum alleinigen republikanischen Spielfeld – erst Obama vermochte diese rechte Vormachtstellung zu brechen.

Entgegen seinem Image in Europa schaffte es George W. Bush allerdings nicht nur, mit patriotischen und religiösen Emotionen zu punkten. Er setzte auch etwas sehr geschickt ein, das man bei so manchem heimischen Politiker vermisst: Selbstironie. Einem chinesischen Staatsgast beschied der Ex-Präsident einmal, besser Englisch zu sprechen als er selbst. Und in einer Rede nahm er seine oft wirren Satzkonstruktionen aufs Korn. Bush: »In meinen Sätzen dringe ich auf Terrain vor, das sonst nie jemand betritt.«

Seine demokratischen Gegenspieler Al Gore und John Kerry schafften es dagegen kaum, emotionalen Kontakt zu den Wählern herzustellen. Sie verloren daher auch beide beim »Bier-Test« gegen Bush. Dieser Test wird von amerikanischen Meinungsforschern gern zum Abtesten der wahren Popularitätswerte der Kandidaten eingesetzt. Die Frage lautet dabei immer: »Mit welchem Kandidaten würden Sie lieber auf ein Bier gehen?« Bei den Präsidentschaftswahlen liegt dann meist tatsächlich der Kandidat vorne, der diese Frage für sich entscheidet.

Gewinnbringende politische Emotionen rein auf den Sympathietest zu reduzieren, wäre freilich verfehlt. Es muss nicht immer so sein, dass sich die beliebteren Politiker durchsetzen. Wolfgang Schüssel etwa hinkte als Kanzler bei den Beliebtheitswerten weit hinter seinem Vorgänger Viktor Klima her. Doch er hatte ein Macher-Image aufgebaut, das ihm den Machterhalt über Jahre hin sicherte. In diesem Fall schlugen die emotionalen Werte »Sicherheit« und »Zuverlässigkeit« den »Likeability«-Faktor.

Grundsätzlich sind es zwei Arten von Emotionen, auf die Politiker in Wahlkämpfen abstellen: Furcht und Hoffnung. Während die Bush-Strategen vor allem auf Ersteres setzten und die Angst vor dem Terror für ihre Kampagnenzwecke nutzten, fokussierte Obamas Team auf das zweite Prinzip. Freilich bemühte er dabei aber auch die Furcht vor einer Fortsetzung der republikanischen Herrschaft in den USA und setzte seine hoffnungsfrohen, fast euphorischen Heilsbotschaften dagegen.

Eine seiner stärksten Hoffnungs-Reden hielt Obama am Abend einer seiner größten Niederlagen in der demokratischen Vorwahl gegen Hillary Clinton. Für manche überraschend hatte der Kandidat des Wechsels die seinem Triumph in Iowa folgende Vorwahl in New Hampshire verloren. Obama allerdings ließ sich von Niedergeschlagenheit nichts anmerken. Er feuerte seine Anhängerschaft in einer 13-minütigen, fulminanten Rede an. Der Rhythmus seiner Zeilen kann an dieser Stelle schwer wiedergegeben werden. Doch die predigerhafte, mitreißende Intonation des Präsidentschaftskandidaten inspirierte den bekannten Rapper Will.I.Am dazu, die Rede mit einigen Hollywood- und Musik-Stars sogar zu vertonen.

Via Internet wurde Obamas Meisterstück zum Hit: Während des Wahlkampfs wurde der Song mit Obamas Worten über 20 Millionen Mal aus dem Netz heruntergeladen. Im Folgenden werden die letzten drei Minuten dieser Rede im vollen Wortlaut und im englischen Original

– die deutsche Übersetzung würde der Ausdruckskraft und dem Bilderreichtum der Rede kaum gerecht – wiedergegeben:

Obama: (Die gesprochenen Sequenzen, jeweils mit einem »Yes, we can« abgeschlossen, sind anfangs länger. Obama beschwört Bilder der US-Geschichte.)
It was a creed written into the founding documents that declared the destiny of a nation. Yes, we can.
It was whispered by slaves and abolitionists as they blazed a trail towards freedom through the darkest of nights. Yes, we can.
It was sung by emigrants as they struck out from distant shores and pioneers who pushed westward against an unforgiving wilderness. Yes, we can.
It was the call of workers who organized, women who reached for the ballot, a President who chose the Moon as our new frontier, and a King who took us to the mountaintop and pointed the way to the Promised Land. Yes, we can to justice and equality.
(Obama pausiert, als die Anhänger zu jubeln beginnen:) *Yes, we can. Yes, we can. Yes, we can …*
(Die Sequenzen werden kürzer, er beschleunigt den Rhythmus und stellt das »Yes, we can« an den Beginn jeder Einheit.)
Yes, we can to opportunity and prosperity.
Yes, we can heal this nation.
Yes, we can repair this world.
Yes, we can.
(Obama pausiert kurz und setzt dann zum Aufbau des emotionalen Höhepunkts der Rede an.)
And so tomorrow, as we take the campaign South and West. As we learn of the struggles of the textile workers in Spartanburg are not so different than the plight of the dishwasher in Las Vegas. That the hopes of the little girl who goes to the crumbling school in Dillon are the same as the dreams of the boy who learns on the streets of L. A.
(Obama hat die Klimax der Rede erreicht. In den folgenden Sätzen steigert er seine Stimme unaufhörlich, bis er die Worte fast einzeln betont.)
We will remember that there is something happening in America, that

we are not as divided as our politics suggest, that we are one people, we are one nation, and together we will begin the next great chapter in the American story with three words that will ring from coast to coast, from sea to shining sea: Yes, we can!
Thank you, New Hampshire!

Diese Hoffnungs-Rede von New Hampshire begründete endgültig den Ruhm der Phrase »Yes, we can«. Den Slogan hatte Obamas Kampagnenmanager David Axelrod erfunden. Allerdings: Er hatte ihn schon vor dem Präsidentschaftswahlkampf für einen anderen Klienten, Deval Patrick, eingesetzt. 2006 war das und auch damals schaffte Axelrod eine Sensation und coachte Patrick zum ersten afroamerikanischen Gouverneur von Massachusetts.

Die Magie der Worte Obamas sind aber keinesfalls auf den fast gebetsmühlenartig wiederholten Kampagnenslogan zu reduzieren. Auffallend sind gleich mehrere emotionale Kicks, die der Kandidat seinen Anhängern während der Rede verpasst. Da ist einmal der schon erwähnte Rhythmuswechsel. Obama variiert sehr häufig das Tempo. Das »Yes, we can« taucht an unterschiedlichen Stellen auf: Im ersten Abschnitt beschließt es die historischen Sentenzen. In den folgenden kurzen, fast beschwörenden Heilsformeln stellt er das »Yes, we can« voran. Sobald der Kandidat auf die Klimax zusteuert, macht sich der Slogan rar, um am Ende umso inbrünstiger noch einmal in den Saal geschmettert zu werden.

Die Emotionalität der Rede wird von mannigfaltigen Sprachbildern gesteigert. Da gibt es historische Reminiszenzen: Die Gründerväter kommen ebenso vor wie die Sklaven, jene Frauen, die das Wahlrecht erkämpften genauso wie Präsident John F. Kennedy und die von ihm erträumte Mondlandung. Da ist auch Martin Luther King, bei dem Obama biblisch wird, das »gelobte Land« beschwört und damit erneut den Eindruck erweckt, als wären die amerikanischen Bürger mit ihm auf einer Reise in eine bessere Zukunft. Daneben erzeugt Obama Bilder in den Köpfen seiner Zuhörer: »Dunkelste Nächte« werden da überwunden und eine »unerbittliche Wildnis«. Andererseits verheißt er aber auch den »Gipfel des Berges« und »neue Grenzen«, schlicht »die Freiheit«.

Mit all diesen Worten erzeugt der Redner Stimmung. Er erinnert nicht nur an die historischen Errungenschaften der USA, er vermittelt auch den Eindruck, dass solche Wundertaten jederzeit wieder möglich sind – etwa mit seiner Wahl zum Präsidenten.

Der Kern seiner Wahlkampfbotschaft, das Verlangen nach einem »Wandel«, kommt mehrfach und in verschiedenen Ausprägungen vor. Erst gibt Obama die Richtung vor und stellt einige Werte an die Spitze: Gerechtigkeit, Gleichberechtigung, Chancengleichheit und Wohlstand für alle. Danach spricht er zwar den deplorablen Status quo an, nicht aber ohne darauf hinzuweisen, dass Besserung möglich sei. Zusammen mit seinen Wählern will er die Nation heilen und die Welt wieder aufrichten.

Wie schon anhand seines 30-Minuten-Spots gezeigt, wendet Obama die Botschafts-Pyramide auch in dieser Rede an. Er nennt die Werte, kreiert den Wunsch nach Veränderung und liefert dann die konkreten Beispiele von Menschen, die er auf ihrem Weg als Präsident unterstützen will. In der New-Hampshire-Rede sind das Textilarbeiter, Tellerwäscher, ein Mädchen in einer desolaten Schule und ein Straßenjunge. Die Rede wird so greif- und nachvollziehbar. Auch wenn sie für europäische Standards zu pathetisch und quasi-religiös ausgefallen ist, ist die Kraft der Emotion doch auch diesseits des Atlantiks klar nachvollziehbar. Die Beschwörungen am Ende der Rede fassen die Logik der Obama-Kampagne nur noch einmal zusammen: Nach Zeiten der Polarisierung will der Kandidat wieder für die nötige Einigkeit und Geschlossenheit in den USA sorgen. Er betont einmal mehr die Gegnerschaft zu den herkömmlichen Politikern, stellt sich auf eine Ebene mit seinen Fans und betont die historische Chance, die sie alle gemeinsam ergreifen könnten.

Natürlich war Obama nicht der Erste, der das Prinzip Hoffnung zum Leitprinzip seiner Politik der Gefühle machte. Martin Luther Kings »I have a dream«-Rede ist ob ihrer visionären Kraft in die Geschichte eingegangen. Bill Clintons Berater designten in der Kampagne 1992 sogar einen eigenen »Hope«-Spot. Ironie am Rande: Clinton wurde in Hope geboren, einem Ort im Bundesstaat Arkansas. Seine persönliche Geschichte, die wie bei Obama der eines Tellerwäschers, der zum Millionär aufsteigt, gleicht, wurde zu einem zentralen Kampagnenthema.

Der Hope-Spot: Clinton: *Ich wurde in der kleinen Stadt »Hope« in Arkansas geboren* (im Bild sieht man den kleinen Bahnhof der Stadt), *drei Monate nachdem mein Vater starb. Ich erinnere mich noch* *an das zweistöckige Haus, in dem ich mit meinen Großeltern lebte. Sie hatten nur wenig Geld. Es war 1963* (man sieht Bilder von John F. Kennedy), *als ich nach Washington kam und Präsident Kennedy bei einem Schülerprogramm treffen durfte* (im Bild schüttelt Klein-Clinton dem Präsidenten die Hand – dann sieht man den nun erwachsenen, nachdenklichen Clinton von 1992, neben ihm gedimmte Lampen, die eine heimelige Atmosphäre erzeugen). *Ich erinnere mich, dass ich dachte, welch ein unglaubliches Land das war, in dem es für jemanden wie mich – ohne Geld, ohne alles – möglich war, den Präsidenten zu sehen. Damals habe ich den Entschluss gefasst, ein öffentliches Amt anzustreben, weil ich mich um Menschen kümmern wollte. Ich finanzierte mir mein Jusstudium mit Teilzeitjobs, mit was immer ich finden konnte. Als ich fertig war, habe ich mich nicht darum geschert, viel Geld zu verdienen, ich wollte nach Hause gehen und etwas bewirken.* (Bilder von Armenvierteln in Arkansas sind zu sehen; später sieht man Clinton als jungen Gouverneur, wie er den Arm zum Amtseid hebt.) *Wir haben hart für die Bildung und das Gesundheitssystem gearbeitet, für neue Jobs – und wir haben echte Fortschritte gemacht.* (Nach und nach kommen Bilder von Clinton mit Kindern, wie ihn eine Pensionistin umarmt und dem Gouverneur im Gespräch mit Arbeitern. Dann sieht man Clinton spätabends arbeitend in seinem Büro. Die Schlusseinstellung zeigt Clinton mit einem lächelnden Mädchen auf dem Arm. Er sagt:) *Für mich ist die Vorstellung beglückend, nun als Präsident das Leben der Menschen zum Besseren verändern und dem amerikanischen Traum die Hoffnung wiedergeben zu können.*

Auch Clinton drückte also kräftig auf die Tränendrüse der Wähler. Auch er holte sich die für seinen Sieg nötige Authentizität und Glaubwürdigkeit aus seiner ungewöhnlichen Biografie. Und er beherzigte ein Postulat für den Einsatz von Emotion in politischen Kampagnen: Die ausgelösten Emotionen sollten immer direkt mit dem Kandidaten assoziiert werden. In Clintons Fall war das der Stolz auf das Land der unbegrenzten Möglichkeiten, das Amerika offensichtlich noch immer war. Würde er als Kandidat mit diesem US-Leitsatz ursächlich in Verbindung gebracht, der Weg zum Sieg wäre erheblich leichter.

Wie bei Obama wirken Clintons Worte für europäische Standards dick aufgetragen. Doch sind solche Spots für hiesige Verhältnisse tatsächlich zu pathetisch und dadurch unbrauchbar? Sicher nicht. 2006 kopierte der sozialdemokratische Kanzlerkandidat Alfred Gusenbauer diesen Spot fast eins zu eins. Auch der SPÖ-Chef drehte seinen Hoffnungs-Spot und inszenierte dabei seine Wurzeln als Arbeiterkind aus Ybbs an der Donau. Teilweise wurde sogar die Ausstattung des Raumes, in dem der US-Kandidat gesessen war, am Drehort im Wiener Hilton Plaza nachgebaut. Bruno Kreisky ersetzte John F. Kennedy als Vorbild. Bedeutungsschwanger waren auch Gusenbauers Worte. Sein Spot gipfelte zwar nicht im amerikanischen Traum, aber immerhin in dem Satz: »Lasst uns die Träume unserer Eltern verwirklichen, damit unsere Kinder einen Platz zum Träumen haben.«

Pure positive Zukunftsvisionen sind in der Politik allerdings eher selten. Meist werden hoffnungsfrohe Botschaften mit Angriffen aufs Gegenüber gekoppelt (dazu mehr im Kapitel »Die Kunst der Attacke«). Selbst in Obamas Rede und seinem 30-Minuten-Spot sind geschickte Breitseiten gegen die Republikaner verpackt.

Ein schönes Beispiel für die Parallelität von positiven und negativen Emotionen liefert John F. Kennedys berühmte Berliner Rede vor dem Schöneberger Rathaus im Jahr 1963. Diese Rede ging nicht nur um die Welt und gilt bis heute als eine der besten der Geschichte. Sie kontrastiert auch klar Gut und Böse, in diesem Fall die freie Welt gegen den Kommunismus:

> **Kennedy**: *Vor zweitausend Jahren war der stolzeste Satz, den ein Mensch sagen konnte: »Ich bin ein Bürger Roms.« Heute ist der stolzeste Satz, den jemand in der freien Welt sagen kann: »Ich bin ein Berliner!« Wenn es in der Welt Menschen geben sollte, die nicht wissen, worum es heute in der Auseinandersetzung zwischen der freien Welt und dem Kommunismus geht, dann können wir ihnen nur sagen, sie sollen nach Berlin kommen. (…) Alle freien Menschen, wo immer sie leben mögen, sind Bürger dieser Stadt Westberlin, und deshalb bin ich als freier Mann stolz darauf, sagen zu können: »Ich bin ein Berliner.«*

Das Hoffnungselement der Worte Kennedys kreist um die Begriffe Stolz und Freiheit. Doch die Mutinjektion für die Westberliner steht dabei nur gemeinsam mit der Ablehnung dessen, was sich in der DDR um Westberlin abspielte, im Vordergrund. Die Furcht vor der Zukunft dominierte in diesen Tagen Westberlin. Kennedy allerdings verstand es geschickt, eben diese Angst in positive Emotionen zu wandeln und sich so zum Bewahrer der freien Welt aufzuschwingen.

Welthistorisch weniger bedeutend, aber doch auch bemerkenswert ist in diesem Licht ein Stück österreichischer Kampagnengeschichte. Der angeblich emotionslose Kanzler Franz Vranitzky vermochte in seinem wohl besten Wahlkampf 1995 nämlich nicht nur fiebernd in der TV-Debatte gegen seinen Herausforderer Wolfgang Schüssel zu überzeugen. Der Langzeitkanzler setzte wenige Wochen vor Weihnachten auch einen emotionalen Aufreger, der der ÖVP den kampagnentechnischen Rest gab. Schüssels ÖVP war mit einem rigiden Sanierungskurs in die Wahlschlacht gezogen und hatte die etwas ermattete Sozialdemokratie mit der Neuwahl anfänglich auch tatsächlich auf dem falschen Fuß erwischt.

Doch Vranitzky erholte sich und mobilisierte die roten Kader noch einmal. Eine Kernzielgruppe der SPÖ stand dabei besonders im Fokus: die Pensionistinnen und Pensionisten. In einem Brief, datiert mit dem 7. Dezember, dramatisierte der Regierungschef die Pläne der ÖVP und malte so in der Vorweihnachtszeit den Teufel an die Wand:

> **Vranitzkys Pensionistenbrief**: *Heuer gibt es eine »schöne Bescherung« für alle, die ihren verdienten Ruhestand genießen oder sich darauf freuen: Die ÖVP wollte Pensionen kürzen und das Pensionsalter überfallsartig erhöhen! Das habe ich persönlich verhindert. Um trotzdem auf die Pensionen zugreifen zu können, wollte die ÖVP Neuwahlen. Ausgerechnet eine Woche vor Weihnachten!*

Wolfgang Schüssel tobte. Doch der Schachzug des Seniorpartners in der Regierung war gelungen. Durch den roten »Pensionistenbrief« waren die Rentner tatsächlich emotionalisiert und stärkten ihrem Schutzpatron Vranitzky bei der Wahl den Rücken. Der Trick der SPÖ bestand auch in der Wahl der Mittel: Hätte Vranitzky diese Zeilen so in der TV-Debatte geäußert, wären sie wohl verpufft, weil Schüssel eine direkte Antwortmöglichkeit vorgefunden hätte. Der SPÖ-Chef entschied sich aber fürs persönliche Direktmarketing ohne sofortige Antwortmöglichkeit für Schüssel und erreichte so die maximale Wirkung für seine Botschaft.

Nähe bringt Stärke

Diese Aufregung brauchte der schwer unter Druck stehende Oppositionschef wenige Wochen vor der Wahl gerade noch. An sich hatte SP-Chef Alfred Gusenbauer im Sommer 2006 eine gute Idee gehabt. Er wollte seinen Urlaub in heimischen Gefilden verbringen. Lobenswert war die Idee aus drei Gründen: (1) Der Oppositionelle demonstrierte Heimatverbundenheit; (2) er konnte vergessen machen, dass er sich 2002 weigerte, wegen der heimischen Hochwasserkatastrophe seinen Korsika-Urlaub abzubrechen; und (3) er hatte bei seiner geplanten Tour durch die österreichische Berglandschaft die Chance, Menschen zu treffen und so das Angenehme (= Urlaub) mit dem Nützlichen (= Wahlkampfkontakte) zu verbinden.

Doch dann das: Gusenbauers Berater hatten zur Startwanderung zig Journalisten eingeladen und die Bergtour gekonnt als Mega-Event im Sommerloch angetragen. Alles war perfekt durchgestylt. Das Einzige, was nicht funktionierte, war der Spitzenkandidat selbst. Gusenbauer kreuzte zur Wanderung in wenig stilsicheren weißen Leggins auf. Mehr brauchten die Medien nicht. In den kommenden Tagen war die Modesünde des Marschierers das innenpolitische Thema. Die Tour rückte recht schnell in den Hintergrund. Die Journalisten fragten sich an den weiteren Wandertagen immer nur, welches Outfit der Kanzlerkandidat diesmal zur Schau stellen würde.

Gusenbauer selbst allerdings blieb gelassen. Und er hatte damit vollkommen Recht. Denn die Aufregung um den wandernden Weinconnaisseur und seine »Weißen Leggings vom Monte Pulciano« (© »Die Presse«) beschränkte sich auf eine Handvoll Journalisten und professionelle Politikbeobachter. Jene Zielgruppen, auf die es ankam, stießen sich kaum am Erscheinungsbild des Oppositionschefs. Sie hatten durch die vielen Berichte auch in den Regionalmedien registriert, dass der Politiker im Land unterwegs war.

Die Touren durch Österreich – Gusenbauer begann seine sogenannte

Startklar-Tour durch alle Bezirke Österreichs bereits zwei Jahre davor – waren ein wichtiges Asset des SPÖ-Chefs im Wahlkampf. Die Nähe zu den potenziellen Wählern, das tausendfache Händeschütteln, die zahlreichen Auftritte in Wirtshäusern: All das trug erfolgreich zur Kernpositionierung Gusenbauers als »volksnah« bei. Als Kanzler verspielte der Sozialdemokrat dieses Attribut zwar sehr rasch wieder, doch in der Auseinandersetzung mit dem von der SPÖ als abgehoben und kalt dargestellten ÖVP-Kanzler Schüssel war die wählertechnische Nahkampfattacke Gold wert. Die Sozialdemokraten machten aus der Not eine Tugend. Während sich Regierungschef Schüssel gerade staatsmännisch als EU-Ratspräsident inszenieren konnte, überwanden die Genossen dieses Manko Gusenbauers, indem sie ihn raus zu den Menschen schickten.

Gusenbauer beherzigte mit seinen Touren durch Österreich einen ehernen Grundsatz erfolgreicher Politiker: Nähe zu den Wählern verleiht politische Stärke. Nicht umsonst sind in politischen Vertrauensindices zuverlässig Lokalpolitiker weit vor Bundes- oder gar Europapolitikern gereiht. Die höchste Akzeptanz beim Wahlvolk genießt meist der Bürgermeister, gefolgt vom jeweiligen Landeshauptmann.

Wer politische Nähe vermissen lässt, hat dagegen schon verloren. Der ehemalige bayerische Ministerpräsident Edmund Stoiber verschenkte 2002 seinen Sieg bei der Bundestagswahl gegen den amtierenden Bundeskanzler Gerhard Schröder. In den Umfragen war er zwar lange vor dem Chef der rot-grünen Koalition gelegen. Doch als über den Osten Deutschlands ein Jahrhunderthochwasser schwappte, war es Schröder, der schnell und politisch instinktsicher reagierte. Der SPD-Chef war sofort im Krisengebiet und stand den Menschen bei. CSU-Zampano Stoiber dagegen fand es erst nicht der Mühe wert, sich vor Ort einen Überblick zu verschaffen. Nicht, dass die Präsenz Schröders die Lage verbessert hätte, doch die symbolische Politik des Beistands machte letztendlich den Unterschied.

Schröder leistete vor allem eines – er redete mit den Menschen. Wer Politik nicht als Einbahnstraße, sondern als wechselseitigen Kommunikationsprozess begreift, hat schon den Grundstein zum Sieg gelegt. Das gilt für den amerikanischen Präsidenten genauso wie für den österreichischen Bundeskanzler. Natürlich kann keiner der beiden jemals alle potenziellen Wähler persönlich treffen. Doch es geht um das Signal. Auch aus diesem Grund organisieren sich moderne Kampagnen zunehmend über ihre »Grassroots«, die Graswurzeln (siehe Kapitel »Gut gezielt ist halb getroffen«). Der persönliche Wählerkontakt, erfolgt er auch »nur« durch einen motivierten Mitarbeiter der Kampagne und nicht den Kandidaten selbst, wird gerade in Zeiten unübersichtlicher massenmedialer Kanäle zu einem besonderen Schatz für Wahlkämpfer.

In den USA werben Politiker bei Roadshows und in sogenannten Townhall-Meetings für ihre Politik. Die Bürgerinnen und Bürger können sich bei diesen Treffen selbst einbringen und mitdiskutieren. Barack Obama versuchte 2009 nach einigen Wochen kommunikativer Defensive mit einer Tour durch Amerika seine öffentlich bereits arg zerrupfte Gesundheitsreform zu retten. Zumindest den härtesten Vorwurf, seine Reform über die Köpfe der Menschen hinweg durchzuziehen, brachte er so erst einmal los.

Wie sein Vor-Vorgänger Bill Clinton beherrscht Obama den Kuschelkurs mit dem Wähler perfekt. Dazu nutzt er auch als US-Präsident die Möglichkeiten der neuen Medien. Mit seiner Internet-Mobilisierungskampagne hatte Obama im Wahlkampf 2008 weltweit für Aufsehen gesorgt. Doch der Wahlkampf hörte für seine Berater nie auf, sie zogen diese Strategie auch im Amt weiter. In der Minute der offiziellen Amtsübernahme ging auch eine neue Website des Weißen Hauses online. Die Interaktivität stand dabei wie schon während des Wahlkampfs im Zentrum.

Die gegnerischen Republikaner fanden im ersten Jahr der Obama-Präsidentschaft auf diesen turmhohen Vorteil des Demokraten noch keine Antwort. Sie waren zwar erfolgreich im Verhindern einiger Politikvorhaben Obamas und verbesserten so ihre Ausgangsbasis für die Kongresswahlen im Jahr 2010. Doch eine über die bloße Ablehnung Obamas hinausgehende Gegenmobilisierung in Richtung Präsidentschaftswahlen brachten sie noch nicht zustande. 1994 waren sie da schon weiter. Auch damals gab es mit Bill Clinton einen kommunikativ scheinbar übermächtigen Gegner. Doch der republikanische Minderheitsführer im Repräsentantenhaus, Newt Gingrich – selbst mit wenig berauschenden Sympathiewerten ausgestattet –, hatte eine erfolgreiche Angriffsstrategie gegen Clinton entwickelt. Mit dem sogenannten »Contract with America« traf er den demokratischen Präsidenten dort, wo der es am wenigsten erwartete: auf dem Feld der Bürgernähe.

Ausgeheckt von Star-Berater Frank Luntz, vereinigte der Vertrag mit Amerika die zehn zentralen republikanischen Gesetzesvorhaben für die kommenden Jahre. Populistisch formuliert waren da Themen wie Budgetdisziplin und Kriminalitätsbekämpfung genauso enthalten wie Arbeitsmarktinitiativen, ein Pensionistenpaket, Selbstbeschränkungen der Politiker und ein Gesetz zur »Wiederbelebung des amerikanischen Traums«. Das breit propagierte Dokument sollte, so war es im Vertrag zu lesen, »das Band des Vertrauens zwischen den Menschen und ihren gewählten Vertretern« wiederherstellen. Um dieses Postulat glaubwürdig erscheinen zu lassen, brauchte es aber ein Symbol. Luntz' Trick mit dem Traktat war folgender: Die republikanischen Abgeordneten sollten allesamt den Vertrag unterschreiben. Damit würden sich die einzelnen zur Wahl stehenden Kandidaten öffentlich und sichtbar zur Umsetzung des Konvoluts bekennen. Die Wähler mussten mit ihrer Stimme nur dasselbe zum Ausdruck bringen – und schon würde die Vereinbarung gelten.

Der Aufschlag der Republikaner war gelungen. Sie hatten ansonsten abgehobene Politik mit einer einfachen Masche auf die Lebensrealität der Menschen heruntergebrochen. Mit dem »Contract with America« imitierten sie einfach den Alltag der Amerikaner. Jeder Bürger hat schon Miet- oder Kaufverträge abgeschlossen, die Übung der gegenseitigen Unterschrift ist der Bevölkerung längst in Fleisch und Blut übergegangen. Mit dem Politik-Vertrag nahmen Gingrich und Luntz ihrer Branche den Geruch der Unzuverlässigkeit. Sie setzen massiv auf den Aufbau von Vertrauen – und gewannen. Präsident Clinton erlebte bei den Mid-Term-Elections 1994 seine bitterste Wahlniederlage: Die Demokraten verloren bei der sogenannten »Republikanischen Revolution« allein im Repräsentantenhaus 54 Sitze an die Opposition und in dieser Kammer erstmals seit 40 Jahren die Mehrheit.

Mit Gingrichs Vertrag gelang es den Republikanern, den Eindruck zu erwecken, sie würden am Leben der Menschen tatsächlich teilhaben und ihre Sorgen verstehen. Während die Republikaner 1994 noch versuchten, die Wahlbeteiligung in die Höhe zu treiben, indem sie die Wähler überzeugten, dass auf ihre Partei Verlass sei, ging Barack Obama eineinhalb Jahrzehnte später einen entscheidenden Schritt weiter. Er vermittelte in seiner Kampagne jedem einzelnen Wähler das Gefühl, dass der Wahlkampf der Demokraten ohne seine aktive Mithilfe scheitern müsste. Obamas Strategen setzten bei der Umsetzung dieses Plans auf die Hilfe personalisierter Botschaften: Direktmarketing, vor allem übers Internet, wurde zur schlagkräftigsten medialen Waffe.

Einige Wochen vor der Präsidentschaftswahl machte ein Kurzfilm der Obama-Kampagne die Runde, der die Wahlbeteiligung in die Höhe treiben sollte. Auch der Autor dieser Zeilen bekam folgenden personalisierten Clip:

> **Obama-verliert-Spot**: (Zu sehen ist der Sprecher des – fiktiven – Nachrichtensenders »CNNBC«. Er berichtet in dramatischen Worten von der angeblichen Wahlniederlage Obamas am 4. November 2008:) *Wahlen gehen meistens knapp aus. Doch seit Dienstagabend ist das Land schockiert darüber, dass John McCain mit nur einer Stimme Vorsprung vor Barack Obama siegte.* (Die Kamera zeigt McCain im Konfettiregen vor Anhängern. Der Republikaner ruft:) *Wir haben ihnen gezeigt, wie man ein Comeback startet.* (Zu hören ist nun wieder der Nachrichtensprecher:) *Für viele ist der Schock in Empörung umgeschlagen, seitdem die »New York Times« die Identität des für Obamas Niederlage verantwortlichen Nichtwählers enthüllt hat.* (Eingeblendet wird ein Artikel der Zeitung. Der Titel: »Nichtwähler identifiziert: Thomas Hofer.«) *In wenigen Tagen ist dieser Bürger zu einem landesweiten Außenseiter geworden.* (Eingeblendet wird erst eine Plakatwand, auf die »Thomas=Loser« gepinselt wurde; dann der Eintrag einer Facebook-Gruppe, in der sich zehn Millionen »gegen Hofer« deklariert haben, später ein Veranstaltungszentrum, auf dessen Ankündigungstafel steht: »Alle Kinder Gottes willkommen – bis auf Thomas Hofer«.) *Aus Furcht vor Vergeltungsmaßnahmen wurde der Bürger gestern von der Polizei in Schutzhaft genommen. Verärgerte Wähler demonstrieren seither.* (In einer Straßenumfrage beschimpfen Demonstranten den Nichtwähler.) *Internationale Reaktionen sind nicht weniger heftig – selbst in entlegenen Winkeln der Welt.* (Ins Bild kommt ein Ziegenhirte, der die Sorge äußert, McCain würde demnächst seine Herde bombardieren.) *Allerdings: Für einen kleinen Teil der Bevölkerung ist der Nichtwähler zum Helden geworden.* (Zu sehen sind ein konservativer Talkshow-Host, der den Nichtwähler als Patrioten bezeichnet, und George

> Bush, der sagt:) *Ich danke Ihnen für Ihre Dienste und dafür, was Sie für die Vereinigten Staaten geleistet haben.* (Zum Schluss ist wieder der Sprecher am Wort:) *Gleich im Programm: Wie lange dauert es, bis wir den Iran atomar angreifen? Experten sagen, das könnte schon Samstagmittag passieren.* (Am Ende des Spots steht eine Einblendung: »Thomas, das muss nicht unsere Zukunft sein. Wähle Obama am 4. November. Schick das Video deinen Freunden.«)

Die Aufforderung am Ende des Clips sorgte dafür, dass der Film millionenfach die Runde machte. Wollte man die demokratische Horrorvision des McCain-Triumphs weiterleiten, brauchte man nur die Namen seiner Freunde und deren E-Mail-Adressen anzugeben, und schon waren die nächsten personalisierten Mobilisierungsbotschaften auf dem Weg. Das Wahlkampfwerkzeug Obamas war gleich in mehrfacher Hinsicht interessant: (1) Der Spot war interaktiv und erteilte einen klaren Handlungsauftrag. Der Konsument war so nicht zur Passivität verdammt. (2) Für die Demokraten war der Clip darüber hinaus eine Waffe mit Tarnkappe: Wie bei Direktmarketing-Aktionen üblich wusste die Gegenseite nicht, wer diese Botschaft bekommen hatte und in welchen Kanälen sie darauf reagieren konnte. (3) Durch den personalisierten Zugang war der Emotionalisierungsgrad ungleich höher als bei anonymen Botschaften, die etwa über TV-Spots oder Inserate abgesetzt werden. (4) Anders als bei persönlichen Briefen, die im Postkasten landen und potenzielle Wähler oft in der Freizeit stören, wurde dieser via E-Mail verschickte Clip vorwiegend während der Arbeitszeit konsumiert. Das mochte Arbeitgeber stören – ihre Angestellten allerdings waren gerade dann aber empfänglicher für politische Botschaften. (5) Durch das millionenfache – und noch dazu kostenlose – Verschicken des witzigen Machwerks vergrößerte sich wie von Geisterhand auch die Mailing-Liste der Obama-Anhänger.

Der Haupteffekt war freilich ein anderer: Obamas Helfer vermittelten den unmissverständlichen Eindruck, dass jeder einzelne Unterstützer Gold wert ist. Politische Nähe wurde so nicht mehr als gnädige Zuwendung eines Kandidaten verstanden, sondern über die gesteigerte Motivation der Wähler definiert.

Dieser Zugang zu emotionaler politischer Kommunikation macht die Kampagne des US-Präsidenten bislang einzigartig. In Österreich kommen bislang eher traditionelle Formen der Wähleransprache zum Einsatz. Den Auftakt zum Super-Wahljahr 2010 gestalteten die in Wien und im Burgenland regierenden Sozialdemokraten via Volksbefragungen. In Wien durften die Bürgerinnen und Bürger ihre Meinung zu Kampfhunden, Ganztagsschulen, der City-Maut, der Wiedereinführung von Hausbesorgern und dem 24-Stunden-Betrieb der U-Bahn äußern, die Burgenländer stimmten über ein vom Innenministerium geplantes Asylzentrum ab. Der Trick bei beiden Aktionen: Die rote Wählerbasis sollte auf die bevorstehenden Wahlgänge vorbereitet werden und den Eindruck bekommen, tatsächlich Einfluss auf die Landespolitik ausüben zu können. Vor allem in den 1990er Jahren hatte die FPÖ unter Jörg Haider mit zahlreichen Volksbegehren ähnliche Zwischenwahlkämpfe gestartet.

Der direkte Wählerzugang über soziale Netzwerke im World Wide Web findet in Österreich dagegen nur zögerlich statt. Bisheriges Highlight: Just der knochentrockene Bundespräsident Heinz Fischer verkündete im November 2009 via Videobotschaft seine erneute Kandidatur für das höchste Amt im Staat. Seine Fans im Netz erfuhren die Neuigkeit sogar einige Minuten früher als der Rest der Öffentlichkeit. Ganz wohl fühlte sich der 71-Jährige im modernen Format zwar nicht. Doch das Kalkül hinter Fischers unkonventioneller Form der Ankündigung war auch ein anderes: Erst einmal sollte der Kandidat moderner, frischer und eben auch näher an den Wählern positioniert werden, als es Amt und Alter suggerieren.

Und dann war da auch noch der Trick mit den Medien, den sich Fischer in den USA abgeschaut hatte. Dort verkündet mittlerweile jeder Präsidentschaftskandidat, der etwas auf sich hält, seine Kandidatur via Internet. So zwingt ein Politiker die klassischen Medien in die Zuseherrolle. Sie müssen über die Kandidatur berichten und gleichzeitig auch über das Format der Ankündigung. Den herkömmlichen Medien kommt so auch die Deutungshoheit abhanden. Verkündet ein Kandidat sein Antreten über ein klassisches Medium, muss er sich Nachfragen der Journalisten aussetzen – und verärgert so nebenbei die mediale Konkurrenz. Bei der Verlautbarung via eigene Website und soziale Netzwerke entfällt der Filter der Medien, es gibt den Kandidaten und seine gewünschte Botschaft »pur«. Netter Nebeneffekt: Auch die Website des Kandidaten rückt ins

Zentrum, weil dort echte Neuigkeiten geboten werden. Das schafft Bindung zum Publikum.

Der Ansatz des Direktmarketings kann, geschickt eingesetzt, Kandidaten langfristig vor etwas schützten, das sich nur allzu leicht in den Alltag langgedienter Politiker einschleicht: die Arroganz der Macht. Verlieren Politiker nämlich den Anspruch, ihrer Wählerschaft auch noch nach Jahren möglichst nahe zu sein, passieren selbst ausgebufften Profis mitunter haarsträubende Fehler.

Einer von Wolfgang Schüssels engsten Mitarbeitern etwa verweigerte ÖVP-Kampagnenhelfern im Wahlkampf 2006 unterschriebene Autogrammkarten des damaligen Kanzlers. Damit wolle sich »der Chef« nicht beschäftigen, wurde den freiwilligen Helfern beschieden. Den parteiinternen Mobilisierungsschub würgte das Schüssel-Team so erfolgreich ab. Auch Bruno Kreisky wähnte sich am Zenit seiner politischen Karriere in einer anderen Liga. 1983 kündigte er in einem offensichtlichen Gefühl der politischen Unverwundbarkeit vor den Wahlen ein Bündel von Steuererhöhungen an. Er tat das obendrein von seinem Urlaubsort auf Mallorca aus. Politische »Nähe« schaut anders aus: Kreiskys Mallorca-Paket trug wesentlich zum Verlust der roten Absoluten und zum Rückzug des ehemaligen Sonnenkönigs bei. Der Meister im Einschätzen der öffentlichen Stimmungslage hatte den Kontakt zu den Bürgern verloren.

Wie Politiker Emotionen bekämpfen

Jimmy Carter, US-Präsident der späten 1970er Jahre, scheiterte an einem anderen Problem: Er hatte das Ohr zu nah an der Bevölkerung. Sein Meinungsforscher Patrick Caddell erkundete 1979, ein Jahr vor dem geplanten Wiedereinzug des Demokraten ins Weiße Haus, in tagelangen Fokusgruppen die Stimmungslage in den USA. Sein Fazit: Die Bürger seien extrem schlecht drauf. Was stimmte. Verschiedene internationale Krisen und vor allem die schlechte Wirtschaftslage ließen die Amerikaner ungewöhnlich pessimistisch in die Zukunft blicken.

Für den Strategen eines amtierenden Präsidenten musste dies ein Alarmsignal sein. Caddell reagierte auch. Das Problem war nur, dass er aus seinen aufrüttelnden Forschungsergebnissen die falschen Schlüsse zog. Caddell überzeugte Carter, eine Rede zu halten, in der er die triste Situation verbalisieren und anklagen sollte. Der Präsident willigte ein und hielt nach übereinstimmender Einschätzung vieler Kampagnenexperten eine der schlechtesten Reden des 20. Jahrhunderts.

Carters Worte an die amerikanische Nation gingen als »Malaise-Rede« in die Annalen ein. Caddell hatte die in den Fokusgruppen vorgebrachten Beschwerden und Ängste aufgenommen und ließ seinen Präsidenten diese Stimmungslage wiedergeben. Mehr als das: Carter dramatisierte die Lage in seiner Rede noch. An vielen Stellen geriet seine sommerliche Ansprache zu einem moralinsauren Sermon aus Schwermut und Selbstgeißelung. Carter rechnete in seltener Offenheit mit der Bevölkerung ab.

> **Carter**: *Unsere Nation war einmal stolz auf harte Arbeit, starke Familien, eng zusammenhaltende Gemeinden und den Glauben an Gott. Heute haben sich viel zu viele dem Konsum und der Hemmungslosigkeit verschrieben. Das, was den Menschen ausmacht, wird nicht länger dadurch bestimmt, was er macht, sondern was er besitzt.*

Carter und Caddell vergaßen beim Verfassen der Rede eine der wichtigsten Einsichten der politischen Kommunikation: Wichtig ist nicht so sehr, was man sagt, sondern wie das Gesagte bei den Menschen ankommt. Jeder Redner muss die vorherrschenden Emotionen seines Publikums zum Zeitpunkt der Rede mitbedenken. Sie zu ignorieren heißt, die Kontrolle über die Interpretation des Gesagten zu verlieren. Genau das geschah bei Carter. Die Rede, die wohl als kollektiver Weckruf und Appell zur Besinnung auf die eigentlichen Stärken der USA gedacht war, bewirkte das Gegenteil. Carters Worte verstärkten die allgemeine Depression noch. Die Bevölkerung wendete sich nach der Rede, die ohne Hoffnungselemente oder gar Visionen geblieben war, zunehmend von Carter ab.

Die Wählerinnen und Wähler taten, was Menschen in solchen Situationen zu tun pflegen: Sie suchten nach einem Ausweg aus der Misere. Dieser Ausweg bestand aber nicht – wie Carter gehofft hatte – in der Änderung des eigenen Verhaltens, sondern darin, sich eine neue politische Führungspersönlichkeit anzulachen. Das Ergebnis: Der ehemals als charismatisch gefeierte Demokrat aus dem Süden verlor die Präsidentschaftswahl 1980 gegen die republikanische Frohnatur Ronald Reagan. Der Ex-Schauspieler schaffte es, in den darauffolgenden Jahren einen neuen Optimismus im Land zu verbreiten. Eine von Reagans essenziellen Zutaten für den Umschwung waren aufmunternde, in eine bessere Zukunft gerichtete Reden.

Reagan war diese Übung als Newcomer leichter gefallen als seinem Vorgänger, der in der Bevölkerung als amtierender Präsident auch ursächlich mit der tristen Lage in Verbindung gebracht wurde. Carter scheiterte aber auch an einer der schwierigsten Übungen in der Politik: Vorhandene Stimmungen und Emotionen zu bekämpfen und in eine andere, dem Politiker angenehmere Richtung zu drehen.

Um das zu erreichen, hätte Carter nur das schillerndste Beispiel eines solchen emotionalen Befreiungsschlags unter die Lupe nehmen müssen: das seines Parteikollegen Franklin D. Roosevelt. Der hatte das US-Präsidentenamt inmitten der wirtschaftlichen Depression der 1930er Jahre übernommen. Schon in seiner Angelobungsrede Anfang März 1933 gab der neue Präsident die Marschrichtung vor. Trotz einer tristen und teilweise aussichtslos scheinenden Situation hielt Roosevelt eine vor Optimismus und Zuversicht strotzende Ansprache. Der neu gewählte Präsident zog zwar auch über einige Grundübel in der Gesellschaft – vor allem in der Bankenlandschaft – her und benannte die Gründe für die wirtschaftliche Misere. Doch Roosevelt vergaß nicht, einen klaren Ausweg aufzuzeigen. Seine Rede gipfelte in einem an Montaigne angelehnten Satz: »Das Einzige, was wir zu fürchten haben, ist die Furcht selbst.«

Damit tat der Präsident genau das, was die Voraussetzung für eine emotionale Wende ist: Er beschrieb das herrschende Gefühl, benannte die Gründe dafür und zeigte gleich danach den Weg aus der Malaise. Darauf hatte Carter vergessen. Roosevelt gab den Emotionen in der Bevölkerung ein Ventil. Er attackierte die Gefühle der Menschen, nicht aber, wie später Carter, die Bevölkerung selbst.

Beim Amtsantritt Roosevelts dominierte die Angst, alles Ersparte in einer noch nie gesehenen Bankenkrise zu verlieren. Die Krise der Geldinstitute spitzte sich in den Tagen nach Roosevelts Antrittsrede weiter zu. Doch der Präsident hatte sich einen rigiden Aktionsplan zurechtgelegt. Um einen Ansturm der Sparer auf die Banken und damit die rasche Illiquidität zu verhindern, setzte Roosevelt für einige Tage Bankferien an.

Das war eine Krisenmaßnahme, die auch Gefahrenpotenzial in sich barg, denn das Stimmungsgemisch in der Bevölkerung war explosiv. Würde Roosevelts Schritt falsch interpretiert werden, konnte die Lage auch eskalieren.

Der Präsident blieb cool. Und er erwies sich als echter Meister der medialen Inszenierung. Roosevelt führte ein neues Format im Umgang mit Journalisten ein, die sogenannten »Fireside-Chats«. In diesen Hintergrundgesprächen erklärte er einigen Schlüsseljournalisten regelmäßig die Lage der Nation und jede einzelne seiner Maßnahmen. Hysterie kam in der auf diese Art wohl informierten Medienlandschaft nicht auf. Die Journalisten durften zwar nicht alles schreiben, was ihnen Roosevelt erzählt hatte. Sie wähnten sich aber im innersten Kreis der Informierten und auf Augenhöhe mit dem ersten Mann im Staat. Und auch das Gefühl der Unsicherheit über die Lage der Vereinigten Staaten ließ Roosevelt so unter den medialen Multiplikatoren erst gar nicht aufkommen.

Der Präsident bearbeitete aber nicht nur die Vermittler seiner Botschaften. Er adressierte die Bevölkerung in Radioansprachen auch immer wieder direkt. Roosevelt erklärte die Wurzeln der Krise und seine Schritte zur Bekämpfung derselben in einfachen und leicht verständlichen Worten. Die erste, deeskalierende Ansprache anlässlich der Ausrufung der Bankferien startete er mit folgenden Worten:

> **Roosevelt**: *Meine Freunde, ich möchte mit den Bürgern der Vereinigten Staaten ein paar Minuten über die Banken sprechen – mit jenen wenigen, die das Bankwesen kennen, viel mehr aber noch mit der überwältigenden Mehrheit unter Ihnen, die Banken für Einlagen und Behebungen nutzen. Ich möchte Ihnen erzählen, was wir in den vergangenen Tagen unternommen haben, warum wir das gemacht haben und was die nächsten Schritte sein werden.*

Die Stimme Roosevelts war dabei immer ruhig, der Ton persönlich, fast freundschaftlich. Mit seinen gezielt formulierten Statements verhinderte Roosevelt eine Eskalation. Und langsam, aber sicher drehte er die erst in der Bevölkerung vorherrschenden Angstgefühle in vorsichtigen Optimismus um.

Ein Dreivierteljahrhundert später versuchte einer von Roosevelts

Nachfolgern im Amt ein ähnliches Kunststück. Auch der 44. Präsident der Vereinigten Staaten, Barack Obama, schickte sich inmitten einer Wirtschaftskrise an, die herrschende Stimmungslage in der Bevölkerung zu drehen. Im Mittelpunkt standen dabei einmal mehr die Banken und ihre Chefs. Als Obama Anfang 2009 sein Amt antrat, war die Ablehnung der Banker, ihrer Gehälter und der horrenden Bonuszahlungen an einem Höhepunkt angelangt. Ähnlich wie Roosevelt versuchte sich Obama in seiner ersten Rede vor dem Kongress als innenpolitischer Tranquilizer. No-Drama-Obama wählte dazu den politischen Trick der paradoxen Intervention: Der Präsident setzte scheinbar zu populärem Banken-Bashing an, nur um am Ende das Vorurteil der gierigen Banker zu konterkarieren und einen Nachdenkprozess beim Betrachter auszulösen.

> **Obama**: *In meinem Leben habe ich gelernt, dass Hoffnung oft an unerwarteten Orten zu finden ist. (…) Ich denke an Leonard Abess, einen Bankdirektor aus Miami. Er hat von seinem Unternehmen einen 60-Millionen-Dollar-Bonus bezogen. Dieses Geld hat er dann den 399 Menschen gegeben, die für ihn arbeiteten, und 72 anderen, die das früher getan haben. Er hat das niemandem erzählt. Als es die Lokalzeitung erfahren hat, sagte er bloß: »Ich kenne manche dieser Menschen, seit ich sieben Jahre alt bin. Es hat sich einfach nicht richtig angefühlt, das Geld alleine zu bekommen.«* (Im Kongress brandet Applaus auf. Die Kamera schwenkt auf die Besuchergalerie, wo Abess sitzt und von den um ihn Sitzenden Gratulationen zu seinem Verhalten entgegennimmt.)

Nicht, dass es Obama damit gelungen war, alle Bankdirektoren im Zuge der globalen Finanzkrise zu exkulpieren. Das war wohl auch das Gegenteil dessen, was der Präsident wollte. Nach einem Jahr im Amt verschärfte er die Gangart gegenüber den Banken sogar spürbar. Aber mit seiner Geschichte vom guten Banker von Miami hatte er einen Ton der Differenzierung angeschlagen, der in der aufgeheizten öffentlichen Debatte zum Thema für eine Entschleunigung sorgte.

Das Talent, emotional aufgeheizte Situationen zu beruhigen und dominierende Gefühle gar in ihr Gegenteil zu verkehren, hatte Obama schon als Kandidat fürs Präsidentenamt eindrucksvoll unter Beweis gestellt. Es war im März 2008: Obama hatte im Rennen um das demokratische Präsidentschaftsticket gerade einen respektablen Vorsprung vor Hillary Clinton herausgeholt, als die größte Krise des gesamten Präsidentschaftsrennens über Obama hereinbrach. Jeremiah Wright, Obamas ehemaliger Reverend an der Chicagoer Trinity United Church of Christ, hatte die Medien des Landes in seinen Bann gezogen. Der Grund für das mediale Aufsehen um Obamas religiösen Mentor konnte den Kandidaten allerdings nicht freuen: Der afroamerikanische Mann Gottes hatte gleich in mehreren Interviews die USA frontal attackiert. Die Anschläge vom 11. September 2001 wären, so Wright in seinen Predigten, eine gerechte Strafe für Amerika gewesen. Der Reverend verdächtigte sogar die US-Regierung, das AIDS-Virus gegen Afroamerikaner eingesetzt zu haben. An einer Stelle zeterte Wright: »Gott verdamme Amerika.«

Für die ausgeprägten patriotischen Gefühle der Amerikaner waren solche Aussagen des ehemaligen Obama-Vertrauten natürlich Gift. Die Republikaner und auch Hillary Clintons Kampagnenteam frohlockten. Sie sahen eine Chance, mit ihrer Botschaft, wonach Obama kein »richtiger« Amerikaner und ein schlechter Patriot sei, durchzukommen.

In den Umfragen verlor Obama an Boden, obwohl er sich sofort von den Aussagen seines früheren Reverends distanzierte. In seinem Hauptquartier war Krisenmanagement angesagt. Sein Kampagnenmanager David Plouffe berichtet in seinem Buch »The Audacity to Win« vom für die Bewältigung der Wright-Krise entscheidenden Telefongespräch mit Obama. Plouffe: »Obama sagte, er wüsste wohl, dass ich anderer Meinung sei. Aber er wollte eine große Rede zu Wright und dem Thema der Rassendiskriminierung in den USA halten.«

Der Ansatz, den Obama wählen wollte, war gefährlich. Denn konnte der afroamerikanische Kandidat nicht den letzten Zweifel an seinem Patriotismus ausräumen und passierte ihm auch nur der geringste Ausrutscher in der Bewertung des Verhältnisses zwischen Schwarzen und Weißen in den USA, konnte das auch das Ende seiner Favoritenrolle im Rennen ums Präsidentschaftsticket bedeuten.

Doch Obama setzte sich gegen die anfängliche Skepsis seiner Berater durch und machte auch in der Folge alles richtig. Der spätere Präsident gab die inhaltlich bedeutendste Rede seiner Kandidatur auf historischem Boden in Philadelphia. Obama distanzierte sich nicht nur glaubwürdig von Wrights Kommentaren, er sprach auch die nach wie vor bestehenden Konflikte zwischen Amerikanern unterschiedlicher Hautfarbe an. Er selbst, so der Sohn einer weißen Mutter und eines schwarzen Vaters, sei den einen nicht dunkel-, den anderen nicht hellhäutig genug. Mit einer bemerkenswerten rhetorischen Volte löste der Kandidat schließlich den in den Medien seit Tagen dominierenden Konflikt auf.

> **Obama**: *Reverend Wrights Kommentare sind nicht nur falsch, sie trennen uns gerade jetzt, wo wir Einigkeit brauchen. (…) Doch so unvollkommen er auch sein mag, er war wie ein Teil meiner Familie. Er hat meinen Glauben gestärkt, mich verheiratet, meine Kinder getauft. (…) Ich kann ihn genauso wenig verleugnen wie die afroamerikanische Gemeinschaft. Ich kann ihn genauso wenig verleugnen wie meine weiße Großmutter. Eine Frau, die geholfen hat, mich großzuziehen. Eine Frau, die sich immer wieder für mich aufgeopfert hat. Eine Frau, die mich über alles in der Welt liebte, die mir aber auch gestanden hat, dass sie sich vor schwarzen Männern auf der Straße fürchtet. Sie hat mehr als nur einmal rassistische Vorurteile geäußert, die mich erschaudern ließen. Doch diese Menschen sind ein Teil von mir. Und sie sind ein Teil Amerikas, des Landes, das ich liebe.*

Mit der Anspielung auf seine Großmutter gelang Obama der gewünschte Befreiungsschlag. Der Kandidat hatte existierende Beispiele für weißen und schwarzen Rassismus gebracht, sich von beidem distanziert, aber auch die menschliche Dimension des Themas nicht geleugnet. Obamas »Race-Speech« erhielt fast durchwegs hymnische Bewertungen in den Massenmedien. Wie er das überaus emotionsgeladene Thema der Rassendiskriminierung in den USA angesprochen hatte, rang sogar konservativen Kommentatoren Respekt ab.

Dem Präsidentschaftskandidaten war es nicht nur gelungen, die in der Wählerschaft aufkeimenden Unsicherheiten über seinen Patriotismus und sein Verhältnis zu Wright zu beseitigen. Er hatte die für seine Kampagne potenziell gefährlichen Emotionen der Spaltung mit einer einzigen Rede gewandelt. Der offensive Umgang mit dem Thema hatte Obama Sympathien auf beiden Seiten gebracht. Aus der jeweiligen Anklage der Gegenseite hatte der Redner ein neues Gemeinschaftsgefühl gebastelt, das alle im selben Boot sah. Die Skepsis über seine Überzeugungen war der Sicherheit gewichen, dass gerade dieser aus beiden Welten stammende Kandidat das leidige Thema Rassismus für die Vereinigten Staaten endlich hinter sich lassen konnte. Mit seiner »Race-Speech« hatte Obama eine dominierende Emotion erfolgreich bekämpft und daraus sogar noch politisches Kapital geschlagen.

DIE GESCHICHTEN-ERZÄHLER

Wer nicht über Geschichten kommuniziert, kommuniziert nicht.
Man kann eine Reihe von Fakten darlegen – und viele mögen sogar wichtig sein –, doch die Chancen, dass sich das Publikum an sie erinnert oder von ihnen gar bewegt wird, sind gleich null.

James Carville und Paul Begala, Berater von Ex-US-Präsident Bill Clinton

Meistererzählungen in der Politik

Der Mann wusste, was eine gute Geschichte ausmachte. Ronald Reagan, US-Präsident von 1981 bis 1989, hatte von der Pike auf gelernt, wie ein fesselnder Plot auszusehen hat. Bevor Reagan ins Polit-Business wechselte, hatte er schon als Schauspieler Karriere gemacht. Der Präsident brauchte nur ein paar Zutaten, um politische Inhalte gut aufbereiten zu können: einmal einen Bösewicht samt Verbrechen, dann ein Opfer und dessen Leiden – und schließlich den Helden, der alles in Wohlgefallen auflösen sollte. Der Auftakt einer unterhaltsamen Reagan-Story hörte sich dann etwa so an:

> *Sie hat 80 Namen, 30 Adressen, kassiert die Vorteile von zwölf Sozialversicherungskarten und sie holt sich Kriegsrenten von vier verblichenen Ehegatten, die es in Wahrheit nie gegeben hat.*

Später behauptete Reagan noch, die Dame hätte sich mit den derart erschlichenen 150.000 Dollar einen »Sozialhilfe-Cadillac« gekauft. Die Fakten zu dieser Skandal-Story stimmten zwar nicht, zumindest konnte kein Journalist die Dame mit den 80 Namen und 30 Adressen je ausfindig machen. Doch sein politisches Ziel hatte der Republikaner erreicht: Das ganze Land diskutierte über die von ihm beschriebene sogenannte »Welfare Queen«. Reagans Berater Lee Atwater hatte diesen eingängigen Terminus für eine Sozialhilfebetrügerin in den 1970er Jahren erdacht. Bis heute hat er sich in der amerikanischen Politiklandschaft gehalten.

Der Inhalt der Geschichte war einfach zu gut. Die Rollenverteilung war ebenfalls klar: Die »Welfare Queen« war Täterin, ihr Verbrechen bestand darin, den Staat auszubeuten und Gelder en masse und noch dazu ohne jede Legitimation zu kassieren. Die Opfer in Reagans Geschichte waren natürlich die Steuerzahler, denn auf ihre Kosten spielte sich der Betrug ab. Ihr Leiden bestand in viel zu hohen und – sah man die Profiteure des Systems in Reagans Sinn – ungerechtfertigten Sozialhilfeleistungen. Fehlten nur noch die Helden der Geschichte: Reagan und seine republikanische Partei.

Der Ex-Schauspieler profitierte von seiner Meistererzählung. Reagan dominierte mit seinem Thema nicht nur über Jahre die innenpolitischen

Diskussionen in den Medien. Im Präsidentschaftsrennen 1980 baute er auf der schon bekannten Geschichte auf und schuf sich einen zusätzlichen Bösewicht: Das war die demokratische Regierung, die Sozialschmarotzer angeblich nach Kräften förderte. Am Ende feierte Reagan einen Erdrutschsieg gegen einen auch nach zahlreichen Eigenfehlern schwer in den Seilen hängenden Demokraten Jimmy Carter.

Hinter der Reagan-Geschichte um den Sozialhilfebetrug verbarg sich mit dem Steuersenkungsprogramm der Republikaner eine breitere politische Agenda. Dafür musste thematisch aber erst einmal die Saat ausgestreut werden. Viele Politiker versuchen das zu bewerkstelligen, indem sie – wie auch im vorangegangenen Kapitel gezeigt – Zahlen, Daten und Fakten in die Arena werfen und auf die rationale Analysefähigkeit der Wähler warten. Auf die nötige emotionale Vermittlung vergessen viele und wundern sich dann, warum ihre Geschichte in den Medien nicht den gewünschten Widerhall findet.

Ex-Außenministerin Ursula Plassnik reagierte einmal recht unwirsch, als sich eine Journalistin nach den Gründen für das schlechte Image der EU in Österreich erkundigte. Sie hätte, so die Ministerin, Informationsmaterial zuhauf produzieren lassen, es müsse nur abgeholt werden. Plassniks Ansatz konnte nicht aufgehen: Politische Kommunikation muss von Politikerseite immer als Bring- und nicht als Holschuld definiert werden.

Ronald Reagan akzeptierte diesen Leitsatz. Sein Steuersenkungs-Postulat verpackte er mundgerecht und leicht verdaulich in eine Geschichte, die wohl jedem amerikanischen Bürger unter die Haut gehen musste. Auch wenn die Fakten massiv übertrieben waren, jeder in den USA hatte schon von Sozialhilfebetrug gelesen. Reagans Geschichte fiel also auf fruchtbaren Boden und bestätigte so manch gehegtes Vorurteil. Mit dem Neid-Narrativ um die geldsaugende »Welfare Queen« schaffte er dann den Durchbruch. Der Handlungsstrang seiner Erzählung wurde zum politischen Allgemeingut, Reagan hatte es geschafft, sich mit einer simplen Geschichte in die Köpfe der Wählerinnen und Wähler zu spielen.

Fragen amerikanische Meinungsforscher heute nach dem Image von »Welfare«, so stoßen sie bei vielen Interviewpartnern auf wenig Gegenliebe. Die Zahl der Amerikaner, die die Sozialhilfe für überdimensioniert erachten, ist doppelt so hoch wie jene, die das Gegenteil behaupten. Verwenden die Forscher allerdings einen anderen Begriff und erkundigen sich, ob in den USA genug Geld zur Bekämpfung von Armut ausgegeben wird, sind zwei Drittel der Befragten plötzlich auf Seiten der Sozialhilfeempfänger.

Reagan schaffte es mit seiner Geschichte, den Begriff »Welfare« nachhaltig zu beschädigen. Er hatte dem gängigen Konzept der Sozialhilfe seine Interpretation übergestülpt und es damit für die weitere politische Debatte definiert.

Auf einen ähnlichen Weg wie Reagan mit seiner »Welfare Queen« begab sich 2009 die Volkspartei in Österreich. Mit dem von ihr lancierten »Transferkonto« präsentierte auch sie eine zwar abgeschwächte, aber doch von der Ausrichtung her ähnliche Story wie der Ex-US-Präsident. Die Geschichte der ÖVP: In Österreich kann es vorkommen, dass angeblich Bedürftige so viele Sozialleistungen anhäufen, dass sie am Ende deutlich besser verdienen als so mancher hart arbeitende mittlere Einkommensbezieher. Auch in diesem Fall dominiert das Gefühl der Ungerechtigkeit die politische Story. Von ihrer Grundstruktur ist sie wie das biblische »Gleichnis vom verlorenen Sohn« angelegt: Ein Sohn (= der Sozialhilfeempfänger) bringt zwar nicht die von ihm erwartete Leistung, wird vom Vater (= der Staat) aber reich beschenkt. Das freilich ärgert den zweiten Sohn (= der Steuerzahler), denn er hat seine familiäre Rolle immer vorbildlich gelebt.

Die Absicht hinter der ÖVP-Story ist wie bei Reagan das Anzetteln einer neuen Verteilungsdebatte. Im Fokus steht für die Strategen der Volkspartei dabei der lange zwischen mehreren Parteien umstrittene Mittelstand. Dessen Zuneigung will sich die ÖVP mit ihrer Meistererzählung von der in Österreich herrschenden Ungerechtigkeit auf Dauer sichern.

Was aber ist nun die Meistererzählung eines Politikers, was ist ein politisches Narrativ? Der amerikanische Linguist George Lakoff versteht unter »Narrativen« komplexe kognitive Strukturen, die die Grundlage unseres Denkens bilden. Einfach ausgedrückt: Jeder Mensch wird mit Hilfe von Geschichten – seien es nun Märchen oder stilisierte Alltagssituationen – sozialisiert. Wir lernen gesellschaftliche Abläufe anhand solcher Erzählungen und Abläufe, mit ihrer Unterstützung fällt es uns leichter, die komplexen Vorgänge in der Welt einzuordnen. Die Geschichten werden wie beim beschriebenen »Gleichnis vom verlorenen Sohn« schon im Kindesalter auf die menschliche Festplatte gebrannt und so zu Denkmustern. Wird eine Person später mit einem neuen Sachverhalt konfrontiert, sucht sie (unbewusst) erst nach diesen bereits vorhandenen Rahmenhandlungen, um das Ereignis in der richtigen inneren Schublade abzulegen.

Genauso wie es einen »idealen« Ablauf eines Verbrechens und seiner Tilgung mit der am Fall Reagan beschriebenen Zuteilung der Rollen in Opfer, Täter und Helden gibt, bestehen viele andere jedem Einzelnen geläufige Rahmenhandlungen. Es gibt ein Idealbild für den Kauf eines Autos. Genauso existiert ein geübter Ablauf für einen Arztbesuch. Jeder Akteur hat dabei eine Rolle zu spielen. In der Schule etwa gibt es Lehrer und Schüler und die ihnen jeweils zugeschriebenen Aufgaben: Der Lehrer unterrichtet und vergibt Noten. Mit ihrer Hilfe bestraft oder belohnt er die Schüler. Die wiederum lassen sich, je nach Verhalten, in Fleißige und Faule, oder aber auch in Streber und Unangepasste unterteilen. Ins Wanken gerät das Narrativ nur dann, wenn es eine unnatürliche Rollenverteilung gibt, wenn also plötzlich ein Schüler dozierend an der Tafel steht und strafend in eine Klasse voller überforderter Lehrer blickt. Künstler spielen von Berufs wegen mit solchen Brüchen bestehender gesellschaftlicher Rahmen und Konventionen.

Passt nun ein neuer politischer Sachverhalt in den eingeübten Lehrer-Schüler-Rahmen, ist die Rollenverteilung fast zwingend. Setzt der österreichische Finanzminister Josef Pröll, wie 2009 geschehen, den maroden Gebietskrankenkassen der neun Bundesländer konkrete Einsparungsziele, dann übernimmt er die Rolle des Lehrers. Die Kassen müssen ihre Kosten runterfahren, um diese Vorgaben zu erreichen. Tun sie das, bekommen sie zusätzliche Finanzmittel. Erreichen sie die Ziele nicht, werden sie bestraft. In dem Fall gibt es kein Geld und sie bleiben im übertragenen Sinn »sitzen«. Wenn sich der Finanzminister mit der von ihm definierten Rahmenhandlung, seinem Lehrer-Schüler-Narrativ, durchsetzt, hat er auch gute Chancen, die mediale Debatte zu bestimmen. Die Krankenkassen dagegen müssen am Aufbrechen der ministeriellen Deutung arbeiten, um nicht als Sitzenbleiber auch in der Öffentlichkeit das Bummerl einzufangen.

Schlaue Politiker wissen um die Wirkungsweise politischer Narrative. Sie wissen auch, dass sie Geschichten liefern müssen, um beim Publikum überhaupt Gehör zu finden. In einer Zeit des informativen Überflusses und der medialen Kanalvielfalt wird es für politische Akteure immer schwieriger, sich im Nachrichtendschungel bis zum Wähler durchzuschlagen.

Politische Kommunikatoren müssen außerdem gegen ein Aufmerksamkeitsgefälle in der Bevölkerung ankämpfen. Grob gesprochen gibt es vier Ebenen des Politikinteresses: An der Spitze steht rund ein Prozent der Bevölkerung. In diese Gruppe gehören im weitesten Sinn politische Entscheidungsträger und Menschen, die aktiv Einfluss auf Politiker und Spitzenbeamte ausüben. Auf der zweiten Stufe der Involvierung finden sich die klassischen »Opinion Leader«, jene zehn bis 15 Prozent der Menschen, die in bestimmten Teilsegmenten der Bevölkerung Meinung machen. Diese Akteure sind genau über die politischen Ereignisse informiert. Rund ein Viertel bis ein Drittel der Bürgerinnen und Bürger kann als »politisch interessiert« betrachtet werden: Sie verfolgen die Tagespolitik zwar nicht wie die Polit-Junkies an der Spitze, wissen aber über die relevanten Themen Bescheid und können die wesentlichen politischen Player zuordnen. Für rund die Hälfte der Bevölkerung – Tendenz steigend – trifft das nur sehr eingeschränkt zu. Sie schert sich außer zu politischen Kristallisationspunkten, wie knapp vor Nationalratswahlen, kaum bis gar nicht um Politik. In den USA sind die Relationen noch einmal massiv zu Gunsten der Desinteressierten verschoben.

Bei diesen Menschen Gehör zu finden, ist eine der schwierigsten Aufgaben in der Politik. Um überhaupt eine Chance zu haben, machen sich Politiker die Logik der Medien zunutze. Vor allem für das Fernsehen gilt nämlich: Um vom Publikum angenommen zu werden, muss eine gute Geschichte gewissen Kriterien folgen. Diese Parameter sind in Spielfilmen, Serien und Unterhaltungsshows genauso zu finden wie in spannend aufbereiteten Nachrichtensendungen. Die vier Grundelemente einer guten Medienstory sind folgende:

1. **Der Wettkampf**. Medien und gute Politiker inszenieren oft ein Kopf-an-Kopf-Rennen, ein Duell, ein Match oder einen Schlagabtausch rund um anstehende politische Entscheidungen. Mit Metaphern und Vergleichen etwa aus der Welt des Sports wird Spannung aufgebaut: Eine Partei hat dann »gepunktet«, ist in der Wählergunst um »die Nasenlänge« vorn oder landet »weit abgeschlagen« im Feld.

Dasselbe Prinzip findet sich in jedem guten Film und jeder Serie, die den Piloten oder gar die erste Staffel überleben will. Auch hier treten Akteure zueinander in Konkurrenz und versuchen, am Ende als Sieger vom Platz zu gehen.

2. **Das Schicksal**. Im gleichen Maß bestimmen die Pole Glück und Unglück mediale Geschichten. Das Schicksal von Menschen ist das, was das Publikum interessiert. Die Geschichte vom Tellerwäscher, der zum Millionär aufsteigt, besitzt genauso seine Reize wie jene vom umjubelten Star, der hart auf dem Boden der Realität landet. In diesen Geschichten sieht sich Otto Normalverbraucher immer auch selbst. Während er sich beim gestrandeten Promi in seiner gesellschaftlichen Rolle bestätigt fühlt, lebt er beim sozialen Aufstieg des Protagonisten seine Kindheitsträume aus. In der Politik ist das nicht anders: Der aufgehende Stern Barack Obama war 2008 die Weltsensation. Nach wenigen Monaten im Amt wollten ihn aber auch schon wieder viele scheitern sehen.

3. **Die Verschwörung**. Die Abgründe der menschlichen Seele machen nicht nur Krimis zum Ereignis. Kaum ein Politthriller kommt ohne integriertes Komplott überhaupt erst an die Kinokassen. Fallen allerdings geheimnisumwitterte Reizwörter wie Freimaurer oder Rosenkreuzer, ist der Grundstein für den Megaseller gelegt. Ähnliche Muster finden sich auch in der politischen Realität. Hier muss bei jedem Ereignis nach dem großen Masterplan dahinter gefahndet werden. Die geheimen Absichten der politischen Akteure sind dann meist berichtenswerter als das Ereignis selbst. Klar spielen aber auch die Parteien mit Vorliebe auf dieser Orgel: Ein Jörg Haider etwa witterte zeit seiner Karriere hinter jedem noch so unbedeutenden Thema die große Weltverschwörung – und inszenierte diese dann erfolgreich als politischen Skandal.

4. **Die Show**. Wieder darf der ehemalige Kärntner Landeshauptmann als Beispiel herhalten. Das österreichische Polit-Chamäleon Haider wechselte nicht nur während des Villacher Faschings die Rollen wie die Unterwäsche. In Wahlkampfzeiten änderte er gleich mehrmals

täglich das Outfit, um sich seinem jeweiligen Publikum anzupassen. Seine Inszenierungen waren fast unüberschaubar: Haider fuhr Porsche und mimte den Aufsteiger, Haider hing am Bungee-Seil und war der Teufelskerl, Haider sang im Kärntneranzug melancholische Volkslieder und gab den Heimatverbundenen. Show gehört nicht nur in der Unterhaltungsbranche zum Geschäft. Und während sich die Politikelemente des Wählens und Hinaus-Wählens bei »Dancing Stars« oder »Big Brother« finden, ist die Ähnlichkeit politischer Erzählungen mit medialen Stunts ebenso unübersehbar.

Nicht jede gute Politgeschichte muss alle vier dieser Elemente aufweisen. Die meisten allerdings haben zwei oder drei mit an Bord. Mit einer professionell aufbereiteten Geschichte lässt sich Politik für die Parteien leichter symbolisch vermitteln. Die Etablierung ihrer gewünschten Meistererzählung kreist dabei immer um die zentrale Frage: Warum ist unser Kandidat gerade jetzt der Richtige?

Zehn Narrative der Macht

In den USA nutzte Ronald Reagan zu Beginn der 1980er Jahre den in der Bevölkerung vorherrschenden Wunsch, dem Präsidentenamt wieder mehr Führungskraft und Optimismus zu verleihen. George W. Bush wollte nach der zwar wirtschaftlich erfolgreichen, aber für viele Amerikaner moralisch bedenklichen Amtszeit Bill Clintons wieder Werte im Weißen Haus etablieren. Am Ende seiner achtjährigen Amtszeit hatte sich das Bild wieder gedreht. Der Weltverbesserer Barack Obama trat an, um endlich die kriegstreibenden republikanischen Falken loszuwerden. Der Plot der Befreiung vom Tyrannen wurde auch schon in Österreich erfolgreich etabliert: etwa 2006, als SPÖ-Chef Alfred Gusenbauer den als sozial kalt gebrandmarkten ÖVP-Kanzler Wolfgang Schüssel entthronte.

Evident ist eines: Politische Auseinandersetzungen kreisen immer wieder um dieselben Meister-Narrative. Werden politische Erzählungen konsequent über Wahlkämpfe oder besser ganze Legislaturperioden gezogen, erweisen sich einige davon als in der Praxis besonders erfolgreich.

1. Vom Kampf Gut gegen Böse

Wer in einem Wahlkampf kein klares Gegensatzpaar aufbauen kann, hat meist schon verloren. Politische Werbung funktioniert anders als kommerzielle Werbung: Sie fokussiert auf einen einzigen Tag der Entscheidung und es kann immer nur ein »Produkt« gekauft werden. Den Gegner zu attackieren und in den Augen der Wähler madig zu machen, liegt also in der Natur politischer Werbung. Die beste Geschichte, das Ur-Narrativ der Politik, ist daher der Kampf Gut gegen Böse. Während Hollywoods Blockbuster selten ohne diese dramaturgische Zuspitzung auskommen, ist das in der Politik de facto nie der Fall. Manche Politiker machen diese Auseinandersetzung sogar zum Inhalt ihrer politischen Karriere. Die britische Langzeit-Premierministerin Margaret Thatcher antwortete auf die Frage nach dem Grund, warum sie Politikerin geworden war, Folgendes:

> **Thatcher**: *Ich bin in der Politik, weil es einen Kampf Gut gegen Böse gibt. Und ich glaube, dass das Gute am Ende gewinnt.*

Im Fall der erzkonservativen britischen Regierungschefin waren die Rollen klar verteilt. Auf der internationalen Bühne war in den 1980er Jahren, also noch mitten im Kalten Krieg, der kommunistische Osten das Reich der Finsternis und der Westen – unter der Führung Reagans und Thatchers – der Hüter des Lichts. In Großbritannien selbst wiederum sammelte sich alles Übel laut Thatcher in der oppositionellen Labour Party.

Thatchers Zuspitzung mag übertrieben erscheinen. Doch schon die in Kampagnen gebräuchliche Gegenüberstellung politischer Gegenspieler in der Botschafts-Box (siehe Kapitel »Woher Politiker wissen, was sie sagen müssen«) ist nichts anderes als eine detaillierte Rollenbeschreibung von Protagonist und Antagonist.

Die beiden Pole prallen in der Politik laufend aufeinander. Die Parteien haben quer durch alle ideologischen Lager auch ein Interesse daran. Die FPÖ hat es in Österreich in dieser Kategorie zu einer besonderen Meisterschaft gebracht: Sie definiert nicht nur politische Gegner, sondern auch Gruppen wie neue Zuwanderer oder Angehörige anderer Religionen als einer christlichen als Teil des Übels. Umgekehrt wurde vom politischen Gegner natürlich auch die FPÖ, erst unter Jörg Haider, dann unter Heinz-Christian Strache, zum Gottseibeiuns der innenpolitischen Landschaft hochstilisiert. Die Absicht dahinter ist klar: Vor allem rote und grüne Wahlstrategen bauen auf einen Mobilisierungsschub in den eigenen Reihen, wenn sie das blaue Feindbild nur konturiert genug zeichnen.

Die Gegensatzpaare werden, wie im vorangegangenen Kapitel gezeigt, am besten mit Werten und Gefühlen aufgeladen. In logischer Fortsetzung seines Beispiels von der »Welfare Queen« definierte Ronald Reagan den Kampf Gut (= Republikaner) gegen Böse (= Demokraten) so:

> **Reagan**: *Sie* (die Demokraten, Anm.) *werden kleinen Unternehmen, den Bauern und arbeitenden Familien immer höhere Steuern aufbrummen. Sie werden die Bürokratie auf Kosten der Menschen weiter aufblähen. Man könnte sagen, sie werden Geld ausgeben wie betrunkene Seeleute. Doch das wäre diesen gegenüber nicht fair.*
> *Wir dagegen glauben an die Einzigartigkeit des Individuums. Wir glauben an die Heiligkeit des menschlichen Lebens. (…) Wir haben weniger die Wahl zwischen links und rechts, es geht vielmehr darum, ob es auf- oder abwärts geht. Abwärts mit dem Sozialhilfestaat und hin zum Etatismus, zu mehr Staatsausgaben und Staatsmacht, zu weniger individueller Freiheit und schließlich zum Totalitarismus. Die Alternative ist der Traum unserer Gründerväter: Aufwärts bis zur ultimativen Freiheit des Individuums in Einklang mit einer geordneten Gesellschaft. Am 4. Juli feiern wir nicht den Abhängigkeitstag. Wir feiern den Unabhängigkeitstag.*
> **Publikum**: *USA! USA! USA!*

Der Präsident hatte die Rollen wie in einem seiner früheren Western verteilt. Die bösen Demokraten wollten in seiner Darstellung letztlich die Versklavung der Amerikaner erreichen. Allein er als oberster Sheriff des Landes konnte das verhindern und die Werte der Freiheit und Unabhängigkeit sicherstellen.

Eine besondere Ausprägung der Gut-gegen-Böse-Story ist das persönliche Helden-Narrativ: Ursächlich auf die Geschichte des Politikers aufbauend, verleiht es dem Kandidaten zusätzliches moralisches Gewicht. Der amerikanische Nachkriegspräsident Dwight D. Eisenhower war während des Zweiten Weltkriegs Oberbefehlshaber der Streitkräfte der Alliierten in Europa – und natürlich nutzte er diesen Heldenstatus in seinen Wahlkämpfen. Er war gegen Angriffe der Demokraten nachgerade immun. In Österreich bezog Nachkriegskanzler Leopold Figl Autorität auch aus seiner KZ-Gefangenschaft während des Krieges.

2. Allein gegen die Mafia

Einen Spezialfall des Kampfes Gut gegen Böse stellt die Mafia-Erzählung dar. Sie wurzelt sehr stark in politischen Verschwörungstheorien und wird meist von Kandidaten angewandt, die wenig Ressourcen oder kein Parteiestablishment hinter sich haben. Sie sind oft Außenseiter und treten gegen das gesamte politische System an. Der für sie naheliegende politische Spin geht so: Als einzig Unabhängiger im Rennen wird der Kandidat von allen relevanten politischen Kräften verfolgt. Berichten Medien kritisch über ihn, sind sie natürlich von der herrschenden Klasse instrumentalisiert, wenn nicht überhaupt gekauft. Der Kandidat soll mit allen Mitteln mundtot gemacht werden, weil er verfilzte Strukturen und Machtmissbrauch endlich aufdecken will. So wird er zur großen Gefahr für die politische Mafia des Landes. Sie weiß: Er allein hat das Wohl der Bevölkerung im Sinn. Für sie geht er in einen aussichtslosen Kampf, den er eigentlich nicht gewinnen kann.

Beispiele für dieses erfolgversprechende Narrativ sind zahlreich: An der linken Flanke ist der Grüne Peter Pilz seit Jahren politischen Komplotten auf der Spur. Der Aufdecker inszeniert sich gerne als Einzelkämpfer und wurde dafür auch schon in der eigenen Partei angefeindet. Im politisch rechten Spektrum ist der Zug zur Verschwörungstheorie freilich noch weiter verbreitet: Jörg Haider stellte seine Karriere von Anbeginn unter das Motto der Auflehnung gegen das Establishment. Der rot-schwarze Proporz, der generelle Parteienfilz und die geifernden Medien – all das waren Elemente der Verschwörungstheorie des Dritten Lagers unter Haider. Am Höhepunkt seiner systemkritischen Kampagne wollte Haider sogar seine eigene Partei in eine »Bewegung« umbauen. In seiner »F« sollte nichts mehr an den von ihm viel kritisierten Parteienstaat erinnern, deshalb flog sogar das »P« vorübergehend aus dem Parteikürzel.

Auch Haiders Nachfolger an der Spitze der FPÖ legen die Sache ähnlich systemkritisch, wenn auch nicht ganz so konfrontativ gegenüber der

Medienlandschaft an. Die Vorarlberger Variante im Kampf gegen die angeblich dominierende organisierte politische Kriminalität, vor allem in Europa, verkörpert seit vielen Jahren Hans-Peter Martin. Auch der Ende der 1990er Jahre einmalig für die SPÖ, seither allerdings als unabhängiger Kandidat antretende Europaparlamentarier wittert gerne und häufig Skandale in allen möglichen und unmöglichen Gremien der EU – vor allem dann, wenn es in Richtung seiner Wiederwahl geht. Dabei reüssierte er bereits zweimal mit der Unterstützung ausgewählter Massenblätter. Mit Hilfe der »Kronenzeitung« und einem ihr gefälligen Anti-EU-Kurs konnte Martins Liste 2009 sensationelle 17,7 Prozent der Wählerstimmen einfahren.

In den USA sind Einzelkämpfer wegen des dominierenden Zwei-Parteien-Systems seltener. Doch auch hier gibt es die politischen Kammerjäger: 1992 sorgte etwa der Milliardär Ross Perot in der Auseinandersetzung zwischen George Bush senior und Bill Clinton für Furore. Mit fast 20 Millionen Stimmen und knapp 19 Prozent Wähleranteil war sein Abschneiden mehr als respektabel. Mit einer disziplinierteren Kampagne wäre noch mehr möglich gewesen. Perot zeigte, dass Anti-Establishment-Kandidaten vor allem in Zeiten hoher Politik(er)verdrossenheit Hochkonjunktur haben.

Diesen Umstand machte sich auch Barack Obama 2008 zunutze. Er inszenierte sich trotz seiner demokratischen Parteizugehörigkeit als unabhängig. Seine Verschwörungstheorien gegenüber dem politischen Establishment waren zwar weniger ausgeprägt, doch auch der Hoffnungskandidat tischte zur Stärkung seiner Botschaft die eine oder andere Sündenbock-Erzählung auf. Die zahlreichen Lobbyisten in Washington wurden in Obamas Reden immer wieder als die an verschiedensten Miseren Schuldigen dargestellt. Während etwa die FPÖ in Österreich immer wieder zu harschen Sprachbildern wie dem »Ausmisten des Augiasstalls« griff, gab sich Obama zurückhaltender. Aber auch er machte recht eindeutig gegen die herrschende Klasse in der Hauptstadt Washington mobil. Im Gegensatz zu betont negativen Systemkritikern positionierte er sich allerdings als positiver Populist und stellte mehr seine Vision der Zukunft denn die verkommenen Strukturen der Gegenwart in den Vordergrund.

Eine weniger erfolgversprechende Sub-Kategorie der Verschwörungsgeschichte wählte das BZÖ Ende 2009. Als die Führung der Kärntner Landespartei beschloss, nach der Trennung 2005 wieder zur FPÖ überzulaufen, wälzten die verbliebenen Orangen Verschwörungstheorien. Erst vermuteten sie die ÖVP als Mastermind hinter der Teil-Wiedervereinigung im Dritten Lager. Dann versteiften sie sich auf eine andere Interpretation der Ereignisse: Parteichef Josef Bucher bemühte das politische Opfer-Narrativ.

Dabei werden zwar wie bei der Mafia-Erzählung andere klar als Täter identifiziert, selbst allerdings begibt man sich in die Rolle des bemitleidenswerten Opfers. Bucher nannte die Aktionen seiner Kärntner Ex-Parteifreunde »Putsch« und beschwerte sich über angebliche »Gestapoähnliche« Methoden. Die Dramatisierung des eigenen Leids hat in der Politik nur einen gewaltigen Nachteil: Der Ankläger begibt sich in eine Position der Schwäche, politische Führung wird ihm nicht mehr zugetraut. Dem Opfer wird zwar vielleicht kurzfristig Mitleid entgegengebracht. Gewählt aber werden Helden, also jene, die das Opfer im letzten Moment aus seiner misslichen Lage befreien.

3. Der Retter ist da

Unter US-Politikberatern gibt es das Diktum, dass eine gute politische Geschichte in ein Kinderbuch passen muss, um erfolgreich zu sein. Die österreichische Partei, die diesen Leitsatz professionell in die Tat umgesetzt hat, ist die FPÖ. Am Höhepunkt der Diskussionen um die Zustimmung zum EU-Vertrag von Lissabon flatterte Tausenden Jugendlichen blaue Post ins Haus: Die freiheitlichen Strategen hatten einen Comic produziert, in dem Parteichef Heinz-Christian Strache gleich in doppelter Heldenrolle erschien: Da ist einmal »HC«, jugendlicher Lordsiegelbewahrer des idyllischen »blauen Planeten«, der sich standhaft gegen die Unterzeichnung des Lissabon-Vertrags stemmt. Um sich ein Bild von den Auswirkungen des »Knebelvertrags« zu machen, besucht er mit einem hippen Raumschiff sein revolutionäres Alter Ego »Stra-Che«. Der leistet den im Comic als Schweine dargestellten EU-Bonzen vom »Zentralplaneten« auf dem bereits unterjochten »grauen Planeten« hinhaltend Widerstand. Sein Planet hat den Vertrag unterschrieben und ist seither im Chaos versunken. Überall lungern Kriminelle auf den Straßen, und das Stadtbild ist von Moscheen bestimmt, sogar über dem Wiener Stephansdom prangt der Halbmond. Doch da gibt es einen, der Hoffnung macht: Stra-Che bereitet im Untergrund die Befreiung des geknechteten Planeten vor.

Die beiden Visionen des Planeten Österreich – einmal vor, einmal nach Inkrafttreten des Vertrages – waren geschickt auf das Konsumverhalten von Jugendlichen und Erstwählern abgestimmt. Der Comic kam mit einfachen Dialogen aus, etwa in der Begegnungsszene zwischen HC und Stra-Che:

> **HC**: *Servus und Grüß Gott, HC mein Name!*
> **Stra-Che**: *Psst. »Grüß Gott« kommt nicht mehr so gut, seit wir umgevolkt wurden. Jetzt sind wir eigentlich die Minderheit. (…)*
> **HC**: *Wir sind auf »Fäkt-Finding-Misch'n« in Sachen Reformvertrag. Der Zentralplanet setzt uns ganz schön zu …*
> **Stra-Che**: *Kann ich mir vorstellen. Wollen euer Wasser, euern Zaster, eure Freiheit kassieren. Dann geht's euch so wie uns. Vorbei die Selbstbestimmung. Geld abliefern und mundhalten* (sic!) *ist jetzt die Sache!*

Die blaue Brachial-Rhetorik von »Umvolkung« und drohender Islamisierung fand so ebenso wie die Anti-EU-Argumente der FPÖ auf spielerischem Weg Zugang zu Teilen der Jugendkultur. Im Comic finden sich in einigen Zeichnungen auch bedenkliche Anspielungen: In einem Schriftzug konnte man etwa dem Symbol der SS verblüffend ähnliche Runen entdecken. Die Dialoge sind freilich locker und oberflächlich gehalten. Geht's um etwas komplexere Inhalte, gibt's im blauen Comic Fußnoten, in denen die Positionierung der FPÖ gegenüber EU und Migration genauer erläutert wird.

Doch abgesehen von den Inhalten: In der politischen Landschaft Österreichs war der Strache-Comic eines der innovativsten Kommunikationsinstrumente der vergangenen Jahre. Mit Aktionen wie diesen brachte es die FPÖ bei diversen Wahlgängen schon zur stärksten Partei unter Jung- und Erstwählern. Abseits der Art der Politikvermittlung sind freilich auch Straches Rollen interessant. Der Oppositionschef stellt sich als klassischer Action-Hero und Retter dar. Er allein kann den »grauen Planeten« aus seiner misslichen Lage befreien. Und auch nur seinem Einsatz ist es zu verdanken, dass der »blaue Planet« weiter als Paradies bestehen kann.

Obwohl sich auch Straches Vorgänger Jörg Haider über Jahre als Robin Hood der österreichischen Innenpolitik gerierte, ist die Rettungs-Geschichte keineswegs nur auf das rechte politische Lager beschränkt. Auch die Grünen haben in ihrer Vergangenheit mehrfach auf diese populäre politische Erzählung gesetzt. Obwohl sie davor schon in Salzburg und Vorarlberg politische Erfolge feierten, gilt die »Rettung der Hainburger Au« Ende 1984 als eigentliche Geburtsstunde der Grünen. Damals punktete die Ökobewegung auch noch mit polarisierendem Aktionismus. Die Fähigkeit, eingängige politische Geschichten zu verkaufen, ist der Umweltpartei mittlerweile allerdings weitgehend abhanden gekommen. Auch wenn es zuletzt vermehrt um die »Rettung des Weltklimas« ging, konnten die Vertreter der Grünen diese Rolle nicht annähernd so gut besetzen wie Strache die seine.

Integraler Bestandteil der Geschichte des Retters ist nicht nur die Not, aus der die Bevölkerung befreit werden muss, zentral ist auch das Versprechen einer heilen Welt. Der Retter muss auch immer den Weg in eine lichte Zukunft zeigen. In Straches Comic ist diese auf dem »blauen Planeten« zu bewundern.

Ronald Reagan operierte in seiner erfolgreichen Kampagne 1980 gegen den amtierenden Präsidenten Jimmy Carter mit ähnlichen Methoden. Er stellte der US-Bevölkerung in seinem Wahlkampf eine einfache Frage: »Geht es Ihnen heute besser als vor vier Jahren?«

Die Antwort war wegen der vorangegangenen ökonomischen Krise und der Steuerbelastung in den meisten Fällen ein klares »Nein«. Reagan hatte die Entscheidungsfrage und die Rahmenhandlung des Wahlkampfes klar abgesteckt. Den Amerikanern ging es schlecht, sie lebten auf einem immer unwirtlicheren Planeten und mussten vom Republikaner gerettet und in eine bessere Zukunft geführt werden. Reagans Geschichte war so erfolgreich, dass seine rhetorische Frage und sogar ganze Passagen seines Schlussstatements im Fernsehduell gegen Carter mehr als 25 Jahre später fast eins zu eins abgekupfert wurden. Die deutsche Oppositionschefin Angela Merkel hatte sich im Wahlkampf 2005 nicht wirklich ums Urheberrecht gekümmert und Reagan im TV-Duell mit Bundeskanzler Gerhard Schröder ausführlich und ohne Quellenangabe zitiert.

4. Die Geschichte vom Paradies

Vier Jahre nach seinem Triumph gegen Carter änderte Reagan den Erzählmodus radikal. Die Rettungs-Geschichte konnte nicht mehr funktionieren, denn nun war der Republikaner selbst an der Macht. Dennoch blieb der Ex-Schauspieler konsistent und präsentierte den Bürgerinnen und Bürgern die Fortsetzung der Ursprungs-Geschichte: Reagan stellte die Bilanz nach seiner ersten Amtszeit in den Mittelpunkt. Sukkus: Amerika hatte die chaotischen Zustände unter seinem Vorgänger Carter hinter sich gelassen und tatsächlich das Paradies erreicht, das Reagan versprochen hatte. Dieses Paradies gelte es nun gemeinsam mit den Republikanern zu erhalten. Die vier Jahre seiner Präsidentschaft, so Reagan, seien mit die erfolgreichsten der Geschichte des Landes gewesen.

Im Spot »It's Morning Again in America«, einem der effektivsten politischen Wohlfühl-Clips der US-Geschichte, porträtierte Reagan ein Land, in dem Milch und Honig in Strömen flossen. Der neue Morgen, der in den USA anbrach, sah so aus:

> **Reagan-Spot**. **(Erzähler:)** *Ein neuer Morgen bricht an in Amerika. Am heutigen Tag gehen mehr Männer und Frauen zur Arbeit als jemals zuvor in unserer Geschichte. Die Zinsen sind nur mehr halb so hoch wie im Rekordjahr 1980. An diesem Tag werden knapp 2.000 amerikanische Familien ein neues Zuhause kaufen, auch das ein Rekord in den vergangenen vier Jahren. Heute Nachmittag werden 6.500 junge Männer und Frauen heiraten. Und angesichts einer nur mehr halb so hohen Inflation wie noch vor vier Jahren können sie beruhigt in die Zukunft schauen. Ein neuer Morgen bricht an in Amerika. Unter der Führung von Präsident Reagan wurde unser Land stolzer, stärker und besser. Warum in aller Welt sollten wir dahin zurückkehren, wo wir noch vor knapp vier Jahren waren?*

Hinterlegt waren die Zeilen mit idyllischen Bildern aus den USA. Ein Boot, das frühmorgens in See sticht; junge Menschen auf dem Weg zur Arbeit; ein Lasso schwingender Cowboy; ans Herz gehende Hochzeitsszenen; Amerikaner, wie sie die US-Flagge hissen. Am Ende werden die hoffnungsfrohen, fast religiös-verklärten Bilder des amerikanischen Alltagslebens abgelöst von einem großväterlich-milden Bild des Präsidenten.

FÜNF GEBOTE FÜR POLIT-STORYS

1. DU SOLLST EINFACHE WORTE UND SÄTZE VERWENDEN! Kürze ist in der Politik Trumpf. Wer durch komplizierte Satzkonstruktionen auch noch zusätzliche Hürden zwischen Kandidat und Wähler aufbaut, minimiert seine Chancen. Profis können in knackigen Soundbites komplexe Inhalte vermitteln. Hiesige Politiker haben zwar Nachteile gegenüber ihren englischsprachigen US-Kollegen. Doch auch Deutsch ist dann am schönsten, wenn umständliche Wort- und Satzungetüme unterbleiben.

2. DU SOLLST IN BILDERN UND METAPHERN SPRECHEN! Soll das Gesagte den Nachrichtenzyklus des nächsten Tages überstehen, muss der Inhalt visualisiert werden. Ein Politiker hat dann erfolgreich gearbeitet, wenn in der Vorstellung der Zuseher Bilder entstehen. Ein simples »Stellen Sie sich vor …« ist da meist schon ein gelungener Auftakt. Vergleiche und Metaphern sind jedenfalls ideale Trägerraketen, um eine Botschaft abheben zu lassen.

3. DU SOLLST ERINNERUNGSSTÜCKE SCHAFFEN! Der Inhalt einer Polit-Geschichte sollte am besten kindergerecht, also lebendig und leicht zu merken sein. Nur wer seine Storylines in den Köpfen der Bürger verankert, hat am Wahltag eine Chance. Können Politiker ihre Worte und Slogans zum Klingen bringen, sind sie bei der Kür angelangt. Beispiele: »I like Ike« von Ex-US-Präsident Dwight »Ike« Eisenhower oder Wolfgang Schüssels »Wer, wenn nicht er«.

4. DU SOLLST NEUIGKEITEN VERKAUFEN! Das Gebotene muss für die Lebensrealität der Menschen nicht nur relevant, es sollte auch überraschend und neu sein. Ist es das nicht, schaut auch keine Nachricht in den Medien heraus. Der Inhalt muss dabei nicht zwingend taufrisch sein: Die Verpackungskünstler unter den Beratern schaffen es mitunter, alten Wein in neuen Schläuchen zu verkaufen.

5. DU SOLLST DER GESCHICHTE EINE MORAL VERPASSEN! In der Politik ist es wie im Märchen: Eine Botschaft, die keine klaren Schlüsse zulässt, ist wertlos. Die Moral von der Geschicht' sollte auch die Kernpositionierung des erzählenden Politikers oder seiner Partei stärken.

Die Werbeeinschaltung machte deutlich, dass es Reagan allein war, der den wirtschaftlichen Umschwung der vergangenen Jahre möglich gemacht hatte. Seine Wiederwahl konnte niemand ernsthaft in Frage stellen. Und wer es doch tat und mit einer Rückkehr der Demokraten liebäugelte, der riskierte das Ende des Aufschwungs. Auch in diesem Narrativ sind biblische Konnotationen kaum zu übersehen: Die Republikaner haben das Himmelreich auf Erden geschaffen. Dem, der die Früchte vom verbotenen Baum der Demokraten kostet, droht allerdings die Vertreibung aus dem Paradies.

Einen ähnlichen Plot wählte Wiens Bürgermeister Michael Häupl im Wahljahr 2005. Auch der SP-Chef versuchte, die hohen Zufriedenheitswerte der Bürger in puncto Lebensqualität für sich zu nutzen, und setzte ganz auf eine Wohlfühlkampagne. Zentrale Sujets der Kampagne zeigten ein Herz, gehüllt in die Wiener Landesfarben, und dazu den Text: »Wählen wir Wien. Wählen wir Häupl.« Der Bürgermeister wurde zum Inbegriff der Stadt – und wer wollte wohl gegen seine Heimat stimmen? Die Strategie ging nur bedingt auf. Häupl verlor die absolute Stimmenmehrheit, weil seinem Wahlkampf die emotionale Zuspitzung und die Schlange, die das Paradies bedrohte, fehlten. Die Wahlbeteiligung rasselte in den Keller, weil ohnehin jeder davon ausging, dass Häupl blieb.

Im Vorfeld des Wiener Wahlgangs 2010 stellte Häupl den einlullenden Ton des Jahres 2005 ab. Denn diesmal droht ein ernst zu nehmender Angriff der Freiheitlichen unter Strache. Dazu sind auch die Zufriedenheitswerte der Wienerinnen und Wiener mit ihrer Stadt gesunken. Ein Wohlfühl-Wahlkampf wäre unter diesen Voraussetzungen aus Sicht der SPÖ mit Sicherheit der falsche Ansatz.

5. Die Beschützer-Story

So sehr sich Häupl über die steigende Kriminalitätsrate und die sinkende Zufriedenheit der Bevölkerung Sorgen machen muss, die Zuspitzung des Wahlkampfs auf ein Duell zwischen ihm und FPÖ-Chef Strache kommt ihm gelegen. Denn nur so kann er glaubwürdig eine neue politische Erzählung hochziehen: Jene des heldenhaften Abwehrkampfes gegen einen die Stadtmauern bedrängenden Angreifer. Die von allen erwartete letzte Schlacht des politischen Silberrückens und Häupls Rolle als Bewahrer und Beschützer des »wahren« Wien sollen jene Emotionalisierung der eigenen Kader liefern, die 2005 gefehlt hatte. Der Wiener SPÖ-Chef kann außerdem darauf setzen, dass sich doch einige Stadtbewohner vor der Vision eines polarisierenden Neuen an der Stadtspitze fürchten.

Die Bewahrung eines vielleicht nicht geliebten, aber doch bekannten und somit einschätzbaren Zustandes ist oft Teil des politischen Beschützer-Plots. Gepaart mit der Warnung vor politischen Experimenten wenden ihn vor allem Amtsinhaber gerne an. George W. Bush verwendete diese Storyline im Vorfeld der Kongresswahlen 2006. Seine Popularität war zu diesem Zeitpunkt schon schwer ramponiert. Doch die letzte Wahl unter seiner Verantwortung wollte der republikanische Präsident mit einer emotionalen Zuspitzung doch noch retten. Am Morgen vor dem Wahltag rief er republikanischen Sympathisanten in Pensacola, Florida, folgende Sätze zu:

> **Bush**: *Wenn ihr heute wählt, vergesst nicht, dass wir im Krieg sind. Und wenn ihr wollt, dass dieses Land alles in seiner Macht Stehende tut, um euch zu beschützen und die Grundlage für Frieden für die kommenden Generationen zu schaffen, dann wählt republikanisch.*

Mit aller Macht sollte also der Status quo bewahrt und die Angst vor einem Machtwechsel geschürt werden. Bush verwendete dazu ein Sicherheitsthema, das von der Bevölkerung ursächlich mit der schützenden Hand des Staates in Verbindung gebracht werden musste. Das ist in Österreich nicht anders. Auch hier spielen die Themen Kriminalitätsbekämpfung und innere Sicherheit gerade für konservative Parteien eine entscheidende Rolle. Doch das Schutz-Narrativ ist nicht nur auf diesen Politikbereich reduziert. Ähnlich emotional wie Bush, wenn auch nicht mit dem Verweis auf Leben und Tod, hatte Österreichs Ex-Bundeskanzler Franz Vranitzky in seinem schon zitierten Pensionistenbrief argumentiert. Auch der SPÖ-Chef schwang sich 1995 zum Schutzengel aller Rentner auf, der als Einziger die Pensionen vor dem Zugriff der ÖVP bewahren konnte.

Zuweilen kommt das Beschützer-Motiv auch in der Form der Geschichte vom guten Hirten vor. In Österreich ist die Volkspartei darauf abonniert. Deren schon über Jahre erhobene Forderung nach einer Eindämmung des Budgetdefizits und eisernem Sparen steht in einem eindeutigen Erzählkontext. Die ÖVP (= der gute Hirte) schaut auf die Herde (= die Bürgerinnen und Bürger), damit diese auch immer genügend saftige Wiesen zur Verfügung hat. Übersetzt heißt das: Die ÖVP passt aufs Geld auf und wacht darüber, dass keine Bevölkerungsgruppe über eine bestimmte Grenze hinausgrast. Sie holt verirrte Schafe wieder zur Herde zurück. All das geschieht natürlich nur zum Besten der Schutzbefohlenen, die sich darauf verlassen können, dass der Hirte immer nur das Gemeinwohl im Blickfeld hat.

6. Die Familien-Erzählung

Die Geschichte vom Hirten ist Teil eines der ältesten und wohl auch bedeutendsten politischen Narrative: Der Familien-Erzählung. Sie kommt in allen möglichen Ausprägungen vor, geht aber immer davon aus, dass die Wählerinnen und Wähler in letzter Konsequenz Schutzbefohlene (= Kinder) des Staates und seiner Politiker (= Eltern) sind. Der Politiker hat also für den Bürger zu sorgen und darauf zu achten, dass ihm kein Unheil widerfährt. Passiert doch etwas, muss in der politischen Logik in Wahlen ein neues Familienoberhaupt bestimmt werden.

Der den US-Demokraten nahestehende Linguist George Lakoff unterscheidet zwei konträre Familien-Narrative, ein progressives und ein konservatives. Letzteres geht laut Lakoff vom Modell des »strafenden« Vaters aus. Er rückt alle Formen der Disziplinierung und die Prinzipien Gehorsam, Gesetz und Ordnung in den Vordergrund. In der Gesellschaft gehe es demnach vor allem darum, dass sich die Stärksten durchsetzen. Die rigide und auf Unilateralismus setzende Weltpolitik George W. Bushs ist für dieses Familienbild kennzeichnend. Stellte der Vater (= die USA) ein Fehlverhalten im Kreis des Staatenbundes fest, wurde ohne weitgehende Konsultationen, etwa in der UNO, zu drastischen Bestrafungsmaßnahmen gegriffen. Der republikanische Redenschreiber David Frum trieb dieses Prinzip mit der Phrase der »Achse des Bösen« auf die Spitze. Gemeint waren damit die schlimmen Jungs Iran, Irak und Nordkorea. Sie mussten diszipliniert werden, und zwar mit Hilfe der »Achse der Willigen«, also der braven Kinder, die die USA in ihrem Kampf gegen den Terror auch militärisch unterstützten.

Das progressive Familienbild sieht laut Lakoff die »fürsorglichen« Eltern im Mittelpunkt. Sie fördern ihre Kinder und gehen im Gegensatz zum konservativen Modell vom Guten im Menschen aus. Die Prinzipien Freiheit und Kooperation dominieren. Verhalten wird eher durch Belohnung positiver Taten als durch Sanktionierung von Fehlern gesteuert. Bushs Nachfolger als US-Präsident kann als Inbegriff des progressiven Familien-Narrativs gelten. Barack Obama beendete den US-Unilateralismus und suchte in seinem ersten Jahr im Weißen Haus internationale Kooperationspartner. Er wollte die Rolle der USA anders als sein Vorgänger anlegen. Bevor losgeschlagen wurde, tagte erst einmal der internationale Familienrat. In einer viel beachteten Rede in Kairo wollte Obama die Versöhnung mit der islamischen Welt einleiten.

> **Obama**: *Solange unser Verhältnis über unsere Unterschiede definiert wird, machen wir jene stark, die Hass statt Frieden säen, die Konflikte suchen, anstatt zu kooperieren und den Menschen zu helfen, Gerechtigkeit und Wohlstand zu erlangen. Wir müssen diesen Kreislauf des Misstrauens und Unfriedens durchbrechen. Ich bin nach Kairo gekommen, um einen Neubeginn zwischen den USA und den Muslimen in aller Welt zu suchen. Einen Neubeginn, der auf gegenseitigem Interesse und Respekt beruht, einen, der die Wahrheit in den Mittelpunkt rückt, dass sich Amerika und der Islam nicht ausschließen und daher auch nicht im Wettstreit liegen müssen. Im Gegenteil, sie überschneiden sich und haben gemeinsame Prinzipien: die Werte der Gerechtigkeit und des Fortschritts, der Toleranz und der Würde aller Menschen.*

Die Nachteile seines kooperativen Verhaltens bekam Obama in seinem ersten Amtsjahr bald zu spüren. In fast allen internationalen Konflikten und bei der Bekämpfung des Terrors wurden ihm naive Milde und zu wenig Durchschlagskraft vorgehalten. Übersetzt auf das Familien-Narrativ der Politik: Der anti-autoritäre Erziehungsstil des neuen Präsidenten stieß ebenso auf Ablehnung wie der harsche Stil seines Vorgängers.

Die beiden Familienbilder Lakoffs sind zwar auch im europäischen Kontext zu beobachten – konservative Parteien verlegen sich auch hier tendenziell auf Sicherheitsthemen, linksgerichtete sind auf Soziales abonniert –, doch trifft man vor allem Mischformen beider Familien-Erzählungen an. Denn natürlich passiert es, dass konservative Politiker für Freiheit plädieren, während progressive nach der ordnenden, starken Hand des Staates verlangen. Zuletzt war dieses Phänomen während der ausbrechenden Wirtschaftskrise in der Diskussion über das Wechselspiel zwischen Staatsgewalt und freiem Unternehmertum zu beobachten.

Geht es um die Positionierung des Nationalstaates, treffen sich linke wie rechte Politiker ebenfalls oft. Die Verteidigung nationaler – man könnte auch sagen inner-familiärer – Angelegenheiten hat dann Priorität. Politiker suchen gern den »Außenfeind«, um nach innen gegenüber der eigenen Wählerschaft oder Klientel Stärke zu zeigen. Der linke Österreichische Gewerkschaftsbund ist dann trotz internationaler Ausrichtung gegen eine zu rasche Öffnung des Arbeitsmarktes für ausländische Arbeitnehmer.

Im Burgenland verhinderten SPÖ-Vertreter um Weihnachten 2009 lautstark die Errichtung eines Asylzentrums und verwahrten sich gegen die Einmischung aus Wien. Diesem Muster entsprechend verlangte die rechte schwarz-blaue Bundesregierung unter Wolfgang Schüssel im Jahr 2000 einen »nationalen Schulterschluss« gegen die wegen der österreichischen Regierungsbildung eingesetzten Sanktionen der 14 anderen Mitgliedsstaaten der Europäischen Union. Das Zusammenrücken, die Stärkung der inneren Bande, steht dabei immer im Zentrum des politischen Familien-Narrativs.

7. David gegen Goliath

Der 2000 ausgerufene Kampf der österreichischen Bundesregierung gegen die EU-14 ist auch das beste Beispiel für die häufig verwendete politische Rahmenhandlung der biblischen Auseinandersetzung David gegen Goliath. Dabei versucht ein politischer Akteur, sich in die Position des extremen Außenseiters zu manövrieren. Die Erwartungshaltung des Publikums wird damit bewusst sehr niedrig gehalten. Dennoch zieht der Politiker natürlich heldenhaft in den Kampf mit dem scheinbar übermächtigen Gegner. Verliert er, hat er zumindest Mut bewiesen. Landet er einen Überraschungssieg, ist der Triumph umso größer.

Wolfgang Schüssel hatte sich während des Bestehens der EU-Sanktionen jede politische Feierstimmung verbeten. Das Land musste eisern und ernsthaft bleiben. Dem in Frankreich zur falschen Zeit »champagnisierenden« Oppositionschef Alfred Gusenbauer wurde wegen des Nippens an der Sektflöte implizit Vaterlandsverrat vorgehalten. Schüssel verzichtete sogar auf die Feierlichkeiten zu seinem 55. Geburtstag im Juni 2000. Das gezieme sich in einer schweren nationalen Krise nicht, ließ er seinen feierwilligen Parteifreunden ausrichten. Das Ende der Sanktionen im September beging er dagegen triumphalistisch. Schüssel funktionierte die traditionelle Mariazell-Pilgerfahrt des niederösterreichischen Bauernbundes kurzerhand um und machte daraus einen Dankgottesdienst für das Ende der EU-Plage.

Schüssel profitierte insgesamt von der überzogenen Reaktion der Europäischen Union. In einer Zeit, als die österreichische Bevölkerung wegen der umstrittenen Hereinnahme der FPÖ in die Regierung gespalten war, sorgten die europäischen Politiker wieder für geschlossene Reihen. Sie brachten die Österreicher gegen sich auf und lenkten so von der neuen Regierung ab. Der Stratege Schüssel nutzte die Sanktionen auch zur eigenen Imagepflege: In einer dem Märchen vom »tapferen Schneiderlein« angelehnten Inszenierung trug er die Trophäe des (logischen) Sanktionsendes vor sich her. Schüssel wurde fortan mehr zugetraut, der ehemalige ewige Zweite hatte an Durchschlagskraft und Statur gewonnen.

David gegen Goliath hieß das Match auch in den demokratischen Vorwahlen zum US-Präsidentschaftsrennen 2008. Barack »David« Obama knockte dabei die große Favoritin Hillary »Goliath« Clinton aus. Der Herausforderer spielte geschickt auf der Medienorgel. Kann sich ein Favorit nämlich nicht gleich und deutlich von seinen Verfolgern absetzen, wird die Schwäche des erwarteten Siegers bald zur großen Story. Der unerwartete Fall des großen Stars ist dann fast genauso interessant wie der Aufstieg des Newcomers.

Auf diesen Effekt setzen Parteien auch im Endspurt eines Wahlkampfs. Trotz gegenteiliger interner Aktenlage behauptete die SPÖ im Nationalratswahlkampf 2006 immer wieder, dass sie konstant zwei Prozentpunkte hinter der ÖVP lag. Die Schüssel-Anhänger sollten so eingelullt, die eigenen Anhänger wegen des knappen Abstandes mobilisiert werden. Am Wahlabend lag dann die SPÖ vorn. Das Strapazieren des Underdog-Effekts hilft auch bei der Inszenierung einer Aufholjagd während des Wahlkampfs. Bill Clinton nannte sich »Comeback-Kid« und stach seine Gegner letztlich klar aus.

Die »David gegen Goliath«-Story spielen viele Politiker vor entscheidenden TV-Konfrontationen. Kluge Kandidaten stellen ihr Licht in der Vorberichterstattung der Debatte dabei gern einmal unter den Scheffel. So können sie am Abend der Diskussion nur positiv überraschen und die Erwartungshaltung der medialen Schar der Analysten übertreffen.

Die Beispiele für diesen Trick sind Legion: Barack Obama lobte die großen Redefähigkeiten seines republikanischen Kontrahenten John McCain vor Live-Publikum. Als der dann im sogenannten Townhall Meeting bei den Publikumsfragen nicht über die Maßen glänzte, berichteten Medien vom endgültigen Niedergang des ehemaligen Kriegshelden. In Europa machten 2005 die CDU-Kanzlerkandidatin Angela Merkel und 2006 der linke Kandidat für den italienischen Premierminister, Romano Prodi, von diesem Schmäh Gebrauch. Beide stilisierten ihre Gegenüber – SPD-Bundeskanzler Gerhard Schröder und Ministerpräsident Silvio Berlusconi – zu Mediengiganten hoch. Als die beiden Underdogs Merkel und Prodi dann mehr als passable Leistungen in den Duellen ablieferten, wurde das zur großen Mediengeschichte.

8. Die John-Wayne-Interpretation

Österreichs Vorgehen gegen die EU-Sanktionen weist auch deutliche Elemente des Selbstverteidigungs-Narrativs auf. Der Held rettet sich selbst – und im gegenständlichen Fall seine Familie gleich dazu. Am Ende löst sich alles in Wohlgefallen auf, die Mitglieder der Familie umarmen einander und sind froh über den glücklichen Ausgang des Abenteuers.

Die Geschichte mit John Wayne geht darüber deutlich hinaus. In ihrem Zentrum steht das Motiv der Rache. Sie ist auch eine Zuspitzung der Beschützer-Story: Der Held konnte den von ihm versprochenen Schutz aus welchen Gründen auch immer nicht gewährleisten. Meist trifft ihn zwar keine direkte Schuld, doch Faktum ist, dass seine Schutzbefohlenen zu Schaden gekommen sind. Nun gilt es, Vergeltung zu üben und so das Vertrauen in den Beschützer wiederherzustellen.

Jener Politiker, der sich in den vergangenen Jahren als der dem Westernhelden John Wayne ähnlichste präsentierte, ist Ex-US-Präsident George W. Bush. Wenige Tage nach dem verheerenden Anschlag auf das World Trade Center in New York City und das Pentagon in Washington D.C. identifizierte die US-Regierung den muslimischen Extremisten Osama bin Laden als Drahtzieher der Attacken des 11. September 2001.

In seine Richtung äußerte sich Bush sechs Tage nach den Terrorakten wie folgt:

> **Bush**: *Ich will Gerechtigkeit. Es gab da Steckbriefe im (Wilden) Westen ... Ich erinnere mich, darauf stand: »Gesucht: Tot oder lebendig«.*

Bei aller Kritik an der brachialen Ausdrucksweise des Präsidenten und all seinen folgenden Aktionen als Racheengel in Afghanistan und vor allem im nicht direkt mit den Anschlägen in Zusammenhang stehenden Irak: Bush traf mit diesen Worten den Nerv einer tief verwundeten und geschockten Bevölkerung. Er hatte das herrschende Ohnmachtgefühl zu kanalisieren versucht und dafür den in den USA mehr als geläufigen Western-Plot gewählt. Auch in Europa wurden diese Emotionen zum Zeitpunkt ihrer Äußerung und unter dem Eindruck des Geschehenen wohl großteils geteilt.

Bush allerdings überzog den Rahmen seiner Erzählung sehr bald. War der Bezug auf den Steckbrief im Wilden Westen noch nachvollziehbar, konnte man das von einigen Äußerungen des Präsidenten nach dem Beginn des Krieges gegen den Irak nicht mehr behaupten. Bushs Überforderung der internationalen Staatengemeinschaft und sicher auch von Teilen der eigenen Bevölkerung wurde in drei Worten deutlich. Geäußert hatte er die bei einer Routine-Pressekonferenz im Weißen Haus zur Sicherheitssituation im Irak.

> **Bush**: *Es gibt da einige, die glauben, dass sie uns dort attackieren können. Meine Antwort ist:* ***Versuchen Sie's doch****! Wir haben die Kraft, die nötig ist, um mit der Sicherheitssituation fertig zu werden.*

Die englische Originalphrase »Bring it on« hätte tatsächlich aus einem Western mit John Wayne stammen können. Hier allerdings verlor Bush den Kontakt nicht nur mit seinen europäischen Verbündeten. Die Aufforderung an die Islamisten, doch weitere Attacken auf US-Einrichtungen zu versuchen, nur um danach erneut blutige Rache zu nehmen, konnten auch viele Amerikaner nicht mehr nachvollziehen.

Im Gegensatz zu den kriegführenden Vereinigten Staaten kommen John-Wayne-Statements in Österreich naturgemäß seltener vor. Dennoch bieten sich vor allem rechtsgerichteten Politikern bei den Themen innere Sicherheit oder Asyl genügend Gelegenheiten, den starken Mann zu markieren. Einen sehenswerten Auftritt lieferte der damalige BZÖ-Spitzenkandidat Jörg Haider im Nationalratswahlkampf 2008. In der »ATV-Wahlarena« wurde er von den Moderatoren Sylvia Saringer und Meinrad Knapp mit dem Fall einer angeblich ungerechtfertigten Abschiebung eines Afrikaners konfrontiert. Das Besondere daran: Dessen Frau, eine Österreicherin, war live im Studio und konfrontierte alle vier anwesenden Spitzenkandidaten – neben Haider auch noch FPÖ-Chef Heinz-Christian Strache, Grünen-Chef Alexander van der Bellen und ÖVP-Obmann Wilhelm Molterer – direkt mit ihrem Leid. Die Reaktion der Politiker war – beinahe – einhellig. Molterer, van der Bellen und sogar Rechtsaußen Strache vermieden Widerspruch und boten unbürokratisch Hilfe an. Nur Haider blieb auf seiner Wahlkampf-Botschaft und gab den unnachgiebigen Sheriff. Gefragt nach seinem Ratschlag in der Causa, sagte der BZÖ-Chef: »Sie müssen wissen, dass ich jemandem keinen Rat geben werde, der den Versuch macht, Kriminalität zu importieren.« Die Dame blieb zwar leicht verdutzt zurück, doch seine Zielgruppen hatte der BZÖ-Sheriff bedient.

9. Von Cinderellas und gefallenen Engeln

Das Prinzip des überraschenden, aber verdienten sozialen Aufstiegs nach dem Vorbild Aschenputtels wurde von Hollywood in verschiedensten Varianten verfilmt. Dasselbe gilt für die Politik. Auch hier machen Kandidaten ihre persönliche Lebensgeschichte immer wieder zu einem zentralen politischen Inhalt. Der langjährige SPÖ-Chef und Kurzzeitkanzler Alfred Gusenbauer verwies gern auf seine schlichten Wurzeln im Gemeindebau. Ende Jänner 2004 machte der damalige Oppositionschef Furore, als er bei einer Pressekonferenz den Pensionsbescheid seiner Mutter präsentierte. Mickrige 325 Euro und 36 Cent bekam Mama Gusenbauer monatlich überwiesen und musste damit sogar eine kleine Einbuße gegenüber dem Jahr davor hinnehmen. Das Beispiel illustrierte aber nicht nur den fehlgeschlagenen PR-Gag um die angebliche Pensionsanhebung der schwarz-blauen Regierung. Gusenbauer verwies einmal mehr auf seine Wurzeln und präsentierte sich als Alternativprogramm zur angeblich abgehobenen Regierungsspitze.

Als Gusenbauer drei Jahre später unerwartet zum Kanzler aufstieg, wurde auch seine Familie wieder interessant. In Reportagen und Homestorys porträtierten verschiedene Medien die stolze Mutter und das soziale Umfeld in Ybbs, aus dem sich der Sohnemann hochgearbeitet hatte.

Bei den US-Demokraten Bill Clinton und Barack Obama war die Sache nicht viel anders. Auch sie wurden in ihren Kampagnen als die sprichwörtlichen Tellerwäscher beschrieben, die sich im Land der unbegrenzten Möglichkeiten bis ganz nach oben gearbeitet hatten. Sie waren selbst zum Inbegriff des amerikanischen Traums geworden und signalisierten damit ihren Wählern, dass auch für sie noch alles möglich sein würde, säße erst mal einer von ihnen im Weißen Haus. In seiner ersten Rede vor dem US-Kongress stellte der frischgebackene Präsident Obama angesichts der Wirtschaftskrise Beispiele einiger gewöhnlicher, aber umso kämpferischer Amerikaner in den Vordergrund. Obama spielte geschickt mit dem Aschenputtel-Narrativ und erzählte seine eigene Geschichte anhand des Beispiels einer jungen Schülerin aus einem verarmten Teil des Landes:

> **Obama**: *Ich denke an Ty'Sheoma Bethea, das junge Mädchen aus der Schule, die ich in Dillon, South Carolina, besucht habe. Dort tropft es durch die Decke, der Verputz löst sich von den Wänden und täglich müssen sie sechsmal den Unterricht unterbrechen, weil der Zug am Klassenzimmer vorbeidonnert. Man hat ihr gesagt, ihre Schule sei ein hoffnungsloser Fall. Sie aber ist am nächsten Tag nach Schulschluss in die öffentliche Bücherei gegangen und hat einen Brief an die Leute geschrieben, die heute hier in diesem Raum sitzen. Sie hat ihren Schuldirektor sogar um das Geld für die Briefmarke gefragt. In ihrem Brief bittet sie uns, zu helfen. Sie schreibt: »Wir sind bloß Schüler, die eines Tages Anwälte, Ärzte, Abgeordnete wie Sie und eines Tages vielleicht sogar Präsident werden wollen, um nicht nur den Staat South Carolina, sondern die ganze Welt zu verändern. Wir sind keine Versager.« Das hat sie geschrieben: »Wir sind keine Versager.«*

Nach diesen Worten wartete Obama erst den aufbrandenden Applaus ab und richtete dann seinen Blick nach oben auf die Galerie, wo Klein-Aschenputtel Ty'Sheoma Bethea neben seiner Frau, der First Lady, saß und von dieser gleich darauf innig geherzt wurde. Die Szene sollte nichts anderes verdeutlichen, als dass der amerikanische Traum nicht nur für Obama selbst lebendig war.

Ebenso interessant wie ein unerwarteter sozialer Aufstieg ist auch der Fall eines Stars. Präsident Clinton bekam das während der medialen Aufarbeitung seiner Affäre mit der Praktikantin Monica Lewinsky zu spüren. Der gefallene Engel schrammte nur knapp an der Amtsenthebung vorbei und rettete sich bloß durch die öffentliche Betonung seiner innigen Reue. Nur so konnte er die Geschichte seiner politischen Auferstehung inszenieren. Der Präsident wurde zum geläuterten Sünder. Auch das ist eine medientaugliche Rolle, weil erneut Unerwartetes passiert und sich ein Gefallener wieder aufrappelt. Das eingängigste Beispiel für dieses politische Auferstehungs-Motiv ist Clintons Nachfolger George W. Bush.

Der verwöhnte Sohn aus bestem Haus hatte lange keine Bilderbuchkarriere hingelegt. Bush war schwerer Alkoholiker gewesen, hatte eine miserable Militärkarriere und wirtschaftliche Pleiten hinter sich gebracht und war auch noch wegen Alkohol am Steuer in Polizeigewahrsam genommen worden – in den USA alles andere als ein Kavaliersdelikt. Mit Hilfe seiner Frau Laura erfing sich Bush junior aber wieder, entsagte dem Alkohol und wendete sich der Religion zu. Für seine politische Karriere war das Sündenregister kein Hindernis. Im Gegenteil: Bush bereute die Verfehlungen öffentlich, erzählte freimütig von seiner Läuterung und setzte erfolgreich auf das christliche Prinzip der Vergebung.

10. Der Traum von einer besseren Zukunft

Eines der berühmtesten Zitate des österreichischen Ex-Kanzlers Franz Vranitzky stammt gar nicht von ihm. Angeblich hatte der pragmatische Sozialdemokrat über den Zugang zur Politik einmal gesagt: »Wer Visionen hat, braucht einen Arzt.« Tatsächlich kamen die provokanten Worte dem deutschen Kanzler Helmut Schmidt im Bundestagswahlkampf 1980 über die Lippen. Das Einzige, was an der österreichischen Überlieferung passt: Auch Schmidt ist Sozialdemokrat.

Die Sache mit den Visionen war wohl auch nicht ganz ernst gemeint. Denn blickt man auf die Geschichte erfolgreicher Politiker und politischer Denker, dann stechen gerade jene hervor, die mit Visionen und dem Traum von einer besseren Zukunft Menschen begeistern und so Wahlen gewinnen konnten. Der schon ausführlich beschriebene Wahlerfolg des Barack Obama wäre ohne seine Vision eines anderen Amerikas als jenem unter George W. Bush unmöglich gewesen. Und oft verlieren gerade jene Politiker, die im Wahlkampf darauf verzichten, ein schlüssiges Bild der Zukunft zu zeichnen. In Österreich kann davon Wolfgang Schüssel ein Lied singen. Im Wahlkampf 2006 konzentrierte er sich ausschließlich auf seine Regierungsbilanz. Doch für die Vergangenheit wird kein Politiker gewählt. Die Menschen wollen immer nach vorne schauen und sind deshalb anfällig für das politische Märchen von der rosigen Zukunft.

1992 war es der damalige Präsidentschaftskandidat Bill Clinton, der den als visionslos gebrandmarkten republikanischen Amtsinhaber George Bush senior vor sich hertrieb. In seiner Nominierungsrede am demokratischen Parteitag attackierte er Bush mit folgenden Sätzen:

> **Clinton**: *Von all den Dingen, bei denen ich nicht einer Meinung mit George Bush bin, beunruhigt mich eines am meisten: Nämlich das, wie er die amerikanische Tradition, eine bessere Zukunft zu sehen und zu suchen, verhöhnt und herabwürdigt. Er verspottet sie als das »Visions-Ding«. Erinnert euch, was geschrieben steht: »Wo es keine Vision gibt, gehen die Menschen zugrunde.« Ich hoffe, dass heute in diesem Saal und draußen in unserem geliebten Land niemand ist, der den morgigen Tag ohne Vision beginnt. Ich hoffe, dass niemand je ohne Vision ein Unternehmen gründet oder einen Baum pflanzt. Denn wo keine Vision ist, da gehen die Menschen zugrunde.*

Clinton verknüpfte geschickt positive mit negativen Emotionen. Sich selbst stellte er auf die Seite des amerikanischen Traums und einer besseren Zukunft. Bush beschrieb er als einen, der als Präsident nicht nur nichts mehr wollte, sondern sich auch noch über ureigenste US-Tugenden lustig machte. Bei seiner Wiederwahl 1996 blieb Clinton dem Zukunfts-Narrativ treu. Er präsentierte sich als Brückenbauer ins 21. Jahrhundert und ließ seinen ältlichen Kontrahenten Bob Dole hinter sich.

Natürlich laufen allzu visionäre Politiker Gefahr, bald an ihren nicht ganz so wunderbaren Taten gemessen zu werden. Diese Erfahrung machte nicht nur Clinton, etwa mit seiner 1993 kläglich gescheiterten Gesundheitsreform, sondern auch sein Nach-Nachfolger Obama bald nach seiner Inauguration. Die Angst vor der Umsetzung treibt aktuell viele Politiker und Regierungen dazu, sich am besten keine Ziele mehr zu setzen. Lieber wird mit Vorsicht verwaltet, als Visionen nicht einlösen zu können. Die Geschichte zeigt jedoch, dass es oft reicht, Visionen nur zu formulieren, eine Richtung vorzugeben und eine Entwicklung in Gang zu setzen, um als großer Politiker in Erinnerung zu bleiben. Ein Beispiel dafür ist der bis heute als einer der erfolgreichsten und beliebtesten Präsidenten der Vereinigten Staaten hochgejubelte John F. Kennedy. An revolutionären Gesetzen blieb von ihm weit weniger als von seinem viel gescholtenen Nachfolger Lyndon B. Johnson. Doch Kennedy hatte die Gabe, Menschen zu begeistern. Nachdem sich die Sowjetunion als großer Widersacher der USA einen Vorsprung bei der Weltraumtechnologie herausgearbeitet hatte, holte Kennedy seine Landsleute mit einer einzigen Rede aus dem Jammertal.

> **Kennedy**: *Diese Generation will nicht im Kielwasser des kommenden Weltraum-Zeitalters versinken. Wir wollen ein Teil davon sein, wir wollen dieses Zeitalter anführen. Während die Augen der Welt jetzt in den Weltraum blicken, zum Mond und zu den Planeten, haben wir geschworen, dass wir das All nicht unter einer feindlichen Flagge der Eroberung sehen möchten, sondern unter dem Banner von Freiheit und Frieden. (…) Wir haben uns entschlossen in diesem Jahrzehnt auf dem Mond zu landen und all die anderen Dinge zu erledigen, nicht weil es leicht wäre, sondern gerade weil es schwer ist und uns dieses Ziel helfen wird, unsere besten Energien und Fähigkeiten einzusetzen und zu erproben.*

Das war 1962 und Kennedy sollte nur mehr gut ein Jahr zu leben haben. Erst 1969 eroberten die USA dann den Mond. Das war zwar lange nach Kennedys Tod, doch die Landung bleibt bis heute eng mit dem visionären Demokraten verknüpft.

Der Trick an der Erzählung von einer besseren Zukunft ist in der Politik auch der, dass damit aktuell schwierige Situationen besser überwunden werden können. Die Bevölkerung akzeptiert Durststrecken dann leichter, wenn in der Krise ein klares Ziel formuliert wird. Das wusste der österreichische Bundeskanzler Leopold Figl, als er den Bürgerinnen und Bürgern bei seiner ersten Weihnachtsansprache nach dem Zweiten Weltkrieg nichts geben konnte als den Glauben an »dieses Österreich«. Um den Gründungsmythos der Zweiten Republik am Leben zu erhalten, nahm der schwer kranke Figl die aus 1945 nicht erhalten gebliebene Radioansprache viele Jahre später und knapp vor seinem Tod noch einmal auf.

US-Bürgerrechtler Martin Luther King wusste um den Zauber der Zukunft, als er in Washington D.C. Tausende Afroamerikaner in einer der berühmtesten Reden der Weltgeschichte überzeugte, dass es sich lohnte, friedlich für Gleichberechtigung zu kämpfen.

> **King**: *Ich habe einen Traum, obwohl wir den Schwierigkeiten von heute und morgen gegenüberstehen. Es ist ein Traum, der seine Wurzel tief im amerikanischen Traum hat, dass sich diese Nation eines Tages erheben wird und der wahren Bedeutung ihres Glaubensbekenntnisses – »wir halten diese Wahrheiten als offensichtlich, dass alle Menschen gleich geschaffen sind« – gerecht wird.*
> *Ich habe einen Traum, dass sich eines Tages die Söhne früherer Sklaven und die Söhne früherer Sklavenhalter auf den roten Hügeln von Georgia als Brüder vereint an einen Tisch setzen können …*
> *Ich habe einen Traum, dass meine vier kleinen Kinder eines Tages in einer Nation leben werden, in der sie nicht nach der Farbe ihrer Haut, sondern nach ihrem Charakter beurteilt werden.*

King hielt an diesem 28. August 1963 eine Rede, die noch lange nach seinem gewaltsamen Tod in der Bürgerrechtsbewegung in den USA und weltweit nachwirken sollte. Zum Zeitpunkt der Ansprache mussten seine Sätze illusorisch erscheinen. Der Prediger hatte die Zukunft dennoch fassbar gemacht und in seinen Zuhörern den idealen Resonanzboden gefunden. Erreicht hatte er das mit Hilfe magischer Worte.

UNWIDERSTEHLICHE WORTE

Wähler sind faul und grundsätzlich nicht daran interessiert, wenigstens zu verstehen *zu versuchen*, wovon wir sprechen.

William Gavin, Redenschreiber von Ex-US-Präsident Richard Nixon

Sie können die beste Botschaft der Welt haben, aber die Person, bei der sie ankommen soll, wird diese Botschaft immer nur durch den Filter ihrer Emotionen, ihrer bestehenden Einstellungen und Vorurteile sehen. (...) Der Schlüssel zu erfolgreicher Kommunikation ist, sich in die Zuhörer möglichst gut hineinzuversetzen und dann zu wissen, was sie in den tiefsten Winkeln ihrer Köpfe und Herzen denken und fühlen.

Frank Luntz, Star-Berater der US-Republikaner

Wenn die Falle zuschnappt

Andrea Kdolsky war eine politische Frohnatur. Im Jänner 2007 wurde sie als Überraschungsministerin des rot-schwarzen Kabinetts unter Bundeskanzler Alfred Gusenbauer und seinem Vize Wilhelm Molterer angelobt. Die ausgebildete Ärztin sollte sich um den Themenbereich Gesundheit kümmern. Eigentlich hätte sie lieber das Wissenschaftsressort geerbt, doch das ging an Wiens ÖVP-Chef Johannes Hahn. Die Quereinsteigerin kümmerte das wenig. In den ersten Wochen im Amt machte die neue Zukunftshoffnung der ÖVP Furore: Sie scherte sich um keine Konvention, berichtete als neuer oberster Gesundheitsapostel von ihrer Raucherkarriere und ihrem Lieblingsgericht Schweinsbraten. Sie dominierte die Seitenblicke-Gesellschaft, inszenierte öffentlich ihre Scheidung, tanzte beschwingt Csárdás, kurzum, Kdolsky genoss erst mal den unverhofften Aufstieg und ihre sprunghaft angewachsene Popularität.

Die Neo-Ministerin war auch ein Liebling der Medien. Ihr Selbstbewusstsein und ihre übertriebenen Inszenierungen waren ein gefundenes Fressen, vor allem für den Boulevard. Die medialen Erzählungen lagen auf der Hand. Erst strickte man die Aschenputtel-Story rund um den erfrischenden Polit-Emporkömmling. Da dominierte dann tagelang die Frage, welches Kleid die neue Polit-Prinzessin denn am Opernball tragen werde. Sobald Kdolsky hoch genug gestiegen war, ging es umso schneller wieder talwärts.

Zusammen mit ihrem nicht minder medienaffinen Koalitionspendant von der SPÖ, Sozialminister Erwin Buchinger, stürzte Kdolsky in den Polit-Rankings ab. Beide waren, betäubt von der eigenen Popularität, von einem politischen Fehler in den nächsten getappt. Die anfänglich billigen Punkte in Massenblättern entpuppten sich bald als kontraproduktiv. Kdolsky hatte mit gesundheitspolitisch falschen Signalen nicht nur ihre Glaubwürdigkeit als Ministerin untergraben, sie hatte auch Bilder geliefert, die ihr früher oder später auf den Kopf fallen mussten. Das Foto von der Csárdás tanzenden Ministerin wurde bis zum Ende ihrer politischen Karriere – und das kam schon gut eineinhalb Jahre nach dem Blitzstart – zum mit Abstand beliebtesten Illustrationsfoto für Kdolsky-Geschichten. Dabei hatte die Ministerin ihren Fehler nach einigen Monaten eingesehen. In ihrem zweiten Koalitionswinter mied sie im Gegensatz zu vielen Amtskollegen die Wiener Ballsaison. Ihr Image allerdings war damit nicht aus der Welt geschafft.

Die Gesundheitsministerin hätte dennoch ans rettende Ufer gelangen können. Auch wenn sogar schon ein »Parteifreund« wie der damalige Wirtschaftsbund-General Karlheinz Kopf öffentlich konstatierte, er könne »diese Frau leider nicht mehr ernst nehmen«, wäre eine sachpolitische Auferstehung schwierig, aber doch möglich gewesen.

Allein: Kdolsky tappte auch dabei in für politische Newcomer heimtückische Fallen. Nicht nur, dass sich die Gesundheitsministerin mit wesentlichen Playern in ihrem Ressortbereich, etwa der Ärztekammer, bald nachhaltig überworfen hatte – der ehemalige Shootingstar machte auch beim Verkauf seiner politischen Vorhaben einschneidende Fehler. Eine Ausbildung in politischer Kommunikation hatte sich die ÖVP für ihre neue Ministerin sichtlich nicht geleistet. Kdolskys sachpolitische Wortschöpfungen ließen stark zu wünschen übrig. Neue medizinische Einrichtungen, die Versorgungslöcher zwischen niedergelassenen Ärzten und Spitälern schließen sollten, nannte die Ministerin eher tollpatschig und unpersönlich »Ambulante Versorgungszentren«. Diese kurz AVZ genannten Zentren wurden schnell zum innenpolitischen Spielball. Kdolskys Gegner machten aus dem Kürzel erst »Allgemeine Versorgungszentren« und später sogar »Armen-Versorgungszentren«. Damit karikierten sie Kdolskys Idee als Weg in die Billigmedizin und rückten die AVZ in die Nähe der Polikliniken der DDR.

Kdolsky hatte diese Zuspitzung mit ihrer Wortschöpfung provoziert. Nicht anders erging es ihr mit der Idee, die Apotheker darüber entscheiden zu lassen, welches Medikament die Patienten bekommen sollten. Ärzte sollten nur mehr den Wirkstoff verschreiben, die Pharmazeuten dann aus einer Liste von infrage kommenden Präparaten ein möglichst kostengünstiges aussuchen. Kdolsky wählte für diese Einsparungsidee den lateinischen Fachbegriff »Aut idem« (= oder ein Gleiches). Mit ihrer technischen Sprache musste die Ministerin scheitern. Nur wenige Medien und schon gar nicht die betroffenen Patienten konnten etwas mit der komplizierten Formel anfangen.

Zu ihrem einjährigen Ministerjubiläum plante Kdolsky den Befreiungsschlag. Sie lud ausgewählte Journalisten zu einem Hintergrundgespräch in ein Lokal mit exzessiver, roter Plüsch-Ausstattung. Das fanden einige der anwesenden Journalisten allerdings weniger anstößig als den Umstand, dass die Ministerin dem ebenfalls anwesenden ORF-Vertreter ein Exklusivinterview für die »Zeit im Bild 2« gewährte. In diesem Gespräch wollte sie ein Jahr Gesundheitspolitik offensiv verkaufen. Was dabei herauskam, war unter anderem dieser kurze Schlagabtausch zum Thema Nichtraucherschutz.

> **ORF**: *Den Nichtraucherschutz in den Lokalen gibt es noch immer nicht, er wurde um ein weiteres halbes Jahr verschoben. Da sind Sie in Ihrer Amtszeit doch bisher kläglich gescheitert.*
> **Kdolsky**: *Also, ich denke nicht, dass ich kläglich gescheitert bin, sondern wir haben im Regierungsprogramm etwas festgesetzt. Mit dieser Forderung haben wir verhandelt und haben uns nicht einigen können.*

Und schon wieder war etwas passiert. Kdolsky war auf einen sehr gebräuchlichen journalistischen Trick hereingefallen. Wollen Reporter von ihren Interviewpartnern bestimmte Phrasen oder genau definierte Signalwörter hören, dann verpacken sie diese ans Ende ihrer – meist auch noch provokanten – Frage. Die menschliche Reaktion von unbedarften Politikern ist logisch. Sie wollen sich rechtfertigen und den skandalösen Vorwurf in der Sekunde entkräften. Also wiederholen sie den Vorwurf, stellen einfach eine Verneinung dazu und glauben, dass sie das Problem so gelöst haben.

Das Gegenteil ist wahr, und das gleich aus mehreren Gründen. Einmal wird die Frage des Reporters meist aus dem Beitrag geschnitten. Das passierte auch in diesem Fall. Die Seher der »ZiB 2« hörten ausschließlich Kdolskys defensive Antwort. Um ihre Bilanz ein wenig besser erscheinen zu lassen, hätte diese weitaus aktiver formuliert sein müssen. Die Ministerin verletzte zudem einen ehernen Grundsatz der politischen Kommunikation, wonach Negationen vom Publikum nicht gehört werden. Wichtiger sind immer die wiederholten Signalworte und ihre Konnotationen. Was von Kdolskys Interview hängen blieb, war die Formulierung »kläglich gescheitert« – und nicht deren Verneinung.

Mit ihrem als Offensive geplanten Interview erreichte Kdolsky also genau das Gegenteil. Zum Trost für die Ex-Ministerin: Sie ist beileibe nicht die einzige Politikerin, der ein solcher Lapsus passierte. Wie dem Polit-Frischling Kdolsky unterlaufen solche Fehler auch mit allen Wassern gewaschenen Vertretern des Business. Berühmt wurden die 1973 im Zuge des immer heißer werdenden Watergate-Skandals geäußerten Verteidigungsworte von Ex-US-Präsident Richard Nixon: »I'm not a crook.« Die Feststellung, dass er kein »Gauner« war, lenkte die öffentliche Debatte erst recht auf diesen Begriff.

Auch Politprofi Wolfgang Schüssel passierte Ähnliches. Der im Wahlkampf 2006 aufkeimenden Debatte über die Situation von Pflegebedürftigen und ihren Angehörigen begegnete Schüssel so: »In Österreich gibt es sicher keinen Pflegenotstand.« Damit hatte der Bundeskanzler nicht nur den von der SPÖ getrommelten Begriff »Pflegenotstand« zu seinem eigenen gemacht, er hatte trotz bestehender Schwierigkeiten im Pflegewesen auch signalisiert, auf dem Status quo beharren zu wollen. Im Jänner 2010 startete die neue ÖVP-Wissenschaftsministerin Beatrix Karl ähnlich in ihren neuen Job. Dieser sei, so Karl, »kein Himmelfahrtskommando«.

Die Verneinungs-Falle ist natürlich nicht auf konservative Politiker beschränkt. SPÖ-Bundesgeschäftsführerin Doris Bures bekannte während der Regierungsverhandlungen 2008 in einem »Presse«-Interview freimütig: »Wir sind nicht ideenlos!« Damit erinnerte sie nur den inhaltlichen Vorwurf der Konzeptlosigkeit. Der spätere Kanzler Werner Faymann gab sich in einem »Standard«-Interview im Wahlkampf 2008 eine ähnliche Blöße. Der SPÖ-Chef wollte Spekulationen über sein Verhältnis zum Herausgeber der »Kronenzeitung«, Hans Dichand, beenden. »Ich sage nicht ›Onkel Hans‹ zu ihm«, betonte Faymann und nahm die beiden bösen Worte damit selbst in den Mund.

Politiker müssen lernen, solche unwiderstehlichen Worte zu negieren. Sie müssen den in jedem Menschen verankerten Reflex überwinden, auf einen vom Gesprächspartner vorgegebenen sprachlichen Rahmen einzusteigen. Ein Interview ist eben nicht wie ein alltägliches Gespräch, sondern bietet die Gelegenheit, klar definierte Botschaften an am Gespräch unbeteiligte Dritte zu senden. Dazu braucht es eigene Wortkreationen und eine offensive Sprache. Nur so kann ein Politiker den Rezeptionsrahmen beim Publikum selbst gestalten.

Einfach ist diese Übung freilich nicht. Politischen Vollprofis geht es da wie Studenten der Psychologie, wenn sie im ersten Semester mit der Aufforderung des Professors konfrontiert sind: »Denken Sie an alles, nur nicht an einen großen, fetten rosaroten Elefanten!«

Natürlich schafft es kaum einer, dem Bild des seltsamen Dickhäuters zu entgehen. Der Professor hat mit seiner eindringlichen Beschreibung einen bestehenden sprachlichen Rahmen in den Köpfen seiner Studenten aufgerufen – sie können gar nicht anders, als ihn auch tatsächlich zu aktivieren. In einer Interviewsituation vor dieselbe Situation gestellt, verschaffen sich gut trainierte Politiker gedanklich erst einmal Zeit, bevor sie auf die eigentliche Frage eingehen, etwa mit einer rhetorischen Frage. Kdolskys Antwort hätte dann etwa so aussehen können:

> **ORF**: *Den Nichtraucherschutz in den Lokalen gibt es noch immer nicht, er wurde um ein weiteres halbes Jahr verschoben. Da sind Sie in Ihrer Amtszeit doch bisher kläglich gescheitert.*
> **Kdolsky**: *Worum geht es beim Nichtraucherschutz? Mir geht es um ein friedliches Nebeneinander von Nichtrauchern und Rauchern. Da wird es eine für alle zufriedenstellende Lösung geben. Die braucht nur Zeit. Sie können aber sicher sein, dass wir noch dieses Jahr eine funktionierende Neuordnung auf den Weg bringen.*

Schwieriger wird es auch für politische Haudegen dann, wenn der Journalist etwas tiefer in die Trickkiste greift und etwa in einer Livediskussion eine Frage stellt, die nur eine Antwort mit »Ja« oder »Nein« – oder gar nur ein bestimmtes Zeichen des Politikers – zulässt. Bei den demokratischen Vorwahlen zum Präsidentschaftsrennen 2008 bat Wolf Blitzer, langjähriger Anchorman von CNN, die versammelten demokratischen Kandidaten um Folgendes:

> **Blitzer**: *Jene Kandidaten, die dafür sind, dass Englisch die offizielle Sprache der USA sein sollte, heben bitte die Hand.*

Damit waren die liberalen Kandidaten in der Falle. Denn lange davor war schon eine Diskussion darüber losgebrochen, ob man nicht auch der sehr großen und wählertechnisch überaus wichtigen Spanisch sprechenden Bevölkerung in den USA entgegenkommen sollte. Mit der Reduzierung der Antwortmöglichkeit auf ein Handzeichen nahm Blitzer den Kandidaten die Möglichkeit auf eine diplomatische Antwort. Doch einer akzeptierte den vorgegebenen Rahmen nicht – der spätere Wahlsieger Barack Obama. Er sprang auf und machte die Frage zum Thema.

> **Obama**: *Das ist genau eine jener Fragen, die dazu da sind, uns auseinanderzubringen. Sie haben Recht: Jeder wird Englisch lernen, wenn er in unserem Land lebt. Die Frage ist also nicht, ob zukünftige Generationen von Zuwanderern Englisch lernen oder nicht. Die Frage ist: Wie schaffen wir beides, eine gesetzlich klare, aber auch eine sinnvolle Einwanderungspolitik?*

Obama hatte Blitzers Rahmen gebrochen und seine eigene Botschaft durchgebracht. Und er hatte den Interviewer zumindest indirekt für seine in eine Richtung zielende Frage gemaßregelt. Um das tun zu können, braucht es natürlich einiges an Diskussions- und Interview-Erfahrung. Denn kann der vom Interviewer vorgegebene sprachliche Rahmen vom Politiker in den Augen der Zuseher nicht schlüssig attackiert werden, geht der Schuss nach hinten los.

Ein Match auf diskussionstechnisch hohem Niveau lieferten sich zwei der professionellsten politischen Kommunikatoren Österreichs im Februar 2008. Star-Interviewer Armin Wolf nahm dabei seinen Studiogast, den damaligen ÖVP-Klubchef Wolfgang Schüssel, in die Mangel. In der großen Koalition zwischen SPÖ und ÖVP war wegen eines der Volkspartei unangenehmen, möglichen Untersuchungsausschusses gerade wieder Feuer am Dach. Schüssel wollte kalmieren, Wolf das Gegenteil davon. Das Ergebnis gehört zu den unterhaltsamsten, aber auch lehrreichsten Beispielen politischer Kommunikation.

> **Wolf**: *Jetzt schließt Ihr Klubobmann-Gegenüber in der SPÖ heute erstmals einen Untersuchungsausschuss nicht mehr aus. Ihr Abgeordneter Kukacka hat vorgestern hier im Studio gesagt, das wäre ein Kriegsfall. Was ist denn ein Kriegsfall? Wäre das das Ende der Koalition?*
> **Schüssel**: *Herr Wolf, Sie sind natürlich ein sehr intelligenter Frager. Ich habe das Interview nämlich gesehen, das Sie gemacht haben mit*

dem Doktor Kukacka. Da haben Sie ihm in die Frage hineingelegt, das ist ein Kriegsgrund, also ein Kriegsgrund.
Wolf: *Wäre das ein Kriegsgrund? Er hat gesagt, ja, das wäre ein Kriegsfall.*
Schüssel: *Sie haben in Ihrer Frage das Wort Kriegsgrund hineingebracht. Das finde ich eigentlich bemerkenswert von einem Moderator, dass er eine kriegerische Sprache in ein solches Interview hineinbringt. Das ist nicht meine Sprache, Herr Wolf.*
Wolf: *Herr Doktor Schüssel …*
Schüssel: *Das ist nicht meine Sprache. Wir führen keine Kriege …*
Wolf: *Herr Doktor Schüssel, Ihr Abgeordneter Kukacka hat wörtlich hier im Studio gesagt …*
Schüssel: *Lassen Sie mich ausreden.*
Wolf: *… das wäre ein Kriegsfall …*
Schüssel: *Ja, auf Ihre Frage. Ich führe diese Sprache nicht im Mund.*
Wolf: *Na ja, es hat ihn ja niemand dazu gezwungen, diese Antwort zu geben, Herr Doktor Schüssel.*
Schüssel: *Es hat Sie auch niemand gezwungen, eine solche Frage zu stellen.*
Wolf: *Ja, eh nicht.*
Schüssel: *Ich rede nicht von Kriegen. Wir sind in einer Koalition und wir wollen eigentlich für Österreich arbeiten.*

Schüssel agierte wie Obama in dessen Auseinandersetzung mit Wolf Blitzer. Wie der demokratische Präsidentschaftskandidat wollte er den vom Moderator vorgegebenen sprachlichen Duktus vom »Kriegsfall« nicht akzeptieren. Lehrbuchmäßig stieg der ÖVP-Klubchef also auf die Metaebene der Diskussion, thematisierte das, was Wolf gerade versucht hatte und trieb den angriffigen Moderator damit selbst in die Defensive. Vor allem hartgesottenen ÖVP-Anhängern hatte diese Passage wohl gefallen.

Das Interview hat allerdings noch eine zweite Ebene. Denn außer das Match in den Augen seiner größten Fans gewonnen zu haben, erreichte Wolfgang Schüssel mit seiner Vorstellung rein gar nichts. Im Gegenteil: Schüssel hatte zwar den sprachlichen Rahmen Wolfs attackiert, allerdings nur, um ihn selbst gleich mehrfach wieder ins Gedächtnis zu rufen. Der Klubchef war es, der das Wort »Krieg« selbst sechsmal in den Mund nahm. An zwei Stellen behauptete er sogar steif und fest, eine solche Sprache nicht zu pflegen. »Ich rede nicht von Kriegen«, sagte Schüssel und widerlegte sich damit selbst. Der herausgeforderte Wolf war auch nicht faul und wiederholte sein Kriegs-Diktat auch noch viermal. Binnen 55 Sekunden brachte es das Wort, das Schüssel so unbedingt vermeiden wollte, auf elf Nennungen. Beim unbeteiligten Zuschauer musste also unweigerlich der Eindruck entstehen, es herrsche in der einen oder anderen Form Krieg – zwischen den beiden Diskutanten in jedem Fall, aber wohl auch in der Koalition.

Wie Politiker die Realität neu erfinden

Versucht ein Politiker, einen sprachlichen Rahmen direkt zu attackieren, stärkt er ihn in den meisten Fällen nur. Je öfter der ÖVP-Klubobmann also das Wort »Krieg« in seine Antworten flocht, desto fester zurrte er den Eindruck, dass es mit dem Koalitionsfrieden vorüber war. Schüssel wehrte sich zwar nach Kräften gegen Wolfs journalistische Zuspitzung, hätte die Wortschöpfung »Kriegsgrund« aber besser schnell unter den Tisch fallen lassen und mit eigenen gezielten Kreationen zu punkten versucht.

Denn Sprache schafft direkten Zugang zum Denken. Worte können bestehende Denkmuster und damit auch Emotionen bei den Zuhörern auslösen. In der politischen Auseinandersetzung kreisen sie, wie in den beiden vorangegangenen Kapiteln gezeigt, sehr häufig entweder um das Gefühl der Angst oder das Prinzip Hoffnung. Die Aufgabe des Politikers ist es nun, jene Worte zu finden, die diese Prinzipien auch mit Leben befüllen. Martin Luther Kings »Ich habe einen Traum«-Rede etwa ist sprachlich ganz bewusst um die Vorstellung einer besseren Welt gesponnen. Zwei Worte stehen im Zentrum seiner historischen Ansprache: Der »Traum« und die »Freiheit«. Beide können bei Zuhörern zwar unterschiedliche Resonanz haben und mannigfache Assoziationen hervorrufen. Diese sind jedoch meist positiv besetzt. King nutzte das und verknüpfte sich und seine Anliegen gekonnt mit den Emotionen, die er mit seinen Worten auslöste.

Die Rede des Bürgerrechtlers ist lehrbuchmäßig gebaut und besteht grob aus vier Teilen: (1) Mit einem emotionalen Einstieg weckt er die

Aufmerksamkeit des Publikums. Dazu dient eine historische Referenz an Abraham Lincoln und seinen heroischen Kampf für die Befreiung der Sklaven. (2) Im zweiten Teil der Rede, der Problembeschreibung, stellt er die hundert Jahre nach Lincoln immer noch triste Lage der Afroamerikaner in den USA plastisch dar. (3) Ins Zentrum seiner Lösungsbeschreibung stellt King dann die einzelnen Ausformungen seines Traums und damit die Ideen für die von ihm erhoffte bessere Welt. (4) Am Ende der Rede, der Lösungsvisualisierung, macht King seine Vorstellung der Zukunft sichtbar. In der Schlussszene reichen sich »alle Kinder Gottes, Schwarze und Weiße, Juden und Heiden, Protestanten und Katholiken« die Hände und singen von der Freiheit.

Die Metaphern und Sprachbilder, die King in seiner Rede einsetzt, sind klar zugeordnet. Sie schaffen eine eindeutige Stimmung und aktivieren schon für sich genommen bestehende Denkmuster in der Vorstellung der Zuhörer. In der Beschreibung der fatalen Situation der schwarzen Minderheit ist etwa von an die Sklaverei erinnernden »Ketten der Diskriminierung«, der »abgeschotteten Insel der Armut«, »ungedeckten Schecks« oder dem »dunklen und trostlosen Tal der Segregation« die Rede. Geht es an die Beschreibung der Lösung, stehen plötzlich andere Bilder im Vordergrund. Dann spricht King vom »sonnenbestrahlten Weg der Gerechtigkeit«, einem »starken Strom«, einer »Oase« oder einer »Symphonie der Brüderlichkeit«.

Die zentralen Phrasen »I have a dream« und »Let freedom ring« wiederholt King die ganze Rede über gebetsmühlenartig. Seine rhetorische Meisterleistung wurde von vielen Politikern seither zigfach imitiert. Nicht zuletzt US-Präsident Barack Obama kopierte in seinen Ansprachen immer wieder den appellativen Charakter von Kings Meisterstück.

Jedem reflektierenden Politiker ist nicht gleichgültig, welche sprachlichen Kreationen er in scheinbar alltäglichen Situationen verwendet. Durch ihre Wortwahl schaffen politische Akteure Realität. Für professionelle Politiker ist daher eine Frage immer zentral: Was lösen verschiedene politische Begriffe in den Köpfen der Wähler aus?

In US-Kampagnen ist es selbstverständlich, dass sich ein eigenes Team von Spezialisten um die richtige Formulierung der politischen Botschaften kümmert. Geht das Wording schief, wird die gesamte Kampagne in Mitleidenschaft gezogen. Der ob seiner mangelnden Intellektualität viel kritisierte US-Präsident George W. Bush hatte während der ersten Jahre seiner Amtszeit einige der besten seiner Partei nahestehenden Wortakrobaten an Bord. Deren sprachliche Kunststücke wurden auch laufend von den Meinungsforschern der Republikaner auf ihre Wirksamkeit hin getestet.

Die oppositionellen Demokraten gerieten gleich an mehreren Fronten ins Hintertreffen. Ein Bildungsgesetz, das zwar keine neuen Investitionen in Schulen, sondern bestenfalls Umschichtungen beinhaltete, nannte die republikanische Administration nach eingehenden Tests »No Child Left Behind«. Dass bildungspolitisch in den USA kein Kind zurückgelassen wurde, stimmte zwar nicht, doch die Wortkonstruktion aktivierte im Publikum das allseits beliebte und im wahrsten Sinn des Wortes mit der Muttermilch aufgesogene Familien-Narrativ. Der gute Hirte Bush würde sich schon um die Ausbildung all seiner Schäfchen kümmern, das war die Story des geschickt etikettierten Gesetzesvorschlags. Selbst Politiker der demokratischen Opposition mussten, wollten sie Bushs Initiative kritisieren, erst einmal den Namen des Gesetzes, der gleichzeitig auch Slogan war, in den Mund nehmen. Damit aktivierten sie wie weiland Wolfgang Schüssel nur das Sprachmuster ihrer Gegner.

Nach den Attacken des 11. September 2001 akzeptierten die Demokraten einen weiteren, für die kommenden Jahre entscheidenden sprachlichen Rahmen der regierenden Republikaner. George W. Bushs Wortschmiede wussten, dass die grausamen Anschläge für ihre Partei auch eine Chance darstellten. Der Präsident konnte sich des Themas innere Sicherheit und Heimatschutz bemächtigen und seiner Partei damit auf Dauer einen nicht unerheblichen Startvorteil gegenüber den Demokraten sichern. Dazu brauchte es allerdings in den Monaten nach den Anschlägen auch die richtige Sprache. Die Bekämpfung des nationalen Traumas, das die terroristischen Attacken in den USA hinterlassen hatten, fassten die republikanischen Strategen in drei Worte: »War on Terror«.

Den »Krieg gegen den Terror« hatte die Bush-Administration nicht ohne Grund ausgerufen. Sie musste nicht nur die Verfolgung terroristischer Gruppen, sondern auch breite militärische Aktionen gegen Staaten wie Afghanistan und vor allem den Irak legitimieren. Den Einsatz »Krieg gegen den Irak« oder gar »Invasion« zu nennen, wollte die Bush-Regierung tunlichst vermeiden. Ihr Ziel war es, die Zustimmung in der

Bevölkerung weit über die Zielgruppen der Republikaner hinaus hoch zu halten. Die Wortschöpfung »Krieg gegen den Terror« garantierte das, denn wer sollte schon dagegen sein, die feigen Anschläge von Terroristen künftig zu verhindern? Die geschickte Verknüpfung der Begriffe »Krieg«, »Irak« und »Terror« wird an einem kurzen Auszug aus einer Rede von George W. Bush vor Kadetten der Marineakademie in Annapolis, Maryland, deutlich.

> **Bush**: *Vor sechs Monaten habe ich an dieser Stelle zu den Kadetten des vergangenen Jahrgangs über die Wichtigkeit ihres Dienstes im ersten Krieg des 21. Jahrhunderts gesprochen: den globalen Krieg gegen den Terror. In welcher Mission sie auch immer eingesetzt sind, jeder Absolvent macht seiner Uniform alle Ehre und hilft uns, im Krieg gegen den Terror den Sieg davonzutragen. In den kommenden Jahren werdet ihr sie in diesem Kampf unterstützen. (…) Der Feind muss auf allen möglichen Schlachtfeldern besiegt werden. Doch die Terroristen haben klar gemacht, dass der Irak ihre wichtigste Front in ihrem Krieg gegen die Menschlichkeit ist. Also müssen wir den Irak als die zentrale Front anerkennen. (…) Die Terroristen im Irak haben dieselbe Ideologie wie jene, die uns am 11. September getroffen haben. (…) Aber Amerikas Wille ist stark. Und die Terroristen werden verlieren, denn ihr Machttrieb ist nichts gegen den universellen Wunsch, in Freiheit zu leben.*

Bush hatte nicht nur den 11. September eingeflochten, sondern seinem Krieg gegen den Terror den Krieg der Terroristen gegen die Menschlichkeit gegenübergestellt und das Prinzip der Freiheit unterstrichen. Die Betonung des Kampfs Gut gegen Böse wurde auch in einigen anderen Wortkreationen der Bush-Berater, etwa der »Achse des Bösen« als Bezeichnung für die »Schurkenstaaten« Iran, Irak und Nordkorea, deutlich. Ganz auf Linie mit dem John-Wayne-Narrativ betonten die Republikaner jahrelang auch, dass ein Abzug der Truppen im Irak einer »Kapitulation« gleichkäme. Innenpolitisch schuf die Administration bald nach den Anschlägen des 11. September ein eigenes »Heimatschutzministerium«. Sogar in soziologischen Begriffen schlug sich der Kampf gegen den Terror nieder. In den USA entstand für die Parteien nach 9/11 eine neue

Zielgruppe besorgter Wähler: die sogenannten »Security Moms«, die sich aus Sorge um den Nachwuchs plötzlich für internationale Konflikte zu interessieren begannen.

Natürlich ging für die Republikaner in ihrem Krieg auch einiges schief. Die Betonung der Existenz von Massenvernichtungswaffen im Irak ebenso wie die voreilige Inszenierung des Kriegsendes gerieten zum PR-Desaster. Im Mai 2003 war Präsident Bush in Kriegsadjustierung auf einem Flugzeugträger gelandet und hatte vor einem Banner mit der Aufschrift »Mission Accomplished« posiert. Dass die Mission keineswegs ausgeführt war, zeigte die innenpolitisch desaströse Todesstatistik von US-Soldaten nach dem ausgerufenen Ende der Kampfhandlungen.

Dennoch: In der Auseinandersetzung mit den Demokraten hatten Bushs Republikaner mit ihrem zielgerichteten Kriegsvokabular über Jahre hinweg die Nase vorn. Die Wahlkampfstrategen von Bushs demokratischem Gegner bei den Präsidentschaftswahlen 2004, John F. Kerry, waren der sorgsam aufgebauten Assoziationskette der Republikaner sogar bei der so zentralen Parteitagsrede ihres Kandidaten auf den Leim gegangen. Kerrys Berater hätten wissen müssen, dass jede Bezugnahme auf die Anschläge des 11. September und die daraus folgende nationale Einheit der USA nur die Kernbotschaft der Republikaner stützen konnte. Dennoch verbrachte der Demokrat einen wesentlichen Teil seiner Rede damit, die schrecklichen Bilder des Jahres 2001 wieder in Erinnerung zu rufen.

Auch auf anderen Themenfeldern stellten sich die Republikaner unter Bush als Meister des sprachlichen Drehs heraus. In den Umfragen unbeliebte »Ölbohrungen« auf heimischem Boden schwächten sie sprachlich zur weit unverdächtigeren »Energiesuche« ab. Die in der Bevölkerung immer weniger umstrittene Gleichstellung homosexueller Paare attackierten die ablehnend eingestellten Republikaner dagegen. Statt der »Rechte« für Homosexuelle gaben sie kurzerhand die Sprachregelung von deren »Sonderrechten« aus. Damit sicherten sie sich zumindest die Unterstützung der republikanischen Basis. Denn eine Gleichstellung Homosexueller konnten manche vielleicht noch akzeptieren, eine angebliche Besserstellung aufgrund von Vorrechten natürlich nicht.

Ganz so unverfroren wie der Ahnherr des republikanischen Spin, Ronald Reagan, war Bush dennoch nicht. Reagan hatte den öffentlichen Diskurs in extreme Richtungen getrieben. Um sein Steuersenkungsprogramm populär zu machen, ersetzte Reagan den eingeführten Begriff »Besteuerung« einfach durch den drastischen Ausdruck »Konfiszierung«. »Sozialprojekte«, etwa zur Re-Integration ehemaliger Häftlinge, wurden zu »teuren Sozialexperimenten«.

Der nächste Demokrat im Weißen Haus, Bill Clinton, hatte alle Hände voll zu tun, die republikanische Begriffsflut einzudämmen. Doch auch er und seine Berater erwiesen sich als einfallsreich: Clinton spaltete die Bevölkerung weniger entlang der Unterscheidung von Einkommensbeziehern und Sozialhilfeempfängern. Der Demokrat trieb stattdessen einen Keil zwischen Wohlhabende und die Mittelklasse. Letztere nannte er geschickt die »vergessene Mittelschicht« und sicherte sich so eine breite Basis an Unterstützern. Langsam wurde auch die eigene ideologische Zuordnung semantisch korrigiert. Bis zur Ära Clinton hatten die Demokraten als »Liberale« gegolten. Das Attribut ist in weiten Teilen der USA allerdings eher als Schimpfwort denn ernst zu nehmende politische Klassifizierung gebräuchlich. Also ließen ihn die demokratischen Spinmeister bald fallen und nannten die Vertreter ihrer Partei fortan »Progressive«.

Die Wortklaubereien der Parteien gibt es natürlich auch hierzulande. Unter der schwarz-blauen Koalition konnten die Regierungsstrategen in Umfragen einen graduellen Verfall der Zustimmung für ihre Politik der »Privatisierungen« erkennen. Um die Linie dennoch weiter fahren zu können, schwenkten sie bald auf den Begriff des »Börsegangs«. Der hatte in den Meinungserhebungen weit bessere Zustimmungswerte erzielt.

Eine ähnliche Volte versuchte SPÖ-Bildungsministerin Claudia Schmied bald nach ihrem Amtsantritt 2007. Als eines der zentralen Vorhaben hatte sich die ehemalige Bankmanagerin ein Langzeitprojekt der SPÖ, die Gesamtschule aller 10- bis 14-Jährigen in Österreich, auf die Fahnen geheftet. Aber auch die Neo-Ministerin musste bald akzeptieren, dass ihr Konzept unter dem Titel »Gesamtschule« mit dem Koalitionspartner ÖVP nicht zu machen war. Zu groß waren die ideologischen Vorbehalte gegen das sozialdemokratische Signalwort. Zusätzliches Plus für die Volkspartei: Je nach Fragestellung des jeweiligen Meinungsforschungsinstitutes schwankte die Ablehnung der »Gesamtschule« in der Bevölkerung zwischen knapp 60 und 75 Prozent. Der Hauptgrund dafür: Der Begriff war nicht nur abgenutzt und parteipolitisch aufgeladen, er klang auch irgendwie nach einer Nivellierung des Niveaus nach unten. Da wollten die Österreicherinnen und Österreicher ihr international zwar eigentümliches, aber doch ausdifferenziertes System der Trennung lieber beibehalten.

Schmied gab sich so leicht aber nicht geschlagen und griff zum selben Trick wie die amerikanischen Wortschmiede. Sie gab dem in Diskussion befindlichen Ding eine neue Richtung. Binnen Wochen wurde so die »Gesamtschule« in »Neue Mittelschule« umgetauft. Der Inhalt war zwar derselbe geblieben, doch die Verpackung war neu. Schmied hatte die ideologischen Hürden abgebaut und auch noch zwei kleine Finten mitgeliefert. Einmal war da das Wort »neu«, das der alten Gesamtschule schon einen frischeren Anstrich verlieh. Vor allem aber hatte es das Wort »Mittelschule« in sich. Denn dieser Begriff gilt in weiten Teilen des Bundesgebietes als Synonym für das althergebrachte und vor allem angesehene Gymnasium. Mit dem Kombi-Begriff der »Neuen Mittelschule« schaffte es Schmied daher auch noch, das alte Konzept aufzuwerten. Statt der gefühlten Nivellierung nach unten vermittelte die Unterrichtsministerin ab sofort das Gefühl eines allgemeinen Upgradings.

Die Umfragen gaben Schmied nach ihrem schlauen Etikettenschwindel übrigens recht. In einer Umfrage zu Beginn des Jahres 2008 hielten 47 Prozent der Befragten die »Neue Mittelschule« für eine »gute Sache«, im Herbst 2009 war die Zustimmung bereits auf 57 Prozent geklettert. Die »Neue Mittelschule« war damit zwar noch lange nicht flächendeckend eingeführt. Doch die Barriere der Einführung war, zumindest was die Meinung in der Bevölkerung anging, einigermaßen gesenkt worden.

Das Beispiel der Unterrichtsministerin hat die Regierungskommunikation betreffend allerdings nicht wirklich Schule gemacht. Viele österreichische Berufspolitiker verharren gerne bei entweder wirkungslosen Begriffen wie der »Steuerreform« oder gar schädlichen Formulierungen wie dem viel kritisierten »Bankenpaket«. Dass den österreichischen Banken seit Herbst 2008 viele Milliarden Euro zugeschossen werden mussten, mochte sachlich korrekt und notwendig sein. Doch auf die emotionale Ebene ihrer Aktionen hatten SPÖ und ÖVP vergessen. Schon die Ankündigung zur Vorstellung des »österreichischen Bankenpakets« roch nach einer für die breite Masse unverständlichen Elitendebatte. Kanzler Alfred Gusenbauer und sein Vize und Finanzminister Wilhelm Molterer kündigten denn auch »Instrumente zur Bereitstellung der notwendigen Liquidität für den Finanzsektor« ebenso an wie »Vorbereitungen für mögliche Rekapitalisierungs-Maßnahmen« und ein »Verbot von spekulativen Leerverkäufen«.

Das mochten Wirtschaftsexperten verstehen, allerdings nicht das Gros der Financiers des Pakets: die österreichischen Steuerzahler. Um nachhaltige Akzeptanz für die Maßnahmen zu schaffen, hätten die Bürgerinnen und Bürger allerdings mit an Bord sein müssen. Kanzler oder Finanzminister hätten sich wie US-Präsident Franklin D. Roosevelt in den 1930er Jahren aufschwingen müssen, um ihre Handlungen in möglichst verständlicher Sprache zu erklären. Sie taten es nicht. Und sie beließen es auch beim wenig durchdachten Begriff »Bankenpaket«. Dabei hätte das milliardenschwere Maßnahmenbündel gut und gerne auch »Sparerpaket« genannt werden können. Immerhin wurden die Einlagen der Sparer von der Regierung zumindest vorübergehend in unbegrenzter Höhe gesichert.

Die allseits beliebten und alle paar Wochen geforderten »Steuerreformen« haben es den politischen Parteien semantisch ebenfalls angetan. Kaum einem innenpolitischen Begriff wird eine derartige Heilkraft zugeschrieben wie dem Wort »Reform«. Beinahe missionarisch werden von Politikern aller Couleurs Gesundheitsreform, Bildungsreform und vor allem der Dauerbrenner Verwaltungsreform eingemahnt. Was den Fetisch ausmacht, kann hier nicht letztgültig geklärt werden. Sicher ist nur eines: Reformen sind in der Bevölkerung schon lange nicht mehr vorwiegend positiv besetzt. Zu viele Reformen der vergangenen Jahre haben eher Geld gekostet denn welches gebracht. Die Politiker jagen hier also eher einem Trugbild nach. Besser wäre es wohl, der Reform schon in der Begrifflichkeit eine Richtung zu geben und von »Steuersenkungen« oder »Steuererleichterungen« zu sprechen.

Am besten verkäuflich ist freilich noch immer die gänzliche Abschaffung einer Steuer. Doch selbst die kann sich kompliziert gestalten, wenn davon vornehmlich Wohlhabende profitierten. In den USA gestaltete sich der Kampf um die Erbschaftssteuer (»estate tax«) als unendliche Geschichte zwischen Republikanern und Demokraten. Bis zum Ende der Ära Clinton hatten die Demokraten die rund ein Prozent des gesamten Steueraufkommens umfassende Erbschaftssteuer erfolgreich verteidigt. Es sei, so ihr populistisches Argument, einfach nicht erklärbar, warum die oberen Zehntausend ihre Vermögen ohne irgendwelche Abstriche von Generation zu Generation weiterreichen können sollten.

Die Republikaner setzten sich erst durch, als George W. Bush an die Macht kam und einer der besten republikanischen Strategen des Landes, Frank Luntz, Hand ans Thema gelegt hatte. Luntz gab der amerikanischen »estate tax« einfach einen neuen Namen. Er nannte die Abgabe fortan »Todessteuer« (»death tax«). Die Republikaner hatten dem Thema damit einen neuen Spin verpasst und der öffentlichen Meinung einen Stoß in die rechte Richtung. Für den eigenen Tod auch noch Steuern zu bezahlen, erschien vielen Amerikanern dann doch zu unverfroren. Die Abschaffung der Erbschaftssteuer, vulgo Todessteuer, war nur mehr eine Frage der Zeit. Die Kampagne der Republikaner arbeitete gekonnt mit negativen Emotionen – und setzte so auf eines der erfolgreichsten Prinzipien moderner politischer Kommunikation.

SPD-Chef Gerhard Schröder im Wahlkampf 2005: Nach schweren Kampagnenfehlern der CDU konnte sich der unter Druck geratene deutsche Kanzler erneut als sozial und mitfühlend positionieren

Laura und George W. Bush bei einer Kranzniederlegung am Ground Zero in New York zum 5. Jahrestag der Anschläge vom 11. September 2001: Der vom US-Präsidenten ausgerufene »Krieg gegen den Terror« festigte geschickt die politische Rahmenerzählung der Republikaner

John F. Kerry bei seiner Convention-Speech 2004: Der demokratische Präsidentschaftskandidat verspielte seinen Vorteil als hochdekorierter Vietnam-Veteran gegen Bushs Meisterstrategen

John McCain beim Parteitag der Republikaner 2008: Vorwürfe, er sei mit 72 zu gebrechlich fürs Präsidentenamt, konterte der Kandidat mit gemeinsamen Auftritten mit seiner rüstigen Mutter Roberta, 96

Negativkampagne via Postkarte im US-Bundesstaat Illinois 2004:
Die Demokraten lancierten Attacken gegen den angeblich fortwährend urlaubenden republikanischen Kongressabgeordneten Phil Crane.
Die Fotomontage war effektiv – Crane verlor sein Amt

US-Präsident Bill Clinton (mit Praktikantin Monica Lewinsky (o.) und bei seiner Aussage vor der Grand Jury im August 1998): Nach seiner Affäre mit Lewinsky ging Clinton sehr spät, aber doch noch erfolgreich in die mediale Offensive

Inserat von Alfred Gusenbauer im Nationalratswahlkampf 2006: Der SPÖ-Kandidat brachte ÖVP-Kanzler Wolfgang Schüssel mit einer harten, teilweise aber auch humorvollen Negativkampagne in die Defensive

Konter der Wiener Ärztekammer in der Diskussion um die Gesundheitsreform 2008: Kanzler Alfred Gusenbauer hatte laut Ärzteschaft den Status als »Sozialfighter« eingebüßt

FPÖ-Comic mit Spitzenkandidat Heinz-Christian Strache vor dem EU-Wahlkampf 2009: Blaue Positionen und die Diktion der »Umvolkung« werden in zielgruppengerechter Aufmachung an Jugendliche verschickt

Josef Pröll bei seiner »Rede des Finanzministers« im Oktober 2009: Mit seinem »Transferkonto« startete der ÖVP-Chef den Versuch, den Mittelstand für seine Partei zu gewinnen

DIE KUNST DER ATTACKE

Negativwerbung ist das Crack der Politik.

Tom Daschle, ehemaliger Mehrheitsführer der Demokraten im US-Senat

Warum Politiker ständig aufeinander losgehen

Eigentlich war das Rennen schon vor dem Startschuss gelaufen. Als der deutsche Kanzler Gerhard Schröder im Mai 2005 nach einer für seine SPD verheerenden Wahl in Nordrhein-Westfalen die eigene rot-grüne Regierung sprengte und Neuwahlen ausrief, waren die Reaktionen eindeutig. Die schwarz-gelbe Opposition frohlockte. Der grüne Koalitionspartner bescheinigte dem Bundeskanzler »Harakiri mit Ankündigung«. Und selbst Schröders Parteigenossen waren sicher, dass das selbst ausgerufene Ende des als Reformprojekt gestarteten rot-grünen Versuchs die Partei ins Verderben führen würde.

Wenige Tage nach der Koalitionsaufkündigung ergab eine Blitzumfrage der ARD, dass die oppositionelle CDU unter einer Spitzenkandidatin Angela Merkel nach dem rot-grünen Desaster mit 46 Prozent der Wählerstimmen rechnen konnte. Für die Kanzlerpartei SPD wurde ein Absturz auf 29 Prozent vorhergesagt. Das war ein Vorsprung für Merkel, den der ramponierte Kanzler nie und nimmer aufholen konnte, darüber waren sich alle Polit-Insider Berlins einig.

Die Botschaft der Kanzlerkandidatin Merkel lag auf der Hand: Sie musste eigentlich immer nur trommeln, wie fundamental Rot-Grün gescheitert war und dass die Zeit für einen Wechsel endlich gekommen sei. Schröder – so hätte seine Herausforderin betonen müssen – hätte seine Chance gehabt und dabei kläglich versagt. Nun sei sie an der Reihe.

Merkel entschied anders. Auf Druck der Medien und um innerparteilich klare Fronten zu schaffen, präsentierte Merkel im deutschen Sommerloch 2005, wenige Wochen vor dem Wahlgang, ihr Schattenkabinett für die Machtübernahme. Gedacht als inhaltliche und personelle Klarstellung der Bald-Kanzlerin geriet die Präsentation zum Desaster. Denn als eines der prominentesten Mitglieder eines Kabinetts Merkel wurde ein gewisser Paul Kirchhof präsentiert.

Auf den ersten Blick war an dem honorigen Herrn gar nichts auszusetzen. Im Gegenteil: Kirchhof war ein im ganzen Land hoch angesehener Verfassungs- und Steuerrechtler. Einige Jahre war der an der Universität Heidelberg tätige Professor gar Richter am deutschen Bundesverfassungsgericht gewesen. Die Politik hatte ihn bislang hofiert. Von der Bundesrepublik Deutschland hatte er das Bundesverdienstkreuz erhalten, vom Land Bayern den Verdienstorden. Sogar Österreich dekorierte den Steuerexperten aus dem Nachbarland. Der rot-weiß-rote Orden an Kirchhofs Brust: Das Ehrenkreuz für Wissenschaft und Kunst. I. Klasse, versteht sich.

Warum also wurde das Engagement des Paul Kirchhof zum Bumerang des Jahres? Der erfahrene Wissenschafter hatte nicht mit dem Politfuchs Gerhard Schröder und dessen Hang zum Negativwahlkampf gerechnet. In höchster demoskopischer Not hatte Schröder verzweifelt nach einem Wahlkampfthema gefahndet. Gefunden hat er es in Kirchhof. Und wie. Der Professor hatte in der Vergangenheit kein Hehl aus seinen steuerpolitischen Plänen gemacht. Ein einheitlicher Steuersatz für alle, so stand es von Kirchhof in zahlreichen Publikationen zu lesen, sei das erstrebenswerte Modell für Deutschland. Das Problem: Im Vergleich zum geltenden Steuersystem war Kirchhofs »Flat Tax« zwar vielleicht einfacher. Doch der soziale und vor allem politische Sprengstoff eines solchen Vorschlags war dem nüchternen Wissenschafter verborgen geblieben.

Schröder reagierte blitzschnell. Eine schönere Auflage als Kirchhofs »neoliberalen Anschlag« auf das Sozialsystem Deutschland konnte sich seine krisengeschüttelte SPD nicht wünschen. Der Kanzler nahm das Wahlgeschenk Kirchhof jedenfalls dankend an und kampagnisierte fortan gegen den Schattenminister Merkels. In Auftritten und Interviews nannte er ihn abschätzig den »Professor aus Heidelberg«. Auf eilig gedruckten Anti-Kirchhof-Plakaten der SPD prangte protzig der Spruch: »Radikal unsozial.« Wohin Kirchhof in diesem Wahlkampf auch kam, er musste sich überall anhören, seine Steuerpläne seien unrealistisch, unfinanzierbar und vor allem ungerecht.

Der SPD-Kanzler lief in seiner Negativkampagne gegen den geplanten CDU-Minister zur Höchstform auf. Die Bilanz am Wahlabend: Bis auf einen Prozentpunkt war der schlaue Schröder an die als unbesiegbar in den Wahlkampf gestartete Angela Merkel herangekommen. Hätte der Bundestagswahlkampf 2005 noch zwei Wochen länger gedauert, Schröder hätte wohl das Unmögliche möglich gemacht, die 17 Prozentpunkte Rückstand aus den ersten Umfragen vollständig aufgeholt und Merkel in einem Fotofinish noch abgefangen.

So ging sich die Sache für Merkel knapp aus. Doch ihre Wunschkoalition mit der FDP sollte sie erst vier Jahre später schließen können. Erst wurde sie von der im Wahlkampf wieder erstarkten SPD für vier Jahre in eine große Koalition gezwungen.

Der phänomenale Schröder-Endspurt gegen Kirchhof und Merkel wurde zu einem Lehrbeispiel für einen professionell geführten Negativwahlkampf. Das Halali des Kanzlers auf seine Herausforderer bewies jedenfalls eines: Ein Image ist schneller ruiniert als aufgebaut. Diese schmerzliche Erfahrung musste das politische Greenhorn Kirchhof machen. Im Wahlkampf selbst hatte er sich noch beklagt, die SPD würde ihn »bewusst fehldeuten«. Danach gab er sich zerknirscht. Gegenüber der Politik, so sah der Professor ein, »da ist der Wissenschaftler in seinem Prinzip der Offenheit, Publizität natürlich in der Defensive«.

Gerhard Schröder tat das Opfer seiner Polit-Attacken dagegen keine Sekunde leid. Er ließ Kirchhof lediglich wissen: »Wer Koch werden will, darf nicht sagen, dass es in der Küche zu heiß sein könnte.«

Heiß wird es in der Hexenküche der politischen Parteien häufig. Negativkampagnen gegen den politischen Gegner stehen in nahezu allen Demokratien an der Tagesordnung. Besonders ausgeprägt sind die fortgesetzten persönlichen und inhaltlichen Attacken in den Vereinigten Staaten. Dort, wo das Mehrheitswahlrecht die Zusammenarbeit in Koalitionen erübrigt, sind die Schmutzkübel besonders prall gefüllt. Aggressive, auf die Zerstörung der Reputation des Gegners ausgerichtete Wahlkämpfe sind aber auch in deutschsprachigen Ländern gang und gäbe.

Warum aber greifen die Kandidaten und ihre Berater vermehrt in die tiefsten Schubladen der politischen Kommunikation? Warum richtet sich ihr Fokus auf Vernichtungsfeldzüge und nicht so sehr auf positive Eigenwerbung?

Die Antwort ist einfach: Weil Negativkampagnen wirken. Politiker sind zwar keine schlechteren Menschen. Doch sie langen in der politischen Arena kräftig zu, weil das ihr eigenes Überleben sichert. Wer im politischen Infight völlig auf die Trickkiste des Negativen verzichtet und naiv an die Fairness der Kontrahenten glaubt, dem ist meist keine allzu lange Karriere vergönnt.

Politische Akteure, die erfolgreich negativ aufgeladene Kampagnen starten, zielen immer auf Emotionen ab. Im Fall von Schröder und seiner Attacke auf Kirchhof war das der Faktor Angst. Wurden die Empfänger von Sozialleistungen in Deutschland schon durch die Schröder'schen Reformen wie »Hartz IV« verunsichert, trieb die Vorstellung von noch radikaleren Ansätzen Kirchhofs diese verängstigte Gruppe noch einmal in die Arme der SPD. Schröder hatte bewusst an der Stimmungs-Schraube gedreht. Er selbst war wohl nicht mehr so beliebt wie ehedem, aber wenn er nur das Horrorszenario, das mit Kirchhof drohte, eindringlich beschwor, musste ihm das nutzen. Der Kanzler belebte seine Kampagne alleine mit harscher Abgrenzung gegenüber der Konkurrenz. Seine Anhänger sollten weniger für ihn, den erfolglosen Kanzler, als gegen Kirchhof, den zum Totengräber des Sozialstaates stilisierten Professor, votieren.

Schröder befolgte einen Satz von Lee Atwater, dem legendären Berater von George Bush senior. Atwater, ein Meister des Negativwahlkampfs, fasste seine Lehren aus zahlreichen Wahlkämpfen einmal so zusammen: »Die Menschen wählen nicht ihre Hoffnungen, sie wählen ihre Ängste.«

Nun haben einige Beispiele, etwa aus dem Präsidentschaftswahlkampf von Barack Obama, gezeigt, dass dieser Satz nicht immer stimmen muss. Doch Politiker wissen: In den meisten Fällen trifft er zu. Vor allem dann, wenn man selbst keinen alles überstrahlenden, charismatischen Spitzenkandidaten wie Obama hat, sind beim Publikum negative Emotionen leichter zu wecken als positive. Politische Kampagnen machen sich die geltende Medienlogik zu eigen. Die schlechte, weil konfliktreiche Nachricht schlägt die positive Meldung. Ein politisches Produkt, das ausschließlich auf »Good News« setzt, ist nur schwer verkäuflich.

Auf dieses Konsumverhalten setzen auch Politiker. Sie wissen, welche Art von Geschichten bei Journalisten ankommt. Roger Ailes, Ex-Berater der US-Präsidenten Richard Nixon, Ronald Reagan und George Bush senior und ab 1996 Chef des konservativen US-Senders Fox-News, sagt, er habe den Medien in der Politik immer Storys mit folgenden Zutaten geliefert: »Skandale, Ausrutscher und Attacken.«

Wer jetzt versucht ist, Politiker und Medienmacher zu verurteilen, sollte wohl sein eigenes Mediennutzungsverhalten kritisch hinterfragen. Denn welche Geschichte wird beim Publikum wohl intensiver gelesen und diskutiert werden: »Oppositionschef: Meine Ideen für ein neues Pflegesystem« oder »Skandal! Kanzler beschäftigt illegale Pflegerin«?

Dennoch gehört es sich natürlich für Politiker, Medien und Publikum gleichermaßen, jede Form des Negativwahlkampfs strikt abzulehnen. Auch die Auswirkungen von negativ geführten Wahlkämpfen werden in der Öffentlichkeit kaum bestritten. Sie sind hässlich, inhaltsleer, stoßen die Wählerschaft ab und führen so zu immer niedrigerer Wahlbeteiligung.

Ganz so einfach ist die Sache nicht. Alle beschriebenen Effekte können zwar eintreten, aber ein durchgängiges Muster gibt es dabei nicht. Der Politikwissenschafter John G. Geer vertritt überhaupt die Meinung, dass Negativwahlkämpfe eher positive Auswirkungen hätten. Einmal, so Geer, müssten Kandidaten, wenn sie die Pläne eines Mitbewerbers attackieren, sehr konkrete und überprüfbare Informationen liefern, um sich nicht selber angreifbar zu machen. Bei der Eigenwerbung nehme es dagegen kaum ein Politiker genau. Diese Auffassung teilte auch der ehemalige demokratische Star-Berater Bob Squier: »Die meisten Lügen in der Politik findet man in den positiven Spots.« Sein republikanischer Kollege Mike Murphy, der etwa Arnold Schwarzenegger zu seinem Gouverneursposten verhalf, sieht das genauso. »Es gibt folgenden Witz in der Branche: Der einzige Unterschied zwischen positiver und negativer Werbung ist der, dass die negative mit Fakten arbeitet«, sagt Murphy.

Der Politologe Geer geht noch weiter. Er meint, dass Kandidaten durch die Attacken ihrer Mitbewerber und der Medien dazu gezwungen würden, sich einer demokratischen Debatte zu stellen. »Negativität macht Verantwortlichkeit erst möglich«, sagt Geer. Und weiter: »Kandidaten tendieren dazu, heiklen Themen auszuweichen, wenn sie niemand unter Druck setzt.« Außerdem sei es auch eine Mär, dass die Attacken im Zeitalter der modernen Kommunikation immer heftiger würden – in den USA seien die Attacken in Wahlkämpfen des 18. und 19. Jahrhunderts weit intensiver gewesen.

Seit der zweiten Hälfte des 20. Jahrhunderts allerdings, das muss auch der Negative-Campaigning-Anhänger Geer einräumen, ist die Anzahl an Schmutzkübeln wieder im Steigen begriffen. Seit 1960 stieg der Anteil an negativer politischer Werbung kontinuierlich. Lag er 1960 noch unter zehn Prozent, erreichte er 2004 die 50-Prozent-Marke. Andere Untersuchungen kommen zu noch höheren Werten. Im von Barack Obama angeblich so positiv geführten Wahlkampf 2008 erreichte das Maß an Negativwerbung überhaupt neue Höhen. Das Wisconsin Advertising Project, das in den USA genau über die Inhalte der politischen Werbung der Präsidentschaftskandidaten Buch führt, errechnete, dass über 60 Prozent der Obama-Spots Attacken gegen die konkurrierenden Republikaner beinhalteten. Sein republikanisches Gegenüber John McCain langte mit über 70 Prozent freilich noch stärker zu.

Dieses Wahljahr widerlegte allerdings auch den populärsten Mythos, wonach Negativwahlkämpfe immer in sinkende Wahlbeteiligung münden. Oft ist das Gegenteil der Fall: 2008 erreichte die Wahlbeteiligung in den Vereinigten Staaten neue Rekordhöhen, schon einen Zyklus davor – 2004 – war die Beteiligung nach einer äußerst gehässig geführten Auseinandersetzung zwischen George W. Bush und seinem demokratischen Widerpart John F. Kerry gestiegen.

Für Österreich und Deutschland gibt es kaum Untersuchungen über das prozentuelle Ausmaß an Negativwerbung in Kampagnen. Aber auch hier werden politische Angriffe immer intensiver geplant. Kein professioneller Wahlkampfmanager kann es sich leisten, auf die Kunstgriffe der Attacke zu verzichten. Die strategischen Ziele können dabei unterschiedlich sein. Natürlich will jeder Wahlkämpfer mit Angriffen auf den Gegner die eigene Wählerschaft emotionalisieren und damit mobilisieren. Gerade bei Gerhard Schröder ist dieses Kalkül 2005 aufgegangen. Für einen inspirierenden Positiv-Wahlkampf reichte die Glaubwürdigkeit nach der desaströsen rot-grünen Regierungsbilanz nicht. Also musste ein negativer Emotionsschub her.

Das Ziel einer angriffig geführten Kampagne kann auch die gezielte Demobilisierung sein. Politiker und ihre Wahlkampfmanager sind nicht primär am demokratiepolitisch hehren Ziel einer möglichst hohen Wahlbeteiligung interessiert. Sie konzentrieren sich ausschließlich darauf, dass möglichst viele ihrer Anhänger zur Wahlurne schreiten. Genauso gut ist es in den Augen eines kalkulierenden Kampagnenprofis aber, wenn eine genügend große Anzahl von Anhängern des Gegners frustriert zu Hause bleibt. Ein Musterbeispiel dafür war die erfolgreiche Negativkampagne der SPÖ unter Alfred Gusenbauer gegen den amtierenden ÖVP-Kanzler Wolfgang Schüssel. 2006 hatte es Gusenbauer trotz denkbar schlechter Ausgangslage (BAWAG-Skandal) geschafft, eine große Anzahl an ÖVP-Wählern von einer Stimmabgabe für Schüssel abzuhalten. Das überraschende Ergebnis ist bekannt: Gusenbauer entthronte Schüssel und kletterte selbst auf den Kanzlersessel – wenn auch nur für eineinhalb Jahre.

Die Lehre aus diesen Beispielen: Politiker müssen Negativkampagnen minutiös planen. Zuständig ist dabei wieder der Wahlkampfmanager. Seine erste Pflicht ist es, dafür zu sorgen, dass es in einem Wahlkampfteam Menschen gibt, die sich intensiv dem Thema Negativwahlkampf widmen. In der Fachsprache wird diese Abteilung »Opposition Research« genannt. Die deutsche Übersetzung lautet euphemistisch »Gegnerbeobachtung«. Es ist aber natürlich mehr als nur »Beobachtung«, was die Mitglieder einer professionellen »Opposition Research«-Abteilung leisten. Sie sammeln zwar auch alle möglichen öffentlich geäußerten Statements der gegnerischen Parteien und Kandidaten und besuchen deren Wahlkampfveranstaltungen, um herauszufinden, was die Konkurrenten dort so treiben. Im Hintergrund gehen die Recherchen freilich viel weiter.

Im Jahr 2003 etwa, als der Präsidentschaftswahlkampf in den USA noch kaum im Gange war und sich erst die demokratischen Kandidaten für die parteiinternen Vorwahlen aufzustellen begannen, hatten der republikanische Amtsinhaber George Bush junior, sein Vize Dick Cheney und deren beider Spin Doktor Karl Rove schon ein Team zusammengestellt, das sich um den in einem Jahr zu erwartenden Herausforderer »kümmern« sollte. Im Sommer 2003 hatten sich Bushs Rechercheure auf den Namen Howard Dean zu konzentrieren begonnen. Der erst aussichtslose Ex-Gouverneur des Bundesstaats Vermont war durch eine professionell inszenierte Internet-Kampagne zum plötzlichen Favoriten unter den demokratischen Kandidaten aufgestiegen. Die Reaktion der Bush-Kampagne: Ein Team von zwölf Mitarbeitern übersiedelte für mehrere Wochen nach Vermont, um dort alles – aber wirklich alles – über Deans Vergangenheit in Erfahrung zu bringen. Öffentliche Quellen wurden dabei ebenso angezapft wie ehemalige Bekannte, Mitarbeiter und natürlich auch Gegner Deans.

Das Ziel der republikanischen Bemühungen: Dem Strategen Rove, berüchtigt für seine äußerst brutal geführten Wahlauseinandersetzungen, sollte so viel Munition gegen Dean geliefert werden wie nur irgend möglich. Als im Dezember 2003 schließlich der Stern Deans im demokratischen Vorwahlrennen zu sinken begann, stellten die Republikaner ihre Recherchen ein. Das »Opposition Research«-Team übersiedelte vom nordöstlichen Vermont ein paar hundert Kilometer südlich nach Boston, um sich ab sofort um ein anderes Zielobjekt zu kümmern: John Kerry, den neuen demokratischen Favoriten.

Kommunikative Attentate auf den Gegner gehören in der Politik also zum Geschäft. Genauso wie es das Ziel eines Politikers sein wird, sein eigenes Image aufzupolieren und bei Wählerschaft und Medien gut anzukommen, kann es auch gewünscht sein, beim politischen Konkurrenten das exakte Gegenteil zu erreichen.

Ein mit allen Wassern gewaschener Politiker weiß um diese Grundsätze. Und er wird daher die Chance, gefährlichen Konkurrenten via Negative Campaigning zu schaden, kaum vorüberziehen lassen. Klar ist auch, dass sich politische Akteure, vor allem aber jene an der Spitze, darauf einstellen müssen, dass es solche Attacken auch gegen sie selbst gibt. Die erste und wichtigste Aufgabe eines gut aufgestellten »Opposition Research«-Teams ist es daher, erst einmal die eigenen Kandidaten zu durchleuchten. Passieren sollte das, bevor es die gegnerische Seite getan hat. Im Fall Kirchhof hat das CDU-Wahlkampfteam in diesem Punkt kläglich versagt. Denn auch nur eine grobe Oberflächen-Recherche über den eigenen hoffnungsfrohen Ministerkandidaten hätte Angela Merkels Experten klarmachen müssen, welche Angriffsfläche sie mit »Mister Flat Tax« Kirchhof als Finanzminister boten. Der politische Fitness-Check unterblieb allerdings. So hatte der Offensivspieler Schröder freie Bahn.

Die Waffen der Angreifer

Die strategische Entscheidung, ob und wann ein Politiker einen anderen attackiert, ist nicht einfach. Grundlage dafür ist die Zugkraft der vom Kampagnenmanagement entwickelten Botschaften. Reicht die positive Positionierung des eigenen Kandidaten nicht aus, um eine erfolgreiche Wahlschlacht zu schlagen, müssen auch negative Botschaften über den Gegner lanciert werden.

Im Fachjargon nennt man das »Fremdpositionierung«. Ein Kontrahent wird ohne sein bewusstes Zutun in ein politisches Eck manövriert, aus dem er oft nur sehr schwer wieder heraus kann. Die Basis für diese offensive Art, das Image eines Gegners ins Negative zu drehen, ist die Botschafts-Box (siehe Kapitel »Woher Politiker wissen, was sie sagen müssen«). Im Gegensatz zur positiven Selbstverortung konzentriert man sich bei der Fremdpositionierung nur auf die offenen Flanken des Gegners.

Die Botschafts-Box der Nationalratswahl 2006 verdeutlicht das System. Damals trat ein wegen der Affäre um die sozialdemokratisch dominierte BAWAG schwer gezeichneter Oppositionschef Alfred Gusenbauer (SPÖ) als Herausforderer des seit sechseinhalb Jahren regierenden ÖVP-Kanzlers Wolfgang Schüssel an. 2002 hatte der seine ehemals daniederliegende Volkspartei über die 40-Prozent-Marke gepusht. Und auch wenn ihm für den Wahlgang 2006 Verluste vorausgesagt wurden. Schüssel war der klare Favorit gegen den wenig charismatischen Gusenbauer.

Welchen Trick also konnte der SPÖ-Chef angesichts der tristen Lage – auf der einen Seite der Skandal in der eigenen Partei, auf der anderen das ramponierte persönliche Image – noch anwenden? Er musste sein Heil in einer bedingungslosen Offensive gegen den Amtsinhaber suchen. So konnte er, zumindest theoretisch, von den eigenen Schwachpunkten ablenken und die Aufmerksamkeit der Öffentlichkeit auf die wunden Punkte Schüssels lenken. Das tat Gusenbauer auch, und zwar mit Hilfe einer bis dahin in Österreich sowohl in Professionalität als auch Aggressivität kaum gekannten Negativkampagne.

Die Botschafts-Box Gusenbauers vor dem Wahlgang 2006 hat in etwa so ausgesehen:

Botschafts-Box Gusenbauer gegen Schüssel 2006

Gusenbauer über Gusenbauer	Gusenbauer über Schüssel
• Er ist ein Arbeiterkind aus einfachen Verhältnissen • Er ist einer von uns, kennt die Nöte im Land • Er wird soziale Wärme nach Österreich zurückbringen • Er steht für den Wechsel; er wird Fairness und den sozialen Zusammenhalt wiederherstellen • Er wird die schwarz-blauen »Reformen« rückgängig machen • Er wird die Studiengebühren abschaffen und die Eurofighter abbestellen • Er wird den Pensionisten ihren Stellenwert zurückgeben • Er ist international gut vernetzt • Er will die Reputation Österreichs reparieren • Der Mensch kommt bei ihm immer an erster Stelle	• Er ist sozial kalt und unnahbar • Er ist hart – und herzlos • Er hat seine Versprechen der letzten Wahl nicht gehalten • Er hat viele Bevölkerungsgruppen (wie die Pensionisten) geschröpft • Er will Österreich in einen neoliberalen Staat umbauen • Er hat Volksvermögen verschleudert (Eurofighter-Ankauf; Privatisierungen) • Er will weitere soziale Errungenschaften abbauen • Mit ihm drohen Einschnitte bei den Schwächsten in der Gesellschaft und in vielen Bereichen wie Gesundheit und Soziales • Er hat Österreichs Ansehen geschadet (Koalition mit Haider) • Niemand kann ihm vertrauen – er ist bloß ein beinharter Kalkulierer
Schüssel über Gusenbauer	**Schüssel über Schüssel**
• Er ist abgehoben, snobistisch (Liebhaber teurer Weine) • Er ist unerfahren; war nie in Regierungsfunktionen • Er »kann nicht Kanzler« • Er würde an der Staatsspitze experimentieren • Die SPÖ kann nicht wirtschaften – die BAWAG-Affäre hat es gezeigt • Er will die richtigen schwarz-blauen Reformen wieder rückgängig machen • Er verteilt Wahlzuckerln, die kommenden Generationen teuer zu stehen kommen werden • Er hat schon die eigene Partei nicht im Griff	• Er ist der Einzige, der den Job kann • Er hat Reformeifer bewiesen • Er hat das Land erfolgreich durch schwere Zeiten (Sanktionen etc.) geführt • Er hat Haider entzaubert • Er konzentriert sich auf das Wesentliche • Er hat Wirtschaftskompetenz und den Haushalt (fast) saniert • Der österreichische Weg wird im Ausland anerkannt (ökonomisches Musterland unter Schwarz-Blau) – er muss fortgesetzt werden • Er garantiert Stabilität und Kontinuität • Er ist ein asketischer Arbeiter, kein Genießer wie Gusenbauer

Gusenbauer musste sich beim Negativwahlkampf gegen Schüssel natürlich auf das rechte obere Viertel der Botschafts-Box konzentrieren. Angriffslinien gegen den Amtsinhaber boten sich dabei so manche: Gusenbauer konnte sich auf die Bilanz der Ära Schüssel stürzen, aber auch auf so manche von ihm ausgemachte Charakterschwäche des Kanzlers.

Der Oppositionschef tat all das und attackierte Wolfgang Schüssel im Nationalratswahlkampf 2006 frontal. Der SPÖ-Chef nutzte dabei viele verschiedene mediale Kanäle: Sein Kampagnenteam schaltete Anti-Schüssel-Inserate in Printmedien, gestaltete Radiospots und (in dieser Dimension für österreichische Wahlkämpfe ungewöhnlich) auch Kino- und TV-Werbung.

Einige dieser Spots kreisten um den Vorwurf, Wolfgang Schüssel sei ein Lügner. Einer zeigte den ÖVP-Chef gar mit extra kurzen Beinen. Das rote Kampagnenteam hatte beim Design seiner Spots Anleihen bei Bill Clinton genommen, der 1992 seinen damaligen, erst übermächtigen Gegner George Bush senior auf ähnliche Weise attackiert hatte. Dem republikanischen Präsidenten war im Wahlkampf 1992 gegen seinen Herausforderer Clinton ein Zitat vom 18. August 1988 auf den Kopf gefallen. Um sich damals klar von seinem demokratischen Konterpart Michael Dukakis abzugrenzen, hatte Bush senior einen bedeutungsschwangeren und letztlich fatalen Satz geäußert: »Read my lips, no new taxes!« Während seiner vierjährigen Amtszeit hatte er sein Versprechen, ganz sicher keine neuen Steuern einzuführen, gleich mehrfach gebrochen. Und das musste sich der Republikaner vom Kampagnenteam Clintons, dem auch der spätere Gusenbauer-Berater Stanley Greenberg angehörte, vier Jahre später vorhalten lassen.

Ähnlich war Gusenbauers Offensive angelegt. Unter der Federführung einiger US-Berater – parallel zu Greenberg werkte auch ein republikanischer Negative-Campaigning-Spezialist für die SPÖ – entstand ein ganzes Arsenal an Attacken auf die ÖVP. Ein äußerst wirksamer Kinospot zum Thema Jugendarbeitslosigkeit hatte folgenden Inhalt:

> **Gusenbauer-Spot**: (Bild von Bill Clinton, der Ex-US-Präsident beginnt zu sprechen:) *I did not have sexual relations with that woman!* (Dazu wird folgender Untertitel eingeblendet: Ich habe keine sexuelle Beziehung mit dieser Frau gehabt!) (Es folgt eine Einblendung, akustisch unterlegt mit einem schrillen Hup-Ton:) *LÜGE!* (Das Bild des damals amtierenden US-Präsidenten George Bush junior wird eingeblendet. Bush sagt:) *Saddam Hussein possesses some of the world's deadliest weapons!* (Eingeblendet dabei der Untertitel: Saddam Hussein besitzt Massenvernichtungswaffen!)

(Es ertönt wieder der Hup-Ton und die Einblendung:) *LÜGE!* (Was folgt, sind Bilder eines leicht angewidert dreinblickenden Wolfgang Schüssel – und dazu ein Voiceover des Bundeskanzlers:) *Kein Jugendlicher braucht Angst haben, dass er keine Lehrstelle bekommt.* (Schließlich folgen drei Text-Einblendungen, gelesen von einem Moderator:) *Schluss mit den Lügen! Neue Fairness braucht das Land. SPÖ.*

Der Vorwurf Gusenbauers war wohlkonstruiert. Der Politiker hatte sich einer beliebten journalistischen Technik bedient. Mit dem sogenannten »Dreiklang« beginnen Magazinjournalisten häufig längere Geschichten. Der Effekt beim Schüssel-Spot: Die SPÖ präsentiert zwei einleuchtende Beispiele für eine These und erreicht so beim Betrachter Zustimmung für das dritte, entscheidende Beispiel. Gusenbauer zeigt erst jene weltbekannte Szene, in der Bill Clinton seine Affäre mit Monica Lewinsky leugnet. Was folgt, ist wohl ein Schmunzeln des Betrachters und Zustimmung, sobald das Wort »Lügner« erscheint. Jeder weiß, dass Clinton log – und das nützten die Spotschreiber Gusenbauers.

Dann kommt der erste Beleg für die bereits aufgestellte These. Im Gusenbauer-Spot übernimmt den Part der in Österreich unbeliebte George W. Bush. Seine Behauptung, der Irak würde Massenvernichtungswaffen besitzen, war zum Zeitpunkt des österreichischen Wahlkampfs längst widerlegt, Bush als Lügner überführt. Unschwer ist die gewünschte Reaktion beim Zuseher zu erraten. Er soll sich diesmal über Bush ärgern und die »Lügner«-Einblendung erneut abnicken.

Der dritte Teil des einfachen, aber zielsicheren Spots macht den Deal mit dem Wähler perfekt. Gezeigt wird diesmal Schüssel, zu hören ist ein Zitat des Bundeskanzlers. Der aus dem Journalismus abgekupferte Kniff: Die Zuseher sind durch die Beispiele Clinton und Bush bereits so »konditioniert«, dass sich Schüssels Worte leicht in die Sparte »Unwahrheiten« einreihen lassen. Geht es nach Gusenbauers Spin Doktoren, sollen sie am Ende der Einschaltung einfach noch einmal nicken und so auch den Kanzler, zumindest gefühlt, der Lüge überführen.

Der Sog zur gewünschten Fremdpositionierung Schüssels als »Lügner« ist in dem Spot so stark, dass die Macher sogar darauf verzichteten, Fakten für ihre Behauptung vorzubringen. Zum Abschluss werden lediglich ein Kampagnenslogan der SPÖ und das Parteilogo eingeblendet.

Der Anti-Schüssel-Spot war effektiv. Er manövrierte den Kanzler ins Eck. Doch Schüssel reagierte nicht auf die massive Fremdpositionierung durch Gusenbauer. Der beschriebene Spot war beileibe nicht der einzige, den die SPÖ in die Schlacht geworfen hatte. Schüssel ignorierte all das und ließ es geschehen, dass die Fremdpositionierung durch den sozialdemokratischen Herausforderer erfolgreich sein konnte. Betrachtet man noch einmal die Gusenbauer-versus-Schüssel-Box, wird klar, mit welchen Vorwürfen Schüssel hätte kontern können. Der VP-Chef entschloss sich zu schweigen – mit fatalen Folgen für seine Partei.

Negativ und »dreckig«: Der kleine Unterschied

Die Gleichstellung zwischen Clinton, Bush und Schüssel ist auch ein Beispiel für den fließenden Übergang zwischen Dirty und Negative Campaigning, also zwischen echt dreckigen und »bloß« negativen Kampagnen. Politiker wissen um die feinen, aber durchaus bedeutsamen Unterschiede zwischen den beiden Arten, dem Gegner am Zeug zu flicken. Nimmt man die Attribute und Behauptungen über die Kandidaten aus der gerade gezeichneten Botschafts-Box zwischen Gusenbauer und Schüssel, so kann man diese anhand zweier Parameter einordnen: Wahrheit und Glaubwürdigkeit. Mischt ein Politiker die beiden, bekommt er einen guten Überblick über ethisch vertretbare und bedenkliche Botschaften.

Die Gewissens-Box

Botschaften, die wahr und glaubwürdig sind	Botschaften, die unwahr, aber sehr wohl glaubwürdig sind
Botschaften, die wahr und unglaubwürdig sind	Botschaften, die unwahr und unglaubwürdig sind

Dieses Raster scheidet Dirty von Negative Campaigning. Im linken, oberen Viertel der Gewissens-Box stehen jene Äußerungen über den Gegner, die belegbar sind – und die sich dieser demnach gefallen lassen muss. Im Falle von Bush, dem Älteren, und seiner Ankündigung, keine neuen Steuern einführen zu wollen, liegt der Fall klar: Bush ist überführt. Bei Schüssel ist das etwas komplizierter. Denn seine Aussage, wonach kein Jugendlicher Angst um eine Lehrstelle haben müsse, kann zwar natürlich mit der Jugendarbeitslosigkeits-Statistik belegt werden. Andererseits gibt es aber wohl auch andere Gründe als ein Versagen der Politik, warum Jugendliche nicht sofort in den Arbeitsprozess eingegliedert werden können. Das Überlegte an dem Spot ist aber natürlich, dass Schüssel auf eine Ebene mit den beiden »überführten« Lügnern Bush und Clinton gestellt wird.

Ob die Gleichstellung der drei Politiker ethisch vertretbar ist, bleibt der subjektiven Einschätzung des Betrachters überlassen. Während ÖVP-Anhänger ziemlich sicher der Ansicht zuneigen, der Spot stelle eine klare Grenzüberschreitung dar, sehen das SPÖ-Fans wohl entspannter.

Doch zurück zur Gewissens-Box. Jene Botschaften, die ins linke untere Eck gehören, werden von vifen Kampagnenmanagern geflissentlich vergessen. Denn was wahr, aber unglaubwürdig ist, kann schwer kommuniziert werden. In jedem Fall aber bedeutet der Aufwand, eine Botschaft glaubwürdig zu »machen«, oft eine ressourcentechnische Überforderung einer Kampagne.

Als Beispiel für diese oft vergebene Liebesmüh kann ein anderer Vertreter von Schwarz-Blau dienen: Ex-Finanzminister Karl-Heinz Grasser. Zumindest solange dieser noch in Amt und Würden war, prallte jede Negativkampagne an ihm ab. Die Behauptung, Grasser sei ein Schaumschläger und schlechter Finanzminister, wäre in den Wahlkämpfen 2002 und auch noch 2006 auf keinen sehr fruchtbaren Boden gefallen. Zu gut war damals das Image des ehemaligen Sonnyboys der österreichischen Innenpolitik (ein Umstand, der sich mittlerweile geändert hat).

Das rechte untere Viertel der Gewissens-Box wird jeder Politikexperte ohnehin ignorieren, das darüberliegende dagegen verdient besondere Aufmerksamkeit. Jene Botschaften nämlich, die zwar unwahr (oder zumindest nicht belegbar) sind, die sich aber bei Umfragen und Fokusgruppen als in der Wählerschaft als durchaus glaubwürdig erweisen, führen wohl jeden Wahlkämpfer in Versuchung. Hier kommt es tatsächlich auf das Gewissen des Kampagnenmanagers und des Kandidaten an. Denn unbestritten ist es in der Politik so, dass es beim Kampf um Prozente und Mandate weniger um Wahr*heit* als vielmehr um Wahr*nehmung* geht. Entspricht nun eine kommunizierte Botschaft zwar nicht den Fakten, wird sie aber vom Publikum dennoch geglaubt, betritt der Politiker das Feld der »dreckigen« Kampagne. Denn: Der angeschüttete Gegner muss sich gegen etwas zur Wehr setzen, was er definitiv nicht verschuldet hat.

Meist versprechen solche Attacken Erfolg. Mit ihrer Hilfe lassen sich starke Emotionen auslösen, stellen sie doch oft auf das sogenannte »Bauchgefühl« des Publikums ab. Im schon besprochenen Wahlkampf Gusenbauer gegen Schüssel verstärkte die Sozialdemokratie ihre Attacken auf die ÖVP mit Behauptungen, die weitgehend aus dem Reich der Fiktion stammten. Auf Plakaten wurde Schüssel unterstellt, er wolle in der kommenden Legislaturperiode Schulgeld und eine PKW-Maut einführen. Zudem drohte laut SPÖ unter ÖVP-Führung auch noch der Ausverkauf des österreichischen Wassers.

Die Kampagne war geschickt gestrickt. Ethisch korrekt war sie wohl weniger. Doch wahr ist auch: Die ÖVP und Kanzler Schüssel hatten selbst nichts gegen ein Image unternommen, das es zuließ, dass ihnen solche Maßnahmen tatsächlich zugetraut wurden. Sie hatten vergessen, sich politisch zu immunisieren.

Beschwerden der ÖVP über die Methoden der Sozialdemokratie hätten beim professionellen Beobachter übrigens nur wenig Mitleid ausgelöst. Vier Jahre vor der SPÖ-Diffamierungskampagne hatte die Volkspartei nämlich selbst erfolgreich negativ aufgeladene Flüsterkampagnen gegen die SPÖ eingesetzt, die auch nicht unbedingt auf harten Zahlen und Fakten beruhten. Angesichts des schon 2002 schlechten Images der deutschen rot-grünen Regierung in Österreich hatten die ÖVP-Spinmeister in eher ruralen Gebieten des Landes folgende Geschichten gestreut: Würden SPÖ und Grüne in der Regierung landen, drohten der Alpenrepublik die Einführung von »Haschtrafiken« und überhaupt eine »Zwangsvegetarisierung«. Mehr hatte die gegenüber weichen Drogen und Vegetariern oft wenig tolerante ländliche Bevölkerung nicht gebraucht. Die zahlreichen ÖVP-Bürgermeister wurden jedenfalls zu sehr erfolgreichen Botschaftern dieser rot-grünen Horrorszenarien.

Die ethische Dimension eines Politikers ist also leicht an den Kategorien der Gewissens-Box abzulesen. Schmutzkübelkampagnen können freilich auch dann vorliegen, wenn Botschaften wahr sind. Das ist meist dann der Fall, wenn Details aus dem Privatleben eines Politikers von seinen Gegnern an die Öffentlichkeit gezerrt werden. Ein Beispiel dafür waren Versuche, die angebliche Bisexualität des ehemaligen Kärntner Landeshauptmanns Jörg Haider (FPÖ, später BZÖ) ans Licht der Öffentlichkeit zu zerren. Lange hatte der Grundkonsens unter den österreichischen Medien gehalten, über die sexuelle Orientierung Haiders kein Wort zu verlieren, zumindest so lange nicht, als er keine strafrechtlich relevanten Handlungen beging oder sich abschätzig über Homosexuelle äußerte. Seine politischen Gegner hatten sich ebenfalls weitgehend an diese stille Übereinkunft gehalten. Erst durch die Umstände um den Unfalltod Haiders – er besuchte knapp vor seinem Ableben ein bekanntes Klagenfurter Homosexuellenlokal – bröckelte die mediale Zurückhaltung.

In Wahlkämpfen allerdings wurden Haiders Neigungen nie offensiv kommuniziert. Ein Grund dafür mag aber auch gewesen sein, dass zumindest Sympathisanten Haiders die Botschaft auch nie und nimmer geglaubt hätten. Im Gegenteil: Die Anwürfe wären von seinen Fans rasch als Vernichtungsstrategie gegen Haider enttarnt und von ihm selbst erfolgreich als »Sudelkampagne der linkslinken Jagdgesellschaft« gebrandmarkt worden. Haider wäre wegen Mangels an Glaubwürdigkeit der Botschaft so wohl eher eine Mobilisierung seiner Anhänger gelungen.

Umgekehrt war Haider selbst einer der ersten Politiker Österreichs, der das gesamte Waffenarsenal der Negativkampagnen für sich zu nutzen wusste. Nicht nur einmal strengte der Oppositionsführer persönliche Vernichtungsfeldzüge gegen politische Mitbewerber oder auch nur angebliche Polit-Günstlinge an, um dabei politisches Kleingeld zu wechseln und seine Ziele ohne Rücksicht auf andere zu erreichen. Ein Opfer Haiders wurde auf diese Art etwa der Wiener Finanzrechtler Werner Doralt. Haider hat dem Universitätsprofessor 1992 zu Unrecht vorgeworfen, in einen Bauskandal verwickelt zu sein. Die Anschuldigungen vereitelten Doralts Bestellung zum Rechnungshofpräsidenten. Haider musste sich zwar entschuldigen, hatte den politischen Punkt aber längst gemacht.

Wie andere Negativ-Wahlkämpfer wusste auch er: Was bei Attacken zählt, ist der rasche Reputationsverlust des Angegriffenen. Ohne ihn persönlich zu kennen oder ihm ideologisch auch nur irgendwie nahezustehen, folgte Haider damit der Leitlinie von Bill Clintons erfolgreichem Wahlkampfmanager des Jahres 1992, James Carville. Der drahtige Südstaatler hat einmal zu Protokoll gegeben: »Sei aggressiv. In der Politik gibt es dafür nur ein Rezept: Attacke.« Carville und seine zahlreichen Branchenkollegen in den USA nutzen verschiedenste Arten des Negative Campaigning. Das Arsenal an Waffen, das den professionellen Angreifern der Politik zur Verfügung steht, ist schier unerschöpflich.

Die Faust im Gesicht

Der persönliche Infight, bei dem sich zwei politische Gegner auszuknocken versuchen, ist die gebräuchlichste Art des Negative Campaigning. Diese direkte Form der Auseinandersetzung ist wohl noch die geradlinigste. Denn weder verleugnet der Absender einer Attacke seine Autorenschaft noch wird allzu tief in den Schmutzkübel gegriffen. James Carville fasst das Prinzip des direkten politischen Fights so zusammen: »Spürt der Gegner meine Faust in seinem Gesicht, kann er mich schlechter attackieren.« Es geht also vor allem darum, schneller zu sein als der Gegner und diesen in die Defensive zu drängen, bevor man sich selbst dort wiederfindet.

Jede professionell ausgestaltete Botschafts-Box beinhaltet – wie das Beispiel Gusenbauer-Schüssel zeigt – alle möglichen Angriffslinien ebenso wie die eigenen Schwächen. Bevor man letztere bloßlegt und darauf wartet, dass sie von der Gegenseite thematisiert werden, agiert man selbst. Das ist die politische Logik. Wer in einem solchen Match passiv bleibt, hat das Nachsehen. Andererseits: Werden die gegenseitigen Beflegelungen zu heftig, profitieren zumindest in Mehrparteiensystemen wie Österreich oft Dritte.

Dieses Problem stellt sich in den USA so nicht. Dort treibt das Rennen darum, wer den anderen zuerst erfolgreich »fremdpositioniert«, skurrile Blüten. In Präsidentschaftswahlkämpfen gehen die Negativkampagnen oft schon vor dem Startschuss los. Bill Clinton etwa schaffte es 1996, seinen republikanischen Herausforderer Bob Dole de facto in die Knie zu zwingen, bevor dieser noch seine Wahlkampfplanung gestartet hatte. Aus der Gegenüberstellung in der Botschafts-Box wusste Clinton haargenau, wo Doles verwundbare Punkte lagen. Der Republikaner war zu alt und zu wenig dynamisch, er galt bei verschiedenen Themen als inkonsistent und zählte einen der meistgehassten Politiker des Landes, den republikanischen Mehrheitsführer im Repräsentantenhaus Newt Gingrich, zu seinen engsten Mitstreitern.

Clinton stellte Dole sehr früh im Rennen als dem Job des Präsidenten schon rein alters- und belastungsmäßig nicht gewachsen dar. Außerdem knüpfte er den an sich ausgleichenden Herausforderer imagemäßig eng an den Polarisierer Gingrich. Eine Spaltung, so Clinton in seinem frühen medialen Blitzkrieg, könne das Land aber nicht gebrauchen. Der letzte Schlag des Demokraten gegen Dole: Er porträtierte diesen als »Flip-Flopper«, als einen, der seine politischen Meinungen zu entscheidenden Themen immer wieder wechsle. Die radikale Fremdpositionierung Doles ging auf. Der Republikaner konnte sich während seiner ganzen Kampagne nicht erholen. Das Image war ramponiert, der Herausforderer ging noch vor Runde 1 im Ring k. o.

Sehr ähnlich erging es acht Jahre später dem Demokraten John F. Kerry bei seinem Versuch, George W. Bush zu entthronen. Im Mai 2004, drei Monate bevor Kerry als offizieller Kandidat der Demokraten aufs Schild gehoben wurde, hatte die Bush-Kampagne schon 50.000 negative Spots über den Demokraten ins Feld geschickt. Kerry – wie auch Dole jahrzehntelang Mitglied des in weiten Teilen der Bevölkerung wenig geschätzten US-Senats – wurde seine lange Geschichte in der Gesetzgebung zum Verhängnis. In einem viel beachteten Spot gelang Bush eine wirksame »Fremdpositionierung« des Demokraten. Untermalt von den Klängen des Donauwalzers sah man den ganzen Spot hindurch John Kerry beim Windsurfen.

> **Der Surf-Spot**: (Eingeblendet ist ausschließlich John Kerry beim Surfen. Durch den Schnitt des Spots ändert er aber ständig seine Richtung, einmal fährt er von links nach rechts, in der nächsten Sekunde geht's in die entgegengesetzte Richtung. Diese Vorgangsweise wird zigfach wiederholt. Erzähler:) *Auf welchen Weg würde uns John Kerry führen? Kerry hat für den Irak-Krieg gestimmt, dann dagegen, dann dafür – und jetzt ist er wieder gegen den Irak-Einsatz.* (Die Einblendungen »unterstützt« und »abgelehnt« ändern sich jeweils mit der Fahrtrichtung Kerrys.) *Er hat sich damit gebrüstet, unsere Truppen mit 87 Milliarden Dollar zu unterstützen. Dann hat er wieder gegen diese Maßnahme gestimmt. Erst hat er für die Bildungsreform gestimmt, dann wieder dagegen. Er behauptet, dass er gegen eine teurere Krankenversicherung ist, hat aber fünfmal für eine Erhöhung gestimmt. John Kerry: Ein Fähnchen im Wind.*

Die kurzweilige Einschaltung verfehlte ihre Wirkung nicht. Wie Dole galt auch Kerry in weiten Teilen der Bevölkerung bald als jener Flip-Flopper, als den ihn die Republikaner darstellen wollten. Kerry machte dabei auch gewaltige Fehler, die seinen republikanischen Gegnern nur neue Munition lieferten. In einer Wahlveranstaltung rechtfertigte er sich etwa für sein verwirrendes Abstimmungsverhalten den Irak-Krieg betreffend und meinte wörtlich: »Ich habe ja tatsächlich erst für den Krieg gestimmt, bevor ich mich dagegen entschieden habe.« Was folgte, war eine Auflistung jener Umstände, die sich nach Meinung Kerrys inzwischen im Irak geändert hätten und die einen Meinungsumschwung legitimieren würden.

Allein: Für eine solche Rechtfertigung war es zu spät. Kerry hatte sich in seiner Rede amateurhaft verhalten und seinen Gegnern das geliefert, was sie am dringendsten brauchten: Den eben zitierten, entscheidenden Satz. Die Republikaner schnitten den aus der Rede und flochten ihn als Beleg für Kerrys »Flip-Flops« in ihre Spots. Der Demokrat wurde wie George Bush senior bei seinem Steuer-Versprechen und auch Wolfgang Schüssel in Gusenbauers Jugendarbeitslosigkeits-Spot Opfer seiner eigenen Worte. Er spielte in den gegen ihn gerichteten Angriffen unfreiwillig den Kronzeugen der Anklage.

Das Bush-Team befolgte bei seinem Vorgehen einen wesentlichen Grundsatz für Negativkampagnen: Wer die eigenen Worte des Gegners erfolgreich gegen diesen richten kann, hat eine erfolgreiche Waffe im Wahlkampf.

Der Mannschaft um Karl Rove, Bushs engsten Berater, gelang noch ein weiterer Kunstkniff. Sie ließ nicht zu, dass Kerry eine klare Unterscheidung zwischen sich und Bush beim Thema Irak-Krieg zustande brachte. Der US-Präsident war an dieser Flanke verwundbar, denn schon zu Zeiten des Wahlkampfs 2004 wuchs die innenpolitische Kritik am US-Vorgehen. Doch Kerry hatte sich eben selbst ins Out geschossen und konnte Bushs Schwachpunkt nicht nutzen. Rove dagegen zog eine andere Unterscheidung zwischen den beiden Kandidaten heran: Er zeigte Kerry als Mann ohne Überzeugungen – und seinen Chef Bush als jenen, der seine Linie unbeirrt von allen äußeren Einflüssen durchzog. Die Frage der Willens- und Führungsstärke wurde so zu einer der entscheidenden in der Präsidentschaftswahl 2004.

Harte Bandagen gibt es bei US-Präsidentschaftswahlen aber nicht nur zwischen Republikanern und Demokraten. Schon bei den davor stattfindenden innerparteilichen Vorwahlen kann es mitunter heftig zur Sache gehen. Ein Match, das an Härte kaum zu überbieten war, spielte sich im Frühjahr 2008 zwischen dem späteren US-Präsidenten Barack Obama und der eigentlichen Favoritin aufs demokratische Präsidentschaftsticket Hillary Clinton ab. Nachdem sich Obama in den ersten Vorwahlgängen überraschend gut gegen Clinton behauptet hatte, schlug diese bald eine etwas schärfere Gangart ein.

Die zahlreichen Clinton-Berater hatten die größte Schwäche des jungen Senators aus Illinois bald ausgemacht: seine mangelnde politische Erfahrung. Angesichts zahlreicher innen- wie außenpolitischer Krisen, so meinten die erfahrenen Haudegen an Clintons Seite, müsste Obama an dieser Flanke zu schlagen sein. Die demokratische Anti-Obama-Kampagne war perfekt orchestriert. Clinton-Intimus James Carville, ein gern gesehener Gast in politischen Talkshows, legte die Linie fest. »Ich glaube nicht, dass Obama fit für den Job des amerikanischen Präsidenten ist. Er hat noch kein politisches Stahlbad hinter sich. Er wurde noch nie getestet«, sagte Carville.

Was folgte, war eine Reihe direkter Attacken Clintons gegen Obama in den zahlreichen Studiokonfrontationen der demokratischen Kandidaten. Gipfeln sollte das Greenhorn-Bashing jedoch in einem Spot, der über Wochen zum zentralen Inhalt der inneramerikanischen Berichterstattung wurde, dem sogenannten »Red Phone Spot«. Das berühmte rote Notfall-Telefon im Weißen Haus wurde akustischer Hauptdarsteller der filmischen Attacke gegen Obama.

> **Das Rote Telefon**: (Zu sehen sind Aufnahmen eines Einfamilienhauses bei Nacht, danach ist eine ganze Serie an ruhig schlafenden Kindern und Babys zu sehen. Das Telefon läutet. Dazu ertönt die ernste Stimme des Erzählers:) *Es ist drei Uhr nachts und Ihre Kinder sind in Sicherheit und schlafen. Aber im Weißen Haus läutet ein Telefon. Irgendwo auf der Welt ist etwas passiert. Ihre Wahl wird darüber entscheiden, wer diesen Anruf im Weißen Haus entgegennimmt. Ob es jemand ist, der die politischen Führer der Welt kennt, der das Militär kennt und der sich bereits bewähren konnte und bereit ist,*

die Führung in einer gefährlichen Welt zu übernehmen. Es ist drei Uhr nachts und Ihre Kinder sind in Sicherheit und schlafen. Wenn es nach Ihnen geht: Wer soll den Hörer abnehmen? (Am Ende des Spots erscheint Hillary Clinton bei einem nächtlichen Telefonat. Eingeblendet wird eine Wahlaufforderung für Clinton. Die Präsidentschaftskandidatin sagt (wie es die politischen Werbegesetze in den USA verlangen):) *Ich bin Hillary Clinton und ich habe diesen Spot genehmigt.*

Sukkus der Einschaltung: Clinton besitzt jene Erfahrung, die im Weißen Haus nötig sein würde. Obama dagegen war vielleicht der frischere Kandidat, aber im Krisenfall wüsste er eben nicht, was zu tun sei. Außerdem, und auch das war die Botschaft des Clinton-Teams: Gegen die jede Schwäche nutzenden Republikaner hätte der Senatoren-Frischling im Präsidentschaftsrennen keine Chance. Mit dieser Einschätzung täuschten sich Carville & Co. gleich mehrfach. Denn Hillary Clinton konnte mit Hilfe des Spots zwar in konservativeren Bundesstaaten wie Texas punkten, den Zug zu Obama konnte sie aber nicht mehr aufhalten. Und auch die Attacken der Republikaner auf Obama blieben hinter den Erwartungen der Clinton-Berater. Ihre Kandidatin hatte mitunter härter hingelangt – und Obama jenes politische Stahlbad verpasst, das ihm laut Carville noch gefehlt hatte. Obama hatte zudem den Spot gut gekontert und in einer dem Red Phone Spot nachempfundenen Einschaltung Clintons ursprüngliche Unterstützung des Irak-Kriegs von Präsident Bush thematisiert. Politische Führung, so Obamas Argument, sei weniger eine Frage des Alters als eine der politischen Einschätzungen und Prinzipien.

All diese Beispiele zeigen, dass negative und kontrastierende Werbung sehr oft stimmenmaximierend wirkt. Bei vielen unüberschaubaren politischen Debatten sind einfache vergleichende Slogans oft das Einzige, was aus der Flut an Botschaften hervorsticht. Sie reduzieren Komplexität und brechen verwirrende Informationen auf das (aus Sicht des Wahlwerbers) Wesentliche herunter.

Diese Methode wird natürlich auch in Österreich angewandt – und zwar nicht nur in Wahlkämpfen. Wenn sich der seit 2008 als ÖVP-Chef amtierende Josef Pröll nach nur zehn Monaten im Amt in einer staatstragenden Rede an die Nation wendet, dann soll das aus Sicht der Berater der Volkspartei auch eine klare Trennlinie zum Koalitionspartner und Kanzler Werner Faymann ziehen. Nicht umsonst war die Rede mit gut versteckten Spitzen gegen die SPÖ gespickt. Die Botschaft des Finanzministers: Ich »kann Kanzler«, der andere kann's nicht.

In Österreich ist allerdings auch die viel schärfere Form der kontrastierenden Werbung gebräuchlich. Das dramatischste Anschauungsmaterial dafür liefert in regelmäßigen Abständen die FPÖ unter Heinz-Christian Strache (und davor schon unter Jörg Haider). Im Wiener Gemeinderatswahlkampf 2005 hatte Strache großspurig das »Duell« um Wien ausgerufen. Auf einem FPÖ-Plakat fanden sich denn auch die beiden Kombattanten. Unter dem Konterfei des absolut regierenden Bürgermeisters Michael Häupl (SPÖ) stand »Für mehr Zuwanderung«, unter dem Bild des Herausforderers Strache »Für uns Wiener« geschrieben. Besonders pikant: Hinter Häupl prangte das Bild einer Moschee, hinter Strache fand sich dagegen der Stephansdom. Für klare Fronten war aus Sicht der Freiheitlichen also gesorgt. Mit der auch medial so aufgenommenen Ausrufung eines Duells operierte der damals 15-Prozent-Mann Strache auf einer Ebene mit dem mächtigen Bürgermeister. Der FPÖ reichte es, nur den Anschein eines tatsächlichen Rennens zu erwecken. Trotz gerade erfolgter Parteispaltung gelang so ein respektables Ergebnis am Wahlabend.

Das beschriebene Plakat deutet auch etwas anderes an. Wie keine andere Partei in Österreich »pflegt« die FPÖ nicht nur die Abgrenzung gegenüber politischen Mitbewerbern. Die blauen Kampagnen gehen sehr oft auch zulasten von Bevölkerungsgruppen, die nicht direkt ins Wahlkampfgeschehen eingreifen (können). Sie werden zwar mit dem politischen Mitbewerb assoziiert, sind aber auch direktes Ziel der blauen Attacken.

Zahlreich sind dabei die freiheitlichen Angriffe auf Zuwanderer im Allgemeinen und Muslime im Besonderen. Slogans wie »Deutsch statt Nix versteh'n«, »Daham statt Islam« oder »Bummerin statt Muezzin« gehören in Wahlkampfzeiten schon fast zum Alltag. Und auch hier ist wieder der Faktor Angst die Triebfeder der Kampagnenmanager. Gerade freiheitliche Wählergruppen sind in hohem Maß demokratieverdrossen und müssen von den blauen Strategen besonders emotionalisiert werden. Dass dabei auch der allgemeine Unmut bei unzufriedenen Anhängern anderer Parteien steigen kann, ist ein wohlkalkulierter Nebeneffekt. In ihrer professionellen und extrem polarisierenden Art, Negativwerbung zu machen, stehen die freiheitlichen Kampagnenexperten jedenfalls kaum hinter eindringlichen Beispielen des Dirty Campaigning aus den USA zurück.

Der Bihänder

Im Unterschied zum offenen Faustkampf zweier Kontrahenten gehen Politiker mit der Wahl des Bihänders einen Schritt weiter. Ziel der Attacken ist es nicht mehr nur, den Gegner in die Defensive zu drängen und die eigenen Stärken zu betonen. Die Absicht ist vielmehr, den Gegner tatsächlich politisch zu vernichten. Wo Dirty Campaigning angewandt wird, soll danach kein Gras mehr wachsen. Um das zu erreichen, wird an die äußersten Grenzen politischer Werbung gegangen. Im Mittelpunkt der Angriffe stehen entweder der höchstpersönliche Lebensbereich des Gegners oder das bewusste Schüren gesellschaftspolitischer Horrorvisionen, die dieser angeblich in Kauf nimmt oder sogar anstrebt. Politische Werbung wird in diesem Fall zu einem Spiel mit extremen Emotionen.

Natürlich gibt es sie, die Meister dieses wirklich »dreckigen« Wahlkampfstils. Karl Rove, Lee Atwater oder Roger Ailes, allesamt Republikaner, sind oder waren solche. Auf demokratischer Seite konnten etwa auch James Carville und Dick Morris gehörig zulangen. Wirklich zugeben würde das aber wohl keiner der genannten Herren. Mit Schmutzkübeln schmückt sich niemand. Brüstet sich außerdem ein Verantwortlicher während einer Kampagne mit solchen Methoden, kommt unter Garantie der eigene Kandidat in die Defensive. Und das will dann erst recht keiner.

Eine fast schon rühmliche Ausnahme war in dieser Hinsicht einer der Berater Alfred Gusenbauers aus dem Nationalratswahlkampf 2006. Alois »Luigi« Schober, Wiener Promi-Werber, schockierte die politische Landschaft, vor allem aber die Mitarbeiter der eigenen Kampagne mit einer selten freimütigen Wahlkampf-Ansage. Im Magazin »profil« verglich er den zu erwartenden Stil Gusenbauers schon am Beginn des Wahlkampfs mit einer heimtückischen Brandwaffe: »Napalm! Ich sage nur: Napalm!«

Der martialischen Ankündigung folgte zwar ein professioneller und aus Sicht des angegriffenen Kanzlers Schüssel mitunter auch untergriffiger Negativwahlkampf. Doch an die amerikanischen »Vorbilder« in Sachen Dirty Campaigning reichten die SPÖ-Bemühungen beileibe nicht heran.

In den USA hat der Griff in die unterste Schublade Tradition. Bedingt durch die stark auf die Persönlichkeit der Kandidaten zugeschnittenen Kampagnen sind sogenannte Charakter-Attentate keine Seltenheit. Ein beliebter Sport von Politikern ist es, Gerüchte über den Gesundheitszustand der Konkurrenten zu streuen. Vor allem für das Präsidentschaftsamt ist es ja nicht unerheblich, in welcher Verfassung derjenige ist, der es für die nächsten Jahre ausüben soll. Nicht selten treten Kandidaten in den USA so schon ungefragt die Flucht nach vorne an und veröffentlichen ihre Gesundheitsakten in vorauseilendem Gehorsam. 2008 etwa konnte das geneigte Publikum erfahren, dass sowohl Barack Obama als auch John McCain über Jahrzehnte Raucher gewesen waren, zumindest McCain aber mit diesem Laster Schluss gemacht hatte.

Experten errechneten gar die wahrscheinliche Lebenserwartung der beiden Kontrahenten. Der zum Zeitpunkt der Veröffentlichung 72-jährige Republikaner McCain – er hatte im Jahr 2000 eine Hautkrebserkrankung überwunden – konnte demnach noch mit etwa zwölf Lebensjahren rechnen. Obama wurde aufgrund einiger Krebsfälle in der Familie ein Lebensalter von nur 78 Jahren prognostiziert. Das war aber immerhin noch genug, um die zwei möglichen Perioden im Weißen Haus zu überstehen. Bei Amtsantritt war Obama erst vergleichsweise zarte 47 Jahre alt.

Von einer durchaus härteren Gangart als diese mitunter humoristisch anmutenden Enthüllungen zeugen andere Beispiele. Das erste massenmedial durchschlagende Charakter-Attentat wurde im Jahr 1964 gestartet. Damals zerstörte der nach dem Mord an John F. Kennedy als Präsident fungierende Lyndon B. Johnson seinen republikanischen Herausforderer Barry Goldwater mit Hilfe eines einzigen Werbespots.

Urheber war Tony Schwartz, einer der Väter der politischen Werbung, der noch heute bei Demokraten hochgeschätzt wird. Hauptdarstellerin des Spots war ein kleines Mädchen, Goldwater dagegen kam namentlich gar nicht vor. Indirekt spielte der Beitrag allerdings auf einige kontroverse Aussagen Goldwaters die Sowjetunion und die allgemeine Lage den Weltfrieden betreffend an. Die Botschaft des berühmt gewordenen »Daisy-Spots« war nicht weniger als die implizite Behauptung, dass unter einem Präsidenten Goldwater der Weltuntergang bevorstünde. Mit härteren Bandagen kann ein Wahlkämpfer wohl kaum antreten. Der Daisy-Spot wurde zwar nur einmal, bei »Monday Night at the Movies«, ausgestrahlt, war danach jedoch als Thema in den Medien durchgehend präsent.

> **Der Daisy-Spot**: (Zu hören ist Vogelgezwitscher. Die Kamera zoomt für einige Sekunden auf ein mitten in einer Blumenwiese stehendes kleines Mädchen, das die Blütenblätter einer Margarite zupft. Es zählt mit zerbrechlicher, unschuldiger Stimme:) *Eins, zwei, drei, vier, fünf, sechs, sieben, acht, neun,* (Sie zögert kurz.) *neun* … (Plötzlich unterbricht eine laute, dramatische Männerstimme und beginnt einen Countdown:) *Zehn, neun, acht* (die Kamera zoomt auf das Gesicht des Mädchens, wie es sichtlich verunsichert und verständnislos gen Himmel blickt), *sieben, sechs, fünf, vier* (die Kamera zoomt immer näher auf das Gesicht des Mädchens und verliert sich schließlich in seiner Pupille), *drei, zwei, eins, null.* (Das Schwarz der Pupille wird von einem aufgehenden Atompilz abgelöst, eine Explosion ist zu hören. Während die Kamera bis zum Ende des Spots auf dem immer bedrohlicheren Atompilz bleibt, hört man Präsident Johnsons Stimme:) *Das steht auf dem Spiel: Eine Welt zu ermöglichen, in der alle Kinder Gottes leben können oder in der sie in der Dunkelheit verschwinden. Wir müssen einander entweder lieben oder wir müssen sterben.* (Ein Sprecher schließt mit den Worten:) *Wählen Sie Präsident Johnson am 3. November. Es steht zu viel auf dem Spiel, um zu Hause zu bleiben.*

Die im Spot beschriebene Horrorvision mag für den Zuschauer des 21. Jahrhunderts skurril und maßlos übertrieben erscheinen. Doch zur Zeit der Ausstrahlung waren die Vereinigten Staaten im Zuge der Kubakrise gerade knapp an einer Eskalation mit der Sowjetunion vorbeigeschrammt. Das Schreckensbild des Atompilzes barg für die meisten US-Wähler also durchaus eine reale Gefahr. Dass dieses Bild tatsächlich zu Kampagnenzwecken eingesetzt wurde, bewirkte eine intensive Debatte über die Grenzen politischer Werbung.

Der Effekt beim Massenpublikum war freilich ein anderer. Der Präsident gewann die Wahl, Goldwater erholte sich von den gezielten Attacken Johnsons nicht mehr. Die Rache Goldwaters folgte spät, aber doch. Die von ihm reformierte republikanische Partei »mauserte« sich in den folgenden Jahren zur eigentlich dominanten Partei der Schmutzkübelkampagnen. 1988 sah den bislang wohl negativsten Wahlkampf der amerikanischen Geschichte. Nach einem beispiellosen Angriffs-Furor schlug der republikanische Vizepräsident George H. W. Bush seinen demokratischen Kontrahenten Michael Dukakis. Letzterer hatte mit einer ganzen Anzeigenserie zu kämpfen, in der er als für das Amt des Präsidenten unfähig dargestellt wurde.

Die Fremdpositionierung Dukakis' durch Bush funktionierte gleich in mehrfacher Hinsicht: Einmal wurde der in den Umfragen erst führende Dukakis erfolgreich als elitär und abgehoben beschrieben. Dann ging es ans Eingemachte: Erst stellten die Republikaner Dukakis' Fähigkeit, das Land und vor allem auch das Militär zu führen, in Abrede. Der letzte und schließlich erfolgreiche Hieb mit dem Kampagnen-Bihänder ging auf die persönliche Weltanschauung Dukakis' nieder. Dieser, so machte Bush glauben, sei in jeder Hinsicht zu liberal. Vor allem seine gesellschaftspolitische Haltung porträtierte der Republikaner als zu lax und damit gemeingefährlich.

Gegipfelt hatte die von Bush-Berater Lee Atwater entworfene Angriffslinie in einem Werbespot, der nicht nur Dukakis frontal attackierte, sondern auch klar rassistische Ressentiments bediente. Hauptdarsteller der Einschaltung war neben Dukakis nämlich Willie Horton, ein Mörder afroamerikanischer Herkunft, der zum Kronzeugen der Anklage gegen den liberalen Demokraten hochstilisiert wurde.

> **Der Willie-Horton-Spot**: (Eingeblendet werden die Bilder von Bush und Dukakis. Ein Sprecher sagt:) *Bush und Dukakis und ihre Haltung zum Thema Verbrechen: Bush unterstützt die Todesstrafe für besonders brutale Mörder.* (Zu sehen ist das Bild Bushs und der Schriftzug: Unterstützt die Todesstrafe. Dann wieder der Sprecher, dazu Dukakis' Bild und der Schriftzug: Ist gegen die Todesstrafe.) *Dukakis ist nicht nur gegen die Todesstrafe, er hat brutalen Mördern sogar Wochenendurlaub vom Gefängnis genehmigt. Einer davon war Willie Horton.* (Das Bild und der Name Hortons werden eingeblendet.) *Er brachte bei einem Raubüberfall einen Buben mit 19*

Messerstichen um. Trotz lebenslanger Haftstrafe bekam Horton zehn Wochenendurlaube vom Gefängnis zugestanden. (Das Bild Hortons mit einem Polizisten wird eingeblendet.) *Horton floh, nahm ein junges Paar als Geisel. Er erstach den Mann und vergewaltigte wiederholt dessen Freundin.* (Eingeblendet sind die Worte: Geiselnahme, erstechen, vergewaltigen. Zu hören ist wieder der Sprecher, dazu wird das Foto von Dukakis eingeblendet.) *Wochenendurlaube aus dem Gefängnis. Das ist Dukakis zum Thema Verbrechen.*

Medien und unabhängige Experten verurteilten die Ausstrahlung des Spots zwar. Doch der verfehlte seine Wirkung nicht. Ähnlich einigen Kampagnen der FPÖ operierte die Republikanische Partei mit Vorurteilen gegenüber Minderheiten. 1988 war das in weiten Teilen der USA durchaus noch eine sehr vielversprechende Art der Wählermobilisierung.

Zwölf Jahre später, im Jahr 2000, hatte sich daran zumindest im Süden des Landes nicht viel geändert. Diesmal klopfte George Bush junior an die Tore des Weißen Hauses. Allein: Den Weg versperrte ihm vorerst noch ein starker Widerpart in der eigenen Partei. In den ersten internen Vorwahlen hatte nämlich Senator John McCain überraschend gut abgeschnitten und war als Favorit in einige entscheidende Wahlgänge im Süden und Westen des Landes gegangen. Unter Kampagnenprofis galt es als Faktum: Würde McCain auch im Süden, etwa im erzkonservativen South Carolina, bestehen, so könnte er statt Bush ins Präsidentschaftsrennen mit dem Demokraten Al Gore gehen.

Es kam anders. Bush und sein mit allen Wassern gewaschener Kampagnenmanager Karl Rove heckten die letztlich erfolgreiche Strategie gegen McCain aus. In South Carolina gab es plötzlich Postwurfsendungen an potenzielle republikanische Wähler, in denen nicht nur behauptet wurde, dass McCains Frau Cindy drogensüchtig sei, sondern auch, dass der Präsidentschaftskandidat mit einer afroamerikanischen Prostituierten ein illegitimes Kind gezeugt hätte. Das Kind, so hieß es im Schreiben, lebe nun sogar mit den McCains. Zum »Beweis« war sogar ein Familienfoto mit einem dunkelhäutigen Kind darauf abgedruckt.

Zeitgleich startete eine Telefonkampagne gleichen Inhalts. In sogenannten »Push Polls«, getarnten Umfragen, die ausschließlich dazu dienen, Gerüchte in die Welt zu setzen, wurde die Story mit dem illegitimen Kind erzählt. Die Anrufer fragten, ob McCain nun noch immer der Kandidat wäre, für den die Person am anderen Ende der Leitung stimmen wolle. Die Story, die da in den Briefen und am Telefon gebracht wurde, war frei erfunden: Die McCains hatten ein Mädchen aus Bangladesch adoptiert. Doch in South Carolina war der Tiefschlag der Bush-Kampagne auf fruchtbaren Boden gefallen. McCain verlor die Vorwahl in diesem entscheidenden Bundesstaat und später auch die Nominierung seiner Partei.

Für Bush war es nicht der erste faule Trick seiner Polit-Karriere. Obwohl sein Stratege Karl Rove auch damals schon jede Involvierung bestritten hatte, waren sich Kampagnen-Kenner in Texas sicher, dass der engste Vertraute Bushs hinter der erfolgreichen Schmutzkübelkampagne gegen die demokratische Gouverneurin Ann Richards stecken musste. Bush hatte diese 1994 nur deshalb entthront, weil sie zuvor durch eine geschickt lancierte Flüsterkampagne als Lesbe »geoutet« wurde. Im erzkonservativen Texas ist das bis heute keine Wahlempfehlung.

Das nach solchen Attacken eindeutig negative Image der Bush-Wahlkämpfer versuchte das Team von Bushs Widersacher bei der Präsidentschaftswahl 2000, Al Gore, für sich zu nutzen. Gore schaffte es, am 12. September 2000, wenige Wochen vor dem Wahlgang, eine große »New York Times«-Geschichte über die unfassbaren Wahlkampfmethoden Bushs zu lancieren. Anlass war ein Spot, den die Republikaner im Bundesstaat Washington gesendet hatten. Dabei ging es zwar um Medikamente für Senioren und die angeblich schlechte Bilanz Gores in dieser Hinsicht. Doch für den Bruchteil einer Sekunde war in dieser Werbung das Wort »Rats« eingeblendet. Die Gore-Kampagne vermutete sofort, dass ihr Kandidat mit Ratten assoziiert werden sollte. Die Bush-Leute verteidigten sich damit, dass die Einblendung bloß ein Überbleibsel des zuvor eingeblendeten Wortes »Bureaucrats« gewesen sei.

Die Wirkung solcher sublimen, ans Unterbewusstsein gerichteten Werbemethoden ist umstritten. Der den Demokraten nahestehende Psychologe Drew Westen will in einer eigenen Versuchsanordnung jedenfalls nachgewiesen haben, dass die Kurz-Einblendung »Rats« eine deutlich negativere Auswirkung auf das Image eines beliebigen Kandidaten hatte als etwa die Einblendung des Begriffs »Star«.

In Österreich sind die Methoden des Dirty Campaigning längst nicht so ausgefeilt. Auch hierzulande gibt es zwar Ansätze zu ethisch bedenklichem Push Polling, bei dem unter dem Deckmantel einer Meinungsumfrage das Image eines Kandidaten negativ beeinflusst werden soll. Doch das kommt selten vor. Meist gehen die Opposition-Research-Abteilungen der Parteien eher plump vor. Im oberösterreichischen Landtagswahlkampf 2009 etwa sollte noch in den letzten Wahlkampfwochen das Image von Langzeit-Landeshauptmann Josef Pühringer angepatzt werden. Unbekannte hatten Plakate des ÖVP-Chefs mit dem Sticker »Ehebrecher« versehen. Der Streit über die Autorenschaft der Kleber währte einige Tage. Während die ÖVP Sozialdemokraten als Drahtzieher vermutete, konterte die SPÖ auf ihre Art: Das Überkleben sei wohl von der ÖVP selbst organisiert worden, mutmaßte man dort. Mit dieser Strategie sollte Pühringer, so die rote Verschwörungstheorie, zum Märtyrer gemacht werden.

Ein negativer Effekt der Kampagne blieb für den schwarzen Landeshauptmann jedenfalls aus – eher hatte die Aktion mobilisierende Wirkung für über die Aktion aufgebrachte ÖVP-Sympathisanten. Fünf Jahre früher allerdings hatte ein ähnlicher Vorstoß in Salzburg mehr Erfolg. Damals wurde das ohnehin kaum strahlende Image von Landeshauptmann Franz Schausberger nachhaltig ramponiert. Den Vorwurf, er würde seine Frau schlagen, konterte der Politiker in einer eigens angesetzten Pressekonferenz an der Seite seiner Gattin. Geholfen hat es letztlich wenig: Schausberger verlor den Landeshauptmannsessel auch aufgrund seiner schlechten Imagewerte an die SPÖ-Kandidatin Gabi Burgstaller.

Die Kanäle, in denen schmutzige Attacken lanciert werden, sind vielfältig. Im US-Präsidentschaftsrennen 2008 spielte sich ein erklecklicher Teil davon im Internet ab. In einer Animation verwandelte sich etwa das Bild des Terroristen Osama bin Laden mit einigen Federstrichen ins Konterfei des demokratischen Kandidaten Barack Obama. Die Urheber dieser Attacke operierten dabei mit dem in den USA damals weit verbreiteten Gerücht, Obama sei aufgrund seiner Herkunft Moslem.

Auch nach Amtsantritt des ersten schwarzen Präsidenten der USA rissen die Attacken nicht ab. Gegen seine geplante Gesundheitsreform machte die republikanische Opposition bei sogenannten Town Hall-Meetings, also Bürgerversammlungen mit Diskussionsmöglichkeit, und mit Demonstrationen mobil. Dabei häufig verwendete Bilder: Obama übermalt als massenmordender »Joker« aus dem Film »Batman« – oder, noch schlimmer: Obama als Adolf Hitler.

Offiziell wurden solche Vergleiche von den Republikanern natürlich nicht angestellt. Auch die Urheberschaft der Bilder wurde selbstredend abgestritten. Denn das gehört ebenfalls zum Einmaleins des professionellen Negative Campaigners: Mit untergriffigen Attacken, die direkt gegen die Persönlichkeit des Opfers gerichtet sind oder die Übertreibungen bar jeder Realität enthalten, hat man offiziell besser nichts zu tun.

Die Auftragskiller

Für Politiker ist die Gefahr bei Negativkampagnen immer die: Je härter man zulangt, desto größer wird die Gefahr, dass man selbst mit dem Inhalt der Attacke assoziiert wird. Was entstehen kann, ist eine Sogwirkung, die den Absender genauso mit in die Abgründe der öffentlichen Meinung reißt wie den Angegriffenen. Passiert ist das im demokratischen Vorwahlkampf zur US-Präsidentenwahl 2004. Die Kandidaten Dick Gephardt und Howard Dean lieferten sich einige heftige Auseinandersetzungen. Gephardt hatte den Favoriten des Kandidatenfeldes massiv unter Druck gesetzt und diesen schließlich die Nominierung gekostet. Der Stil seiner Angriffe ließ aber auch Gephardt in den Augen potenzieller Wähler wenig präsidentiell erscheinen. Den Stich machte schließlich John Kerry, weil er sich lange vornehm aus dem Streit der beiden herausgehalten hatte.

Was aber tut man als Politiker, will man seinem Kontrahenten die Attacken dennoch nicht ersparen? Wie schafft man es, mit Dreck zu werfen, ohne sich dabei die Hände schmutzig zu machen?

Geschickte Politiker sind schon lange dazu übergegangen, die brutalsten Attacken gegen den politischen Mitbewerb auszulagern. Gehen die Angriffe gut, kann man den Schaden beim Gegner ohnehin genießen. Läuft das Manöver schief, ist die Urheberschaft leicht abgestritten. In den USA ist dieser Sport vor allem seit einer Änderung der Werberichtlinien für Kampagnen groß in Mode. Weil die Attacken überhandgenommen hatten, ist es nun nötig, dass sich der jeweilige Absender im Spot zu diesem bekennt.

Das sowie eine Neuordnung bei der Wahlkampffinanzierung, die direkte Zuwendungen an Kandidaten und Parteien streng begrenzt, hat zu einer Flut an außerhalb der klassischen Parteien angesiedelten Gruppierungen geführt. Viele dieser sogenannten »527 groups« sind zwar de jure von den Parteiapparaten unabhängig, fördern aber oft Themen, die den jeweiligen Kandidaten zupasskommen. Diese scheinbar unabhängigen Trupps werden von den Kampagnen dann als Prätorianergarden gegen das politische Gegenüber losgeschickt. Gruppen wie diese sind aus Sicht überlegter Kampagnenmanager ideale Träger für Negativkampagnen. Die Vorteile: Sie stehen außerhalb der traditionellen Parteienlandschaft, können ohne viel mediales Aufsehen Geld sammeln und sind für den politischen Gegner nur schwer fassbar. Will der nämlich direkt zurückschlagen, bietet sich nur die in der Öffentlichkeit meist unbekannte Truppe von Aktivisten. Was tut also der Angegriffene? Er flüchtet selbst zu einer ihm nahestehenden »527«-Gruppe, die dann ihrerseits wieder den Kontrahenten attackiert.

All das klingt kompliziert, mündet in der Realität aber leicht in den altbekannten Schlagabtausch. Der einzige Unterschied ist, dass dieser zu einem Stellvertreterkrieg ausartet. Eines der besten Beispiele für sogenannte »Third Party Advocacy« war der Auftritt einiger Vietnam-Kriegsveteranen im US-Präsidentschaftswahlkampf 2004. Die Gruppe nannte sich »Swift Boat Veterans for Truth«, stand der Kampagne von Präsident George W. Bush nahe und kampagnisierte, wie könnte es anders sein, massiv gegen den Demokraten John F. Kerry.

Die »Schnellbootveteranen für die Wahrheit« hatten dabei einen klaren Auftrag: das Image Kerrys zu ramponieren. Dass der Demokrat ein hoch dekorierter Kriegsveteran war, ausgezeichnet unter anderem mit drei »Purple Hearts« für Verwundungen im Kampf, stellte für den Präsidenten ein massives Problem dar. Bush sah sich selbst als den eigentlich starken Mann in Sachen innere Sicherheit. Kerrys Image schien dieses Alleinstellungsmerkmal der Republikaner zu bedrohen. Dazu kam, dass Bush sich nicht nach Vietnam begeben hatte. Er sicherte während der Zeit des Krieges den Luftraum über Texas – retrospektiv keine vertrauensbildende Maßnahme für den »Commander in Chief«.

Die republikanische Analyse der Stärke- und Schwächefelder der Kandidaten ergab jedenfalls, dass von Kerry Gefahr ausging. Die logische Schlussfolgerung eines geübten Kommunikators wie Karl Rove konnte nur sein: volle Attacke auf Kerry. Die Charakter-Attentate mussten eben nur ausgelagert werden, denn dem amtierenden Präsidenten stand es nicht gut an, sich auf diese Ebene zu begeben.

Also wurde die Mission ein Fall für die »Swift Boat Veterans for Truth«. Im Gegensatz zu Bush konnten die Veteranen glaubwürdig über den Vietnam-Krieg kommunizieren, und sie durften die dort erworbenen Verdienste Kerrys als Einzige ungestraft in den Schmutz ziehen. Im Sommer 2004, nur wenige Monate vor dem Wahlgang, starteten sie daher ihre Offensive und behaupteten unter anderem, dass sich Kerry in Vietnam als echtes Kameradenschwein erwiesen hätte. Seine im Kampf erlittenen Verwundungen? Die hatte er sich laut Schnellbootveteranen wohl eher selbst zugefügt, um an die begehrten »Purple Hearts« zu gelangen. Kerry ein Held? Aber wo, trat er doch nach seiner Rückkehr aus Vietnam klar gegen den Krieg und damit seine Heimat auf.

In diesem Sommer des Jahres 2004 überschwemmte die finanziell hervorragend ausgestattete Veteranen-Truppe – Großsponsor war unter anderen der texanische Öl-Tycoon T. Boone Pickens mit zwei Millionen Dollar – den Fernsehmarkt in umkämpften US-Bundesstaaten. In den Spots traten vor allem Ex-Kameraden Kerrys auf und stellten seine Errungenschaften massiv in Abrede. Eine der effektivsten Einschaltungen hatte zwei Frauen von früheren amerikanischen Kriegsgefangenen als Hauptdarstellerinnen.

> **Der Veteranen-Spot**: (Zu hören ist gedämpfte Gitarrenmusik. Eingeblendet wird Mary Jane McManus, im Hintergrund steht ein altes Bild ihres Mannes. Sie sagt:) *Drei Monate nach unserer Hochzeit wurde mein Mann über Hanoi abgeschossen.* (Schnitt zu einer anderen Dame, Phyllis Galanti. Wieder sind Familienbilder unscharf im Hintergrund zu sehen. Frau Galanti sagt:) *Paul und ich haben 1963 geheiratet, zwei Jahre später wurde er über Nordvietnam abgeschossen.* (Schnitt zu Frau McManus. Während Bilder von verzweifelten und von vietnamesischen Soldaten bedrohten US-Kriegsgefangenen eingeblendet werden, sagt sie:) *Alle Kriegsgefangenen in Nordvietnam wurden gefoltert, um Geständnisse über angebliche Kriegsverbrechen der USA zu bekommen.* (Schnitt zu Frau Galanti:) *Auf der anderen Seite kam John Kerry zurück aus dem Krieg und beschuldigte alle Vietnam-Veteranen unbeschreibli-*

> *cher Horrortaten.* (Zu sehen ist ein Bild von Kerrys Aussage vor dem außenpolitischen Ausschuss des Senats. Eingeblendet ist eines seiner damaligen Zitate: »Sie (US-Soldaten) haben persönlich vergewaltigt, Ohren und Köpfe abgeschnitten …«) (Filmische Aufnahmen von Kerry werden unterlegt von der Stimme McManus':) *John Kerry hat dem Feind geholfen, ihn unterstützt, indem er bei unserer Regierung für dessen Verhandlungspositionen geworben hat.* (Wieder Frau Galanti, das Gesprochene wird hinterlegt mit Bildern eines bei einer Anti-Vietnam-Demonstration marschierenden Kerry:) *Das alles ist wichtig, weil John Kerry heute will, dass wir ihm vertrauen.* (Eingeblendet wird ein Bild Kerrys. Am Wort ist wieder Frau McManus:) *Ich werde John Kerrys Zeugenaussage niemals vergessen. Wenn wir John Kerry damals nicht vertrauen konnten, wie um alles in der Welt können wir ihm heute vertrauen?*

Dass diese Anwürfe dem Image Kerrys abträglich sein konnten, musste den demokratischen Spindoktoren bewusst gewesen sein. Dennoch: Fast den ganzen Sommer über reagierte man im Kerry-Hauptquartier nicht auf die ausgelagerten Attacken der Republikaner. Man ließ die Chance aus, Bush mit in den Strudel an Verleumdungen zu ziehen, indem man ihn beschuldigte, hinter der Kampagne zu stecken. Stattdessen schwieg Kerry. Die Begründung seines Kampagnenteams: Man wolle einer der Öffentlichkeit unbekannten Gruppe von Veteranen nicht noch mehr Bedeutung verleihen. Das Problem an der Geschichte war nur, dass die Demokraten den sogenannten »Sleeper Effect« unterschätzten, der besagt, dass unbeantwortete Vorwürfe, auch wenn sie von einer eher unzuverlässigen Quelle stammen, nach einiger Zeit doch einen Einfluss ausüben können.

Genau das passierte bei Kerry. Seine Imagewerte sanken, der Vorteil seiner Militärkarriere war bald keiner mehr. Bush dagegen konnte seine Linie durchziehen und weiter die nationale Sicherheit als ein Stärkefeld der Republikaner propagieren.

Vier Jahre nach dem Untergang Kerrys gegen Bush hatten die Demokraten allerdings dazugelernt. Auch in der Kampagne des Saubermanns Barack Obama wurden die wahrhaft schmutzigen Angriffe ausgelagert. So attackierte die den Demokraten freundlich gesonnene Organisation

»Brave New PAC« Obamas Konkurrenten John McCain. Dieser habe, so der Vorwurf, während seiner Gefangenschaft in Vietnam irreparable psychische Schäden erlitten, die ihn für das Präsidentschaftsamt disqualifizierten.

Das McCain-Lager war freilich auch nicht faul und zahlte mit barer Münze zurück. Obama wurde als »unehrlich«, »gefährlich« und »zu riskant für Amerika« dargestellt. In Ketten-E-Mails ohne zuordenbaren Absender wurde behauptet, Obama sei Moslem, worauf ja schon sein zweiter Vorname »Hussein« hindeute. Auch das Zielpublikum der Mails war bewusst gewählt. Die Botschaften wurden vor allem in umkämpften Bundesstaaten und in jüdischen Vierteln, etwa in Florida oder rund um Philadelphia, gestreut. Die »League of American Patriots«, wenig verwunderlich den Republikanern nahestehend, verteilte sogar Broschüren, in denen Obama als Osama bin Laden abgebildet war.

Nach einem umstrittenen Höchstgerichtsurteil vom Jänner 2010 wird sich die Intensität, mit der sich externe Gruppen in den Wahlkampf einmischen, in den USA noch erhöhen. Künftig ist es auch für Unternehmen oder ganze Wirtschaftszweige erlaubt, in der heißen Phase der Wahlauseinandersetzung für oder gegen einen Kandidaten zu mobilisieren. Ein Kandidat wie Obama, der in seiner Amtszeit etwa klar gegen Großbanken auftritt, wird in Zukunft wohl mit massivem Gegenwind aus dieser Richtung zu rechnen haben. Die Zahl »unabhängiger« Kampagnen wird in Wahlkampfzeiten nach diesem Gerichtsurteil wohl noch einmal ansteigen.

Die in Österreich gebräuchliche Form der Auslagerung von Angriffen nimmt sich dagegen zwar aus wie eine Meinungsverschiedenheit im Mädchenpensionat. Doch auch hierzulande entdecken Politiker langsam, aber sicher die Vorteile, die es mit sich bringt, wenn man Angriffe nicht selber reiten muss.

Im Wahlkampf 2006 inszenierte sich Kanzler und ÖVP-Chef Wolfgang Schüssel als über dem tagespolitischen Hickhack stehend. Selber begab er sich also nicht in die Löwengrube. Schüssel blieb bei den von ihm kommunizierten Botschaften positiv. Die Angriffe durfte stellvertretend der ÖVP-Arbeitnehmerflügel, der ÖAAB, führen. In ganzseitigen Inseraten attackierte der ÖVP-Bund die SPÖ etwa in der Causa BAWAG. Auf rot-grünem Hintergrund war da die Aufforderung zu lesen: »Überlassen wir Österreich nicht der Gusenbauer-SPÖ!« Und die Frage: »Ex-SPÖ-Kanzler Vranitzky kassierte Flöttl-Million! Wofür?« Handwerklich war das mit Text überladene Sujet wenig gelungen. Und es blieb einer der wenigen Gehversuche auf dem Gebiet der Auslagerung von Angriffen in diesem Wahlkampf.

2008 versuchte es die ÖVP erneut mit untauglichen Mitteln. Zwar gab es ein paar nette Ideen, etwa eine Internet-Seite, in der das Verhältnis zwischen dem SPÖ-Spitzenkandidaten Werner Faymann und »Krone«-Herausgeber Hans Dichand via Computerspiel aufs Korn genommen wurde. Doch auch 2008 war wieder die SPÖ im Vorteil. Faymann und Co. konnten die effektivste und für das Publikum glaubwürdigste Art der »Third Party Advocacy« anwenden: Sie hatten unabhängige Medien wie die »Kronenzeitung« auf ihrer Seite. In diesen Blättern wurde der Gegner ÖVP fast täglich mit Anwürfen, wie angeblich geplanten unsozialen Sparplänen, konfrontiert.

Der Hinterhalt

Einen Vorteil hatte die offene Strategie der »Kronenzeitung« für die unter Beschuss geratene ÖVP immerhin: Kandidat Wilhelm Molterer wusste, in welchem Medium der Angriff kam und konnte zumindest theoretisch darauf reagieren. So einfach ist es mit geschickt inszenierten Negativkampagnen nicht immer. Denn trickreiche Politiker tarnen die Kanäle, durch die sie ihre Botschaften an die Wähler senden. Sie starten entweder Flüsterkampagnen, die von Sympathisanten in Windeseile verbreitet werden und so vom Angegriffenen kaum einzudämmen sind. Oder sie nutzen andere Medien, die ebenfalls unter dem Radar des gegnerischen Opposition-Research-Teams fliegen.

Die beliebtesten Medienkanäle für solche Attacken sind Postwurfsendungen oder E-Mails. Solche Aktionen werden leicht zum Hinterhalt für das ahnungslose Zielobjekt. Selbst wenn der Angegriffene vom Inhalt der Kampagne gegen ihn erfährt, er weiß nie, wer die Botschaft sonst noch erhalten hat. Damit gibt es auch kaum eine Reaktionsmöglichkeit. Denn gegenüber welcher Zielgruppe soll der in Misskredit geratene Politiker die Vorhaltungen richtigstellen?

Ähnliches gilt für jene Telefonkampagne, mit der US-Senator McCain in seinem Match gegen George Bush konfrontiert war und die seine adoptierte Tochter aus Bangladesch zum Inhalt hatte. Auch hier sind dem unter Druck geratenen Kandidaten die Hände gebunden, weil er schlichtweg keine Ahnung hat, aus welcher Richtung die Angriffe tatsächlich kommen.

Über eine neue Art der Einbindung Dritter in Negativkampagnen stolperte der mächtige US-Senator Tom Daschle im Jahr 2004. Völlig unerwartet unterlag der langjährige Chef der Demokraten im US-Senat seinem Herausforderer John Thune in South Dakota. Der Grund: Daschle hatte die Macht der Internet-Blogs unterschätzt. Mit Hilfe einiger gut etablierter und meinungsstarker Blogger hatte sein republikanischer Herausforderer geschickt Stimmung gegen den Mann in Washington gemacht. Die ethischen Standards wurden auch dabei laufend unterschritten.

Weniger subtil, dafür ebenso effektiv sind andere Formen der Negativkampagnen, wie sie langsam aus den USA nach Europa schwappen. Im Mutterland der modernen Demokratie ist es seit einigen Jahren üblich, auch in Enthüllungsbiografien, Filmen und Talksendungen im Radio gegen andere Kandidaten mobil zu machen. Das Medium Talk Radio ist eine Domäne der Republikaner, in dem diese über eng mit ihrer Bewegung verbundene Moderatoren wie Rush Limbaugh Stimmung erzeugen. Mit seiner fünfmal die Woche ausgestrahlten »Rush Limbaugh Show« erreicht der konservative Medienmann ein Millionenpublikum und attackiert mit Vorliebe US-Präsident Obama. Nachdem dieser 2009 den Friedensnobelpreis erhalten hatte, fand der Republikaner sogar neue Freunde: »Obama ist ein globaler Witz. Diesmal bin ich auf Seiten der Taliban und des Iran. Er hat den Preis nicht verdient«, so Limbaugh.

Der Kinofilm scheint dagegen eine Domäne der Demokraten zu sein – zumindest war das während der Ära George W. Bushs so. Zu verdanken hatte das die demokratische Partei vor allem einem Mann: Michael Moore. Der international erfolgreiche Filmemacher hatte in gleich mehreren sehr tendenziösen »Dokumentationen« heftige Angriffe gegen das republikanische Establishment und dessen Einstellung zu Waffenbesitz, Grundrechten und der Gesundheitspolitik gegeißelt. Der Gipfel von Moores Kampagne war sein Anti-Bush-Film »Fahrenheit 9/11«. Wie Limbaugh erreicht der Oscar-Gewinner mit seinen Produkten Millionen von Menschen, die ihn – anders als die Parteien – als glaubwürdige Quelle betrachten. Für die ihnen nahestehenden Politiker werden Limbaugh, Moore und Co. so zu wichtigen Meinungsmultiplikatoren, gerade wenn es um die Objektivierung einer Negativkampagne gegen den politischen Gegner geht.

Die feine Klinge

Der Clip ist sagenhaft einfach. Die Kamera fokussiert auf die Hand eines Zeichners und einen schwarzen Stift. Im Zeitraffer sieht man auf einer leeren Buchseite eine Karikatur von George W. Bush entstehen. Alles passt: Die Ohren, die Nase, die Stirnfalten. Der Zeichner malt auch ein Hindernis für die Bush-Karikatur aufs Blatt. Dann geht der Cartoon richtig los. Das Bush-Männchen läuft auf das Hindernis zu, eine Wand, die etwa dieselbe Größe wie das Männchen hat. Es überlegt kurz eine Lösung – und findet sie, zumindest scheinbar. Das Männchen beginnt mit dem Kopf gegen die Wand zu stoßen. Nichts tut sich. Doch das Männchen macht weiter, es will partout mit dem Kopf durch die Wand. Nach einigen weiteren Fehlversuchen taucht die Hand des Zeichners wieder auf, schnappt sich Bush und wirft ihn aus dem Blickfeld des Betrachters. Der Zeichner greift erneut zum Schreibgerät und zeichnet die nächste Karikatur – diesmal von Barack Obama. Auch hier passt alles: Die Ohren, die Haare, die Statur. Obama läuft auf das Hindernis zu, überlegt kurz, schnappt sich den Stift und zeichnet eine einfache Aufstiegshilfe. Er läuft locker über das Hindernis, schnappt sich den obersten Rand des Blattes und schlägt eine neue Seite des Buches auf.

All das passiert in nur 30 Sekunden. Und doch beinhaltet der Spot einer demokratischen Vorfeldorganisation, den diese in der Wahlauseinandersetzung zwischen Obama und John McCain millionenfach verschickte und in Medien platzierte, die gesamte Botschaft der Obama-Kampagne. Eine halbe Minute erzählt alles, was man aus Sicht der Demokraten über dieses Rennen wissen musste: Der Cartoon stellt George W. Bush als den wahren Gegner Obamas dar. Er verteufelt die Prioritäten der republikanischen Falken, er zeigt, wie Bush und seine Mitstreiter immer auf die harte Tour setzten und damit letztlich nirgendwo Erfolg hatten. Und er sieht Obama als den überlegten Kandidaten, der die Wurzel des Problems endlich erkennt. Er kann die wenig glorreiche jüngste Vergangenheit der Vereinigten Staaten rasch hinter sich lassen und eine neue Seite im Geschichtsbuch aufschlagen.

Der Spot ist ein Meisterwerk. Abseits der gelungenen Verdichtung der demokratischen Wahlkampf-Botschaft und der Wahl eines Mediums, das beliebt und jedem Zuschauer bestens geläufig ist, setzen die Cartoon-Macher auch noch auf den Faktor Humor. Denn um keine Missverständnisse aufkommen zu lassen: Natürlich handelt es sich beim Cartoon um glasklares Negative Campaigning. Vielleicht wird sogar die Grenze zum Dirty Campaigning überschritten, weil Bush schlicht als Idiot dargestellt wird. Durch die humoristische Aufbereitung allerdings, die Darstellung der politischen Akteure als Karikaturen, wird der Attacke Schärfe und Härte genommen. Der Clip polarisiert weit weniger als die von anderen demokratischen Absendern hundertfach vorgebrachten geifernden Attacken gegen die Republikaner. Beim Betrachten des Clips muss der geneigte Zuschauer unweigerlich schmunzeln – und verinnerlicht so die »Moral« des Spots am besten.

Die Verwendung von Humor und feiner Ironie in Negativkampagnen stellt die höchste Stufe der Professionalität für politische Kommunikatoren dar. Es ist auch eine der schwierigsten Übungen, exakt jenen Ton zu treffen, den die eigenen Anhänger nicht als zu milde oder verniedlichend, neutrale Beobachter aber noch als akzeptabel empfinden. Mit allzu viel Schaum vorm Mund können Spots wie der beschriebene Cartoon nicht entstehen.

Der gewitzte Politiker jedenfalls weiß: Humor schlägt pure Aggression. Das wurde auch schon in österreichischen Wahlkämpfen bewiesen. Eines der am besten gelungenen Stücke an Negativwerbung förderte die Kampagne von Ex-SPÖ-Chef Gusenbauer im Nationalratswahlkampf 2006 ans Tageslicht. Wenige Tage vor dem Wahlgang gegen Amtsinhaber Wolfgang Schüssel schaltete Gusenbauer ganzseitige Inserate in österreichischen Tageszeitungen. Rot-schwarz hinterlegt waren dabei drei Bilder zu sehen. Eines zeigte einen staatsmännisch gestikulierenden Herausforderer Alfred Gusenbauer – in Farbe. Daneben fand sich ein Bild eines eher arrogant dreinblickenden Bundeskanzlers Schüssel – in Schwarz-Weiß. Über Gusenbauers Konterfei konnte man das Attribut »Sozialfighter« lesen, Schüssels Bild zierte der Schriftzug »Eurofighter.« Dazwischen fand sich noch das Wörtchen »statt«. Zu lesen war also: Sozialfighter (=

Gusenbauer) statt Eurofighter (= Schüssel). So weit, so gewöhnlich. Die SPÖ hatte einen der elementarsten Grundsätze von Negativwahlkämpfen brav befolgt: Sie hatte einen scharfen Kontrast erzeugt. Zudem – und auch darauf hatten die Berater Gusenbauers gedrängt – langte der Oppositionschef nicht gegen die ÖVP hin, sondern er lieferte mit der Gusenbauer-Zuschreibung auch gleich die Lösung für das Problem Schüssel.

Doch da war noch ein drittes Bild. Über den beiden Politiker-Porträt fand sich nämlich der Schnappschuss eines Abfangjägers vom Typ Eurofighter. Diese kostspieligen Jets waren von der Regierung Schüssel und unter heftigen Protesten der Opposition angeschafft worden. Gusenbauers Wahlkampfversprechen war, die Flieger wieder abzubestellen, sollte er nach der Wahl ans Ruder kommen. Über dem Bild des Jets war dann der entscheidende Satz des gesamten Inserats zu lesen: »Hier fliegt Ihre Pensionserhöhung!«

Das saß. Wie im Fall Obamas gegen den mit dem Kopf durch die Wand drängenden Bush war es der Sozialdemokratie gelungen, ihre Hauptbotschaft des Wahlkampfs in ein einfaches, leicht verständliches und noch dazu heiteres Sujet zu kleiden. Selbst mancher ÖVP-Anhänger musste beim Betrachten des Plakattextes wohl lachen. Der SPÖ-Vorwurf war zwar bierernst: Die Volkspartei würde die falschen Prioritäten setzen, Schüssel hatte das Geld der Steuerzahler für teures »Kriegsgerät« ausgegeben und damit aus Sicht der SPÖ zum Fenster hinausgeworfen. Und für die armen Pensionisten sei nun nichts mehr übrig. Doch die kampagnentechnische Umsetzung der Anschuldigung bewies Esprit.

Auch hier können Betrachter geteilter Meinung sein, ob diese Zuspitzung noch statthaft ist oder nicht. Der humoristische rote Werbecoup war aber definitiv gelungen.

Die ÖVP ließ sich in einem ihrer wenigen guten Kampagnenmomente dieses Wahlgangs übrigens nicht lumpen und konterte mit einer fast ebenso gerissenen Idee. In einem Kinospot wurde in aller Deutlichkeit, aber gewürzt mit einer Prise Humor, an den roten BAWAG-Skandal erinnert. Er zeigte eine Szene aus dem Leben eines frisch verliebten Paares. Sie wacht morgens in seinem sonnendurchfluteten Loft auf und sieht ihm verträumt nach, wie er gerade ins Badezimmer zum Duschen entschwindet. Sie steht auf und sieht sich ein wenig im Zimmer um. Dabei macht sie dann die schreckliche Entdeckung. Sie findet die bereits fix und fertig ausgefüllte SPÖ-Beitrittserklärung der neuen Eroberung, die auch noch »Elsner« heißt. Die Dame reagiert rasch und – aus Sicht der ÖVP – richtig: Sie verlässt fluchtartig die Wohnung, der Mann schafft es nicht rechtzeitig aus dem Badezimmer und die Romanze ist zu Ende, noch ehe sie begonnen hat. Die klare Botschaft: In Zeiten des BAWAG-Skandals hat man lieber nichts mit der Sozialdemokratie zu tun.

Eine noch spitzfindigere Methode, den Gegner auf lächelnde Art in den Boden zu rammen, hatten die Demokraten 2004 im US-Bundesstaat Illinois. Im dortigen achten Kongress-Distrikt starteten sie eine überaus erfolgreiche Negativkampagne gegen den seit 35 Jahren im Amt befindlichen republikanischen Abgeordneten Phil Crane. Eines Tages im Oktober fanden die Bewohner des Distrikts eine Ansichtskarte in ihrem Postkasten. Darauf abgebildet war ein freundlicher älterer Herr mit Sonnenhut. Bei dem Herrn handelte es sich um den Abgeordneten Crane, wie er gerade an einem weißen Sandstrand vor einer Hängematte, gespannt zwischen zwei Palmen, posierte und lachte. Daneben stand in Balkenlettern: Phil Crane sendet Grüße aus Costa Rica!

Auf der Rückseite kamen dann die sarkastisch formulierten Vorwürfe der Demokraten an Crane. Auf der Ansichtskarte pries er befreundete Lobbyisten, dass sie ihn auf solche Trips einluden und ihm so sein Politikerleben versüßten. Und er bedankte sich auch bei den Wählern des achten Distrikts (und damit den Lesern der Ansichtskarte) dafür, dass sie so dumm gewesen waren, ihn mit ihrer Stimme immer wieder ins Repräsentantenhaus zu entsenden.

Auch dieses Beispiel zeigt, wie hart, aber herzlich Politiker zulangen können. Crane verlor als einer von nur zwei republikanischen Amtsinhabern die Wahl und musste den Sitz im Kongress an seinen demokratischen Herausforderer abgeben. Die ironische Aufbereitung harter Attacken hatte auch diesmal gewirkt.

Einen besonders hinterlistigen Angriff lancierten auch die Berater George W. Bushs im Jahr 2000 gegen Al Gore, den demokratischen Favoriten auf das Präsidentenamt. Sie kombinierten Humor mit der Technik, Zitate des Kontrahenten gegen diesen zu verwenden. Und das ging so:

DIE TOP 10 DES NEGATIVE CAMPAIGNING

1. AUFMERKSAMKEIT ERREGEN. Negativthemen müssen Relevanz für die Wähler besitzen und auf deren Lebenswelten heruntergebrochen werden. Nicht jeder (abstrakte) Finanzskandal mit Politik-Beteiligung erfüllt diese Bedingungen. Oft findet die Aufregung über »Skandale« nur innerhalb eines kleinen Polit-Zirkels statt. Zur Kampagnisierung braucht es aber rege Medien- und Publikumsbeteiligung.

2. EMOTIONALISIEREN. Auch Negativwerbung funktioniert nur über die Emotionsschiene. Der wirksamste Ansatz dabei sind die Ängste des Publikums. Wer bloß mit Fakten auf den Gegner drischt, damit aber nicht die Wertestrukturen des Zielpublikums aktiviert, erreicht nicht viel. Bei Vorwürfen gegen einen politischen Kontrahenten sind die zentralen Fragen fürs Publikum: Warum soll ich mich aufregen? Wodurch bin ich persönlich, wodurch sind meine Werte bedroht?

3. KONTRASTIEREN. Man kann es mögen oder nicht: Negative Campaigning lebt vom Kampf »Gut gegen Böse«. Deshalb gehen gerissene Politiker nicht ausschließlich auf den Gegner los, sondern präsentieren auch gleich die Lösung für das beschriebene Problem. Negative Kampagnen, die keinen Ausweg zeigen, werden schlechter aufgenommen und als destruktiv empfunden.

4. LOGISCH AUFBAUEN UND DOKUMENTIEREN. Zahlen, Daten und Fakten kommen bei professionellen Attacken zwar erst im Kleingedruckten, doch es braucht sie. Ansonsten fehlt der Beweis zum Vorwurf. Die angenehmste Situation für einen Politiker: Wenn er einem »Kollegen« dessen eigene Zitate vorhalten kann. Viele Attacken verlieren durch Detailverliebtheit an Wirkung. Ein einfacher, logischer und schlüssiger Aufbau ist unabdingbar.

5. GLAUBWÜRDIGKEIT TESTEN. Nichts ist sinnloser als eine Attacke, deren Inhalt vom Publikum abgelehnt wird. Mehr noch: Wirken Angriffe falsch und überzogen, fallen sie meist auf den Absender zurück. Deshalb testen professionelle Politiker negative Botschaften auch, bevor sie sie aufs Publikum loslassen.

DIE TOP 10 DES NEGATIVE CAMPAIGNING

6. EIGENE STÄRKEN GEGEN SCHWÄCHEN DES GEGNERS. Das ist ein alter Grundsatz aus der Kriegskunst. Wer die offene Flanke des Gegners findet und den öffentlichen Fokus darauf richten kann, verbessert seine Chancen. Er lenkt so auch leichter von eigenen Schwachpunkten ab. 2006 etwa richtete die SPÖ ihre Sozialkompetenz gegen die angebliche soziale Kälte der ÖVP und gewann ein scheinbar aussichtsloses Rennen.

7. RICHTIG TIMEN. Die Lehre vom richtigen Zeitpunkt ist auch in der Politik entscheidend. Wird zu früh zur Attacke geblasen, bleibt in der heißen Phase bloß ein eingefrorener Posthornton. Wer den Angriff erst wenige Tage vor dem Wahlgang reitet, hat den richtigen Moment versäumt. Eine Nachricht braucht Zeit, um bis zum Zielpublikum durchzusickern.

8. DEN GEGNER TÄUSCHEN. Besonders unangenehm wird es für den Attackierten, wenn er nicht weiß, woher die Angriffe kommen. Damit ist nicht nur der Absender gemeint, sondern in erster Linie die Kanäle, über die Negativ-Botschaften verbreitet werden. Das Opfer muss zwar reagieren, weiß aber nicht gegenüber welchem Zielpublikum.

9. ANGRIFFE AUSLAGERN. Politiker wissen, dass sie generell ein Glaubwürdigkeitsproblem haben. Das gilt auch für Negativkampagnen. Botschaften werden eher geglaubt, wenn sie von unabhängigen Dritten kommen. Die Auslagerung kann auch ethisch verkommene Dirty Campaigner schützen: So können sie Spuren verwischen und werden weniger leicht als Absender des Schmutzkübels enttarnt.

10. EIN SCHUSS HUMOR. Wenn Negativwerbung unterhält, ist sie effektiv. Politiker werden vom Publikum grundsätzlich selten als lustig oder gar ironisch wahrgenommen. Eine humoristische Aufbereitung von Negativkampagnen erhöht nicht nur die Wahrscheinlichkeit aufzufallen, sondern steigert auch die Chancen, dass das Publikum mit der Botschaft zumindest ansatzweise sympathisiert.

Der Gore-Internet-Spot: (Zu sehen ist eine Szene in einer typisch amerikanischen Küche, der Fernseher ist an. Verschiedene Auftritte Gores flimmern über den Schirm, diese sind aber erst nicht hörbar. Stattdessen spricht eine Frau in der Küche über das, was im TV gerade zu sehen ist:) *Sieh an, Al Gore, wie er sich gerade wieder selbst neu erfindet. Als ob ich das nicht merken würde! Wen wird er denn heute spielen? Den Al Gore, der für seine Kampagne Geld in einem buddhistischen Tempel sammelt?* (Gezeigt werden Bilder von Gore mit Buddhisten.) *Oder den, der jetzt auf einmal eine Reform der Wahlkampffinanzierung verspricht?* (Aus dem TV-Set ist leise Gore zu hören, wie er »Ich werde für Sie kämpfen« sagt. Die sarkastische Reaktion der weiblichen Stimme:) *Wirklich? Das ist der Al Gore, der für sich in Anspruch nimmt, was er nie getan hat.* (Langsam geht die Kamera wieder auf den TV-Schirm und Gore sagt, mitten in einem Interview, den Satz:) *Ich habe die Initiative bei der Erfindung des Internet übernommen.* (Nun ist wieder die Frauenstimme zu hören:) *Na klar, und ich habe die Fernbedienung erfunden. Noch so was und ich verkaufe meinen Fernseher.*

Der Trick bei dieser Kombination aus dem (im Übrigen aus dem Zusammenhang gerissenen) Gore-Zitat und der sarkastischen Kommentierung: Der Betrachter muss sich unweigerlich über Gores Anmaßung wundern. Für den Demokraten ist dieser Spot auch kaum widerlegbar. Denn startet er seine Verteidigungslinie mit dem Satz »Ich habe das Internet nicht erfunden« wirkt die Sache erst recht komisch und deplatziert. Hinter der sarkastischen Überhöhung der republikanischen Spin Doktoren versteckte sich eines der härtesten Charakter-Attentate der jüngeren amerikanischen Geschichte. Gore wurde als einer gezeichnet, der alles, aber wirklich alles sagen und von sich behaupten würde, wenn es ihm nur nützt. Dass er sich anscheinend mit fremden Federn schmückte, war dabei das eine. Dass er aber, aus Sicht der Republikaner, die Wählerinnen und Wähler für dumm verkaufte, war der viel schwerwiegendere Vorwurf.

Der Bumerang

Die Waffen der Negativ-Experten können für angegriffene Politiker verheerende Auswirkungen haben. Schnell findet man sich in der Defensive, muss sich rechtfertigen oder ist überhaupt damit beschäftigt, seinen höchstpersönlichen Lebensbereich irgendwie aus dem Wahlkampf herauszuhalten. Der Einsatz all der beschriebenen Waffen des Negative Campaigning birgt aber auch Gefahren für den Angreifer. Nicht selten passiert es nämlich Politikern, dass der Schuss auf den Gegner nach hinten losgeht.

Besonders peinlich ist es für einen Politiker, wenn er eine Attacke reitet und sich dabei unfreiwillig zum Gespött des versammelten Publikums macht – inklusive der politischen Gegner, versteht sich. Passiert ist eine solche Bruchlandung auch politischen Profis wie Jörg Haider. 1994 warnte er im Vorfeld der EU-Abstimmung davor, dass bei einem Beitritt Österreichs zur Europäischen Union dem Land eine Invasion von »Schildläusen« drohen würde. Die, so Haider allen Ernstes in einer TV-Diskussion, würden sich nämlich zuhauf in europäischem Joghurt finden. Und das brauche man in der Alpenrepublik nun wirklich nicht. Die Folge dieser »Enthüllung«: Halb Österreich machte sich über die unglaubwürdige, weil völlig überzogene Haider'sche Schreckensvision lustig. Hätte Haider die bereits beschriebene Gewissens-Box genauer studiert, er hätte gewusst, dass Vorwürfe, die man erhebt, wenn schon nicht wahr, so jedenfalls glaubwürdig sein müssen. Der Freiheitliche ignorierte den Grundsatz und blamierte sich bis auf die Knochen.

Andere österreichische Politiker wurden ebenfalls Opfer ihrer eigenen Negativkampagnen. Alfred Gusenbauer litt als Kanzler eineinhalb Jahre lang unter seiner im Wahlkampf 2006 äußerst professionell inszenierten Generalattacke auf Wolfgang Schüssel und die ÖVP. Die Massivität an Angriffen während des Wahlkampfs irritierte seinen späteren Koalitionspartner ÖVP nachhaltig. Gusenbauer entschuldigte sich zwar nach dem Wahlgang für seine Kampagne. Doch Schüssel und dessen Nachfolger Wilhelm Molterer waren während der gesamten Legislaturperiode nur auf eines aus. Sich an Gusenbauer zu rächen.

Zudem hatte Gusenbauer, den Kanzlersessel vor Augen, in den Koalitionsverhandlungen schlicht auf seine zentralen Wahlversprechen vergessen. Damit musste sich der frischgebackene Regierungschef bei der versäumten Abschaffung der Studiengebühren und dem trotz gegenteiliger Ankündigung durchgezogenen Eurofighter-Ankauf bald das Image des »Umfallers« gefallen lassen. Als der Kanzler eine einschneidende

Gesundheitsreform ankündigte, rächte sich sogar sein geniales »Sozial- statt Eurofighter«-Inserat. In ihrer Abwehrschlacht gegen die Reformen affichierte die Wiener Ärztekammer in allen Ordinationen der Bundeshauptstadt ein Anti-Gusenbauer-Plakat. Darauf zu sehen war einerseits eine junge Ärztin mit Patient (beide in Farbe), dazu der Text: »Wir Patientenfighter. Uns ist Ihre Zukunft wichtig.« Auf der gegenüberliegenden Seite fand sich Alfred Gusenbauer (in Schwarz-Weiß) mit folgenden Zeilen: »Der Ex-Eurofighter. Ihm ist seine Zukunft wichtig.« Das Bild eines Eurofighters fehlte zwar, die Botschaft wurde aber auch so recht deutlich.

Während der Ex-Kanzler ein Beispiel dafür ist, wie Politiker von ihren eigenen erfolgreichen Negativwahlkämpfen eingeholt werden können, lieferte die steirische ÖVP den Beweis, dass das sogar während laufender Aktionen möglich ist. Im Landtagswahlkampf 2005 tauchte ein von einem übereifrigen Mitarbeiter der steirischen Schwarzen verfasster Wahlkampfknigge auf. In diesem wurden Helfer der ÖVP unverblümt dazu aufgefordert, im Wahlkampf die Botschaft zu verbreiten, dass der SPÖ-Kandidat (und spätere Sieger der Wahl) Franz Voves ein Faulpelz sei.

Es kam, wie es kommen musste. Der Knigge fand seinen Weg in die Medien und die ÖVP hatte einen handfesten Skandal am Hals. Das war zwar nicht der einzige in diesem Wahlkampf, aber er machte der Öffentlichkeit deutlich, zu welchen Aktionen die steirische Volkspartei imstande war.

Der Merksatz, der sich aus diesem Beispiel für angehende Negative Campaigner ableiten lässt: Wenn man schon vorhat, den Gegner unter der Gürtellinie zu attackieren, dann sollte man das zumindest nicht zu Papier bringen und jedermann wissen lassen. Wer eindeutig als Quelle von Negative oder in diesem Fall sogar Dirty Campaigning enttarnt wird, darf sich nicht wundern, wenn er dafür vom Wähler abgestraft wird.

Ein weiterer Kardinalfehler in Negativkampagnen ist die Verwendung alter und gut abgehangener Vorwürfe. Wer die Wähler langweilt, wird oft selbst bestraft. Dem republikanischen Kongressabgeordneten Felix Grucci unterlief ein anderes Missgeschick: Er attackierte seinen Herausforderer auf Basis eines schlicht falschen Artikels über diesen in einer College-Zeitung. Grucci weigerte sich auch noch, die Vorwürfe zurückzunehmen, als das Gegenteil längst bewiesen war – und verlor.

Weitaus schwerwiegendere Folgen zeitigte ein überaus plumper Versuch des demokratischen Präsidentschaftskandidaten John F. Kerry. Er wollte seinen republikanischen Konkurrenten George W. Bush und Dick Cheney, dessen Vize, einiges von dem, was er während des Wahlkampfs an republikanischem Negative Campaigning erleiden hatte müssen, zurückzahlen.

Es war die dritte und letzte Studiokonfrontation vor der großen Entscheidung. Der Moderator fragte Bush und Kerry, ob sie glaubten, dass homosexuelle Orientierung frei gewählt sei. Bush gab eine eher zögerliche Antwort. Nur Kerry schoss – offenbar auf eine Gelegenheit wie diese wartend – los: »Wir sind alle Kinder Gottes. Und ich glaube, wenn Sie jetzt Dick Cheneys Tochter, eine Lesbe, fragen könnten, würde sie Ihnen sagen, dass sie so ist, wie sie immer war, dass sie so ist, wie sie geboren wurde.« Was folgte, waren heftige Proteste der Republikaner. Dick Cheney stellte, ganz auf der vorgegebenen Linie der Kampagnenmanager, fest, dass Kerry wohl alles sagen würde, um gewählt zu werden. Seine Frau Lynne meinte nur, Kerry sei »kein Guter«. Aber auch viele Demokraten merkten die Absicht hinter Kerrys Anspielung und waren verstimmt. Der Demokrat hatte wohl nichts anderes intendiert, als einen Teil der erzkonservativen und strikt gegen Homosexuelle eingestellten Basis der Republikaner zu verunsichern. Gerade evangelikale Wähler waren vom ehemals alkoholabhängigen Bush zuvor nur schwer aus dem Nichtwähler-Lager loszueisen gewesen. Das wusste der Demokrat und versuchte erneut Zweifel an der republikanischen Führung zu streuen. Doch der scheinbar sichere Punkt erwies sich auch in diesem Fall als Bumerang.

DIE KRAFT DES KONTERS

Wenn der andere seine Faust benutzt, nimm den Schläger.
Wenn er ein Messer hat, greif zur Knarre.

Howard Wolfson, Berater Hillary Clintons bei ihrer Präsidentschaftskampagne 2008

Wie sich Politiker gegen Attacken wehren

Wenn Politiker die »Kunst der Attacke« beherrschen, haben sie beim Wahlvolk gute Chancen. Das gilt vor allem dann, wenn sie einen Kontrahenten, der in der Wählergunst vor ihnen liegt, noch auf den letzten Metern ein- und überholen wollen. Die Beispiele dafür sind Legion: Der Demokrat Michael Dukakis hatte 1988 nach acht Jahren republikanischer Präsidentschaft große Chancen, das Amt für seine Partei zurückzuerobern. In den Umfragen war er auch konstant vor seinem republikanischen Gegenüber, George Bush senior, gelegen. John Kerry fand 2004 eine Situation vor, in der die Führungsqualitäten des Amtsinhabers George Bush junior von Medien wie Wählern zunehmend angezweifelt wurden. Kerry dagegen wurde aufgrund seiner Erfahrung von weiten Teilen der Bevölkerung zugetraut, diese Krise erfolgreich zu beenden. Der Österreicher Wolfgang Schüssel ging 2006 zwar nicht als beliebtester, ganz sicher aber als führungsstarker Kanzler ins Rennen um seine Wiederwahl. Nur wenige Monate vor der Schlacht mit SPÖ-Herausforderer Alfred Gusenbauer hatte der Konservative einen klaren Vorsprung gegen den Oppositionellen.

Dennoch: Alle drei – Dukakis, Kerry, Schüssel – verspielten ihren thematischen und prozentuellen Vorsprung noch im Wahlkampffinish. Was den Herren außerdem gemein war: Sie taten dies gegen keineswegs übermächtige, aber im Wahlkampf überaus aggressiv auftretende Gegner. Bush senior zerstörte Dukakis mit einer Serie an beinharten Untergriffen. Am Ende des Tages triumphierte der Republikaner mit 426 zu 112 Wahlmännern. In entscheidenden Bundesstaaten wie Kalifornien, Pennsylvania oder Illinois lag er jedoch nur hauchdünn vorn. Da hatte Bushs Negativstrategie den wesentlichen Unterschied gemacht. Ähnlich lief die Sache bei seinem Sohn, George W. Bush, im Präsidentenamt. Die Wiederwahl sicherte ihm eine Serie an erfolgreichen Charakter-Attentaten seines Spin Doktors Karl Rove gegen Kerry. Bei Alfred Gusenbauer war die Sache nicht anders. Der krisengeschüttelte Oppositionschef profitierte von einer Kanzlerpartei, die auf die Negativwelle der SPÖ einfach nicht reagierte. Die ÖVP hatte nach einem satten Vorsprung in den Umfragen im Zuge der BAWAG-Affäre zu selbstherrlich agiert.

Ignorieren und aussitzen

Dukakis, Kerry und Schüssel hatten denselben Fehler gemacht. Sie hatten die falsche Reaktionsstrategie auf die gegen sie vorgebrachten Anwürfe gewählt. Alle drei wollten die Vorhaltungen ignorieren und aussitzen. Sie versuchten, den von ihren Kontrahenten aufgebrachten Negativthemen nicht noch mehr Bedeutung zu verleihen, indem sie sich auf eine Diskussion einließen. Eine solche Reaktion ist, gerade wenn man an die Funktionsweisen des politischen Agenda Setting denkt (siehe das Kapitel »Die Themen-Macher«), nur zu verständlich. Dennoch basiert sie auf einem Denkfehler: Wer nämlich auf Anschuldigungen gar nicht reagiert, riskiert, dass der Inhalt der Angriffe zum unwidersprochenen Allgemeingut wird. Er nimmt in Kauf, dass allein der Gegner die Deutungshoheit über die vorgebrachten Sachverhalte besitzt, und ist so zwangsläufig zur Passivität gezwungen. Oft wirken angegriffene Politiker, die nicht reagieren, auch entscheidungs- und führungsschwach. Durch Nichtreagieren verabsäumen sie es, Stärke und Härte bei ihnen wichtigen Themen zu zeigen. Wer also nicht reagiert, riskiert auch noch, am Ende in der Öffentlichkeit als politisches Weichei dazustehen.

Die Strategie, Attacken des Gegners einfach zu ignorieren und auszusitzen, funktioniert nur in einem Fall: wenn der Attackierte in den realen Machtverhältnissen uneinholbar weit vor dem Angreifer liegt. Nur dann stimmt die These, dass eine überproportionale Reaktion den Angreifer und die von ihm vorgebrachten Themen größer macht, als es den tatsächlichen Machtverhältnissen entspricht. Ein Beispiel dafür liefert der niederösterreichische Landtagswahlkampf 2008. Der fest im Sattel sitzende Landeshauptmann Erwin Pröll reagierte kaum auf Vorwürfe der Opposition. Die Absicht dahinter: Er akzeptierte die Herausforderer Heidemaria Onodi (S), Madeleine Petrovic (G) und Barbara Rosenkranz (F) nicht auf seiner Ebene. Eines machte aber auch Pröll nicht: Er ließ die Vorwürfe der Opposition nicht unkommentiert im Raum stehen. Allerdings begab sich nicht er in den Infight mit den anderen Parteichefs, sondern in der Hierarchie um einiges weiter unten angesiedelte Funktionäre. So blieben die Vorwürfe nicht unwidersprochen, doch der Chef musste sich damit nicht bekleckern. Die Strategie ging auf. Keine der drei Politikerinnen kam je auch nur in die Nähe einer Situation, in der sie auf Augenhöhe in ein direktes Match mit dem Landeshauptmann einsteigen konnte.

Wolfgang Schüssel machte bei seinem missglückten Wiederwahlversuch 2006 hier den entscheidenden Fehler. Er wähnte sich in einer Position der Unangreifbarkeit gegenüber seinem Herausforderer. Der ÖVP-Kanzler akzeptierte Oppositionsführer Gusenbauer nicht als realistische Kanzleralternative und öffnete den SPÖ-Attacken so Tür und Tor. Hätte der Chef der Volkspartei nicht bloß seinen erfolgreichen Kampagnenslogan der Wahl 2002 aufgewärmt und wäre er mit seinem Kontrahenten in die Arena gestiegen, um dessen mögliche Unzulänglichkeiten zu thematisieren – die Chance eines Wahlsieges wäre wohl zum Greifen nah gewesen.

Leugnen und richtigstellen

Meist ist es also für einen in die Defensive geratenen Politiker angesagt, zu relevanten Vorwürfen Stellung zu nehmen. Die zurückhaltendste Art, das zu tun, ist es, die Anschuldigungen schlicht in Abrede zu stellen. Das natürlich nur dann, wenn das Manöver auch glaubwürdig gemacht werden kann. Doch auch ein schlichtes Dementi ist oft besser, als nichts zu sagen. Ein Problem bleibt freilich bestehen: Weil Negative Campaigning vom Angreifer häufig über Kanäle gespielt wird, die der Angegriffene nicht gleich erkennt, wird es schwierig, angemessen zu reagieren.

Unerlässlich ist jedenfalls, dass der Politiker einen ehernen Grundsatz der Politikberatung befolgt: Eine Reaktion auf einen Vorwurf muss immer in jenem Medium erfolgen, in dem auch die Attacke geritten wurde. Antwortet ein Politiker auf diffamierende E-Mails mit einem TV-Spot, wird die überwiegende Mehrheit der Zuseher nicht wissen, worum es eigentlich geht. Noch schlimmer, das Interesse am bislang nicht bekannten Vorwurf würde wohl erst recht geweckt. Die Reaktion ginge also nach hinten los.

Untätigkeit ist aber eben auch nicht der Weisheit letzter Schluss. Wie reagiert nun also ein Politiker auf solche schwer erkennbare Geschosse? Die Antwort ist zwar einfach, aber schwer umzusetzen. Sein Wahlkampfteam hat die Aufgabe, den Adressatenkreis der Anwürfe so genau als möglich zu rekonstruieren und diesen danach umgehend mit einer entsprechenden Antwort zu versorgen.

Einen neuen Ansatz hat auch in dieser Hinsicht Barack Obama in seiner Präsidentschaftskampagne 2008 gewählt. Fast täglich tauchten auf diversen Internet-Foren oder in Ketten-E-Mails Vorwürfe und Gerüchte aller Art auf. Die Flut und Verschiedenartigkeit dieser Attacken waren für das engste Kampagnenteam des Demokraten unmöglich zu bewältigen. Also griff der spätere Präsident auf seine stärkste Waffe zurück: seine breite Unterstützer-Basis im Netz. Als einer der ersten Politiker in den USA etablierte Obama eine eigene Website, über die jeder seiner Sympathisanten auftauchende Gerüchte und Vorwürfe an die Kampagnenzentrale einberichten konnte (und dazu auch gleich Quelle und Verbreitungsart der Anschuldigung).

Die Profis in Obamas Team recherchierten dann die jeweiligen Vorwürfe und stellten das Gerücht inklusive dessen Entkräftung online. Die Anhänger wurden so mit allen nötigen Gegen-Informationen beliefert und konnten die der Kampagne wichtigen Kontrapunkte in ihrem Netzwerk verbreiten – auch und gerade über jene Kanäle, in denen sie die Gerüchte zuerst aufgeschnappt hatten.

Besser kann eine wirksame Eindämmungsstrategie kaum aufgesetzt sein. Denn logisch ist, dass alle ursprünglichen Adressaten einer Negativkampagne auch mit dem besten Rechercheteam nicht erreicht werden können. Das ist mit ein Grund dafür, dass Attacken so oft auf fruchtbaren Boden fallen. Negativexperten nutzen jene Mechanismen aus, mit Hilfe derer sich Gerüchte rasend verbreiten können. Dass beim einen oder anderen Adressaten der Kampagne Restzweifel bestehen bleiben, damit muss der attackierte Politiker rechnen. Das Ziel jeder Reaktion ist also erst einmal eine möglichst weitgehende Schadensbegrenzung.

Sich entschuldigen und Reue zeigen

Noch schwieriger wird diese Übung freilich, wenn an den Vorwürfen was dran ist oder diese zumindest einen wahren Kern treffen. Das Krisenmanagement kann sich dann nicht mehr nur auf einen möglichst effektiven Konter in allen relevanten Medienkanälen beschränken. Die Reaktion muss eine andere Qualität haben. Schwerere Turbulenzen lassen sich vermeiden, wenn sich der Angegriffene geständig und vor allem reuig zeigt. Nur so können einer geschickt lancierten Attacke die Zähne gezogen werden.

Leugnet ein Politiker die Vorwürfe nämlich und stellen sich diese – etwa unabhängigen Medien gegenüber – als wahr heraus, ist das der größte anzunehmende Imageschaden überhaupt. Das beste und bekannteste Beispiel für dieses Verhalten ist wohl Bill Clinton. Der beliebte US-Präsident hatte auftauchende Gerüchte, er habe eine Affäre mit der Praktikantin Monica Lewinsky gehabt, brüsk von sich gewiesen. Am Höhepunkt des republikanischen Kesseltreibens gegen ihn hatte sich Clinton sogar dazu verstiegen, vor der Kamera den bereits zitierten folgenschweren Satz zu äußern: »I did not have sexual relations with that woman.«

Die Leugnung einer sexuellen Beziehung wurde dem Demokraten fast zum Verhängnis und hätte seine Präsidentschaft beinahe um zwei Jahre verkürzt. Die wegen der dreisten Lüge initiierten Amtsenthebungsverfahren im Kongress scheiterten bloß an einigen Mitgliedern des Senats.

Die richtige Reaktion mag in einem solchen Fall zwar persönlich äußerst schwerfallen, stellt sich danach aber immer als die bessere und erfolgreichere Variante heraus: Der angegriffene Politiker muss den Fehler zugeben, um Vergebung bitten und Besserung geloben (die dann allerdings auch tatsächlich eintreten sollte). Das Problem bei alldem ist, dass Politiker, die bereit sind, einen Fehler zuzugeben, dünn gesät sind. Kann sich einer allerdings zu dieser klaren Reaktion durchringen, darf er meist auch noch mit den Sympathien des Publikums rechnen. Verfehlungen eines Politikers werden diesem nämlich am ehesten dann nachgesehen, wenn er sich dazu bekennt. Netter Nebeneffekt: Den Angreifern wird der Wind aus den Segeln genommen. Wollen diese nicht als unmenschlich und nachtragend dastehen, müssen sie nach einer klaren Entschuldigung des Gegenübers zum Rückzug blasen und sich neue Themen für ihre eigene Profilierung suchen.

Auch für den Typus des reuigen Politikers ist Barack Obama ein gutes Beispiel. Noch vor seinem Amtsantritt entschuldigte sich der frischgebackene Präsident bei der amerikanischen Bevölkerung. Der Grund: Einige der von ihm ausgewählten Minister konnten wegen diverser Skandale ihre Ämter nicht antreten. Anstatt sich abzuputzen und einfach zu neuen Namen überzugehen, wie es wohl die meisten seiner Berufskollegen gemacht hätten, gab Obama Serieninterviews, in denen er sich für seine Missgriffe entschuldigte. Der US-Präsident knapp: »Ich habe das verbockt.«

Findet die Opposition-Research-Abteilung einer Kampagne beim eigenen Kandidaten die eine oder andere verwundbare Stelle, ist ebenfalls

Handlungsbedarf angesagt. Je nach Grad der Verfehlung und notwendiger Intensität der Beichte ist in den meisten Fällen ebenfalls die Flucht nach vorne angesagt. Denn der größte Schaden entsteht, wenn erst der Gegner einen Vorwurf auspacken muss. Viel besser ist es, wenn ein Politiker dem Publikum selbst die schlechte Nachricht überbringt und den Vorfall bei der Gelegenheit auch gleich bedauert. Wählt einer diese Vorgangsweise, liegt es in seiner Hand, wie die Initialstory in den Medien gestaltet ist. Der Politiker kann der Geschichte dann den gewollten Spin und seine Interpretation aufdrücken. Bei einem ungewollten und nicht selbst initiierten »Outing« geht diese Deutungshoheit verloren.

Das Opfer spielen und den Angriff zum Thema machen

Eine trickreiche Variante, den gut vorgetragenen Angriff eines politischen Gegners abzufedern, ist, in die Rolle des Opfers zu schlüpfen und den Angriff selbst zu thematisieren. Nur so schafft man es, sich über den Angriffswirbel zu stellen. Als selbst ernannter Leidtragender kann ein Politiker die Vorgänge in der politischen Arena auch besser kritisieren und den Stil des Angreifers verteufeln.

Wer die Mutation zum Opfer nicht glaubwürdig schafft, sollte zumindest den Wechsel in die Beobachterrolle versuchen. Die politische Auseinandersetzung auf die Metaebene zu verlagern, bietet für unter Druck geratene Kombattanten eine willkommene Gelegenheit, sich Luft zu verschaffen. Was passiert nämlich? Spielt der Angegriffene plötzlich den Unabhängigen, der die aktuellen Vorgänge bewertet, manövriert er sich in die Schiedsrichterrolle. Der Vorteil: Zeigt der Politiker dabei seinem Gegenüber die gelbe oder gar die rote Karte, ist das Publikum verwirrt, jedenfalls aber für ein paar Momente auf den nun seinerseits in Bedrängnis geratenen Angreifer fokussiert. Kann der in dieser Situation dann nicht nachlegen, ist die Chance nicht schlecht, dass das Ausweichmanöver des Verteidigers erfolgreich ist.

US-Präsident Obama spielte diese Karte erfolgreich in der dritten und letzten TV-Debatte mit seinem Gegenüber McCain. Angesprochen auf die fortgesetzten Angriffe auf seine Person meinte der demokratische Kandidat: »Mir ist es egal, wenn ich auch in den verbleibenden drei Wochen dieses Wahlkampfs noch attackiert werde. Klar ist nur eines: Amerika kann sich keine weiteren vier Jahre verfehlter Wirtschaftspolitik leisten.« Obama hatte sich in verbindlich-freundlichem Ton zwar nicht als wehleidig erwiesen, sich jedoch immerhin implizit über die Attacken McCains beschwert – und sie damit zum Thema gemacht. Für die meisten unbemerkt ging Obama aber einen Schritt weiter. Ohne dass die Zuseher es so aufgefasst hätten, schwenkte er nämlich seinerseits auf Angriffskurs. Obama brachte geschickt seine zentrale Negativbotschaft gegen John McCain und den Amtsinhaber George W. Bush unter – die verfehlte Wirtschaftspolitik der vergangenen Jahre.

Am besten funktioniert diese politische Parade freilich dann, wenn glaubwürdige Dritte den Part übernehmen und den Angreifer und seine Methoden kritisch hinterfragen. In dieser Konstellation kann sich ein attackierter Politiker am besten in die Rolle des Opfers finden. Als ihr Mann Ronald im Präsidentschaftsrennen 1980 gegen Amtsinhaber Jimmy Carter in die Defensive geraten und mit einer Serie an negativen Spots konfrontiert war, mischte sich Nancy Reagan an der Seite ihres republikanischen Gatten in den Wahlkampf ein. Sie tat das derart professionell, dass ihr (wie auch später während Reagans Amtszeit) ein wesentlicher Anteil am Erfolg der Kampagne zugeschrieben wurde. In einem einminütigen Werbespot sagte Nancy Reagan Folgendes über ihren Mann und dessen Kontrahenten.

> **Die Reagan-Verteidigung**: (Nancy Reagan sitzt in einem unscheinbaren Büro und spricht direkt in die Kamera:) *Ich bin wirklich zutiefst schockiert und auch persönlich getroffen von den Anschuldigungen, die Präsident Carter gegen meinen Mann vorgetragen hat. Ich bin getroffen von den persönlichen Attacken, die er gegen meinen Mann gerichtet hat. Seinem Versuch, meinen Mann als jemanden darzustellen, der er nicht ist. Er ist kein Kriegstreiber, er ist keiner, der die alten Menschen auf die Straße wirft und ihnen die Sozialhilfe kürzt. Es ist furchtbar, so etwas zu tun. Es ist aber auch furchtbar, zu behaupten, jemand würde so etwas vorhaben. Hier baut einer seinen Wahlkampf auf Angst.*

Nancy Reagan setzte mit harschen Attacken auf Carter fort. Während sie weiter die aufgebrachte und von den Attacken auf ihren Mann verletzte Kandidatengattin spielte, thematisierte sie die hohe Inflationsrate genauso wie die steigende Arbeitslosigkeit im Land. Nancy Reagan hatte damit nicht nur eine perfekte Antwort auf Carters Attacken gegeben, sie hatte Carters Attacken zum Thema gemacht und darüber hinaus emotionalisiert. Ihre Sprache war dabei aber weder ausschließlich defensiv noch wehleidig. Damit unterschied sie sich klar von vielen Politikern, die auf Negativkampagnen oft mit Selbstmitleid oder »persönlich enttäuscht« reagieren. So macht sich ein Politiker eher unbeliebt. Denn an den naiven Akteur und das unschuldige Geschäft Politik glaubt kaum ein Wähler. Nancy Reagan ging stattdessen in die Offensive. Sie brachte ihrerseits Carter in Erklärungsnotstand. Der politische Instinkt der späteren First Lady war also schon im Wahlkampf stark ausgeprägt, beherzigte sie doch die in den meisten Fällen empfehlenswerte Strategie bei Angriffen des Kontrahenten: die Gegenoffensive.

Zurückschlagen

Zugegeben, für politische Insider und Interessierte ist das tägliche Hin und Her an Aussendungen, in denen sich Parteien und deren Akteure gegenseitig beschuldigen und auf Vorhaltungen des jeweils anderen reagieren, schlichtweg ein Ärgernis. Solch alltägliches Hickhack könnte tatsächlich zu einem großen Teil ohne jedwede Folgen unterbleiben, denn die täglichen Pflichtaussendungen mit den üblichen Vorhaltungen langweilen Journalisten und – wenn es die Zitate der Parteizentralen in die Medien schaffen – vor allem das Publikum.

Doch bei relevanten und medial tauglichen Anschuldigungen müssen Politiker und Berater mit Gegenattacken reagieren. Und das am besten rasch. Das beweisen nicht nur die schon diskutierten Beispiele Dukakis, Kerry und Schüssel. Hätte Dukakis die Methode der republikanischen Angriffe sichtbar gemacht, hätte er mit harten und unmissverständlichen Worten auf die inhaltlichen Vorwürfe reagiert – die Republikaner hätten ihn nie erfolgreich als politischen Zauderer und zu weich für den Job des Präsidenten darstellen können. Hätte John Kerry die Absicht hinter den Attacken der »Swift Boat Veterans for Truth« thematisiert und offensiv über seine Kriegserfahrungen in Vietnam gesprochen, die Vergangenheit seines Kontrahenten Bush hätte daneben nur allzu mickrig gewirkt. Kerry hätte auf die Art wohl eine intakte Chance aufs Weiße Haus gehabt. Dasselbe gilt für Wolfgang Schüssel. Seine Wahlstrategie ausschließlich auf vermeintlichen Glanztaten der Vergangenheit aufzubauen und darüber die gegenwärtigen Attacken des Gegners zu vernachlässigen, musste seine Aussichten auf eine Wiederwahl schmälern.

Die politische Gegenoffensive ist bei vielen Attacken jedenfalls das probate Mittel, mit dem sich ein unter Druck geratener Politiker wirksam zur Wehr setzen kann. Der Benefit eines solchen Schachzugs liegt auf der Hand: Der Attackierte verschafft sich Luft und bringt seinerseits den Angreifer in Verlegenheit. Adressat eines breit angelegten, ebenfalls aggressiven Konters sind freilich auch die Medien. Sie sollen sich einem neuen Aspekt des Ursprungsthemas widmen und so immer weiter vom Kern des eigentlichen Vorwurfs weggeführt werden.

Ein wirksamer Gegenschlag kann unterschiedlich erfolgen. Eine bei Politikern beliebte Methode ist das sogenannte »Agenda Cutting«, das Abschneiden der gerade aktuellen politischen Tagesordnung. Dabei versucht der in die Defensive geratene politische Akteur, den Medien ein neues Offensivthema zu servieren. Der vom Angreifer aufgebrachte Vorwurf soll damit bald alt aussehen. Der österreichische Bundeskanzler Werner Faymann ist einer, der in seiner Karriere schon oft in diesen politischen Winkelzug flüchtete. Als er 2007 zu seiner Zeit als Infrastrukturminister der Republik von Qualitätsmedien wiederholt mit hohen Abfertigungszahlungen in den staatsnahen Betrieben ASFINAG und ÖBB konfrontiert war, suchte er sich jedes Mal ein wirksames Thema, um wieder aus den Negativschlagzeilen zu entkommen: Einmal war es die Ankündigung, das von seinem Vorgänger eingeführte »Licht am Tag« für Autofahrer wieder abzuschaffen, ein anderes Mal das Versprechen einer großen Infrastruktur-Investition. Das leidige Thema des Vortages war damit zumindest aus den Boulevardmedien verdrängt.

Ähnlich agierte Faymann auch als Bundeskanzler. Im roten Horror-Herbst 2009 war Faymann nicht nur nach einigen Wahlniederlagen, etwa bei der EU-Wahl und in einigen Bundesländern wie Kärnten, Vorarlberg oder Oberösterreich, in die Defensive geraten. Zunehmend kritisch hatten die Medien auch seine Einstellung zur EU und der internationalen Rolle Österreichs kommentiert. Als es im Oktober 2009 zur Einweihung des ersten Hauses der Europäischen Union just in Wien kam, fehlte nur einer aus der ersten Reihe der Republik: der Bundeskanzler.

Intern hatte man den Fehler zwar rasch erkannt, eine Exit-Strategie war aber nicht so leicht zu finden. Bevor sich die Absenz Faymanns allerdings zu einem dominierenden medialen Thema auswuchs, betrieb der SPÖ-Chef erfolgreiches »Agenda Cutting«. Er empfahl gleich nach der Aufregung ums EU-Haus erstmals öffentlich einen anderen Kandidaten für den österreichischen EU-Kommissar als sein Koalitionspartner Josef Pröll. Damit handelte sich Faymann zwar erneut Streit mit der ÖVP und einen für beide Seiten staatspolitischen Kleinkrieg auch auf europäischer Ebene ein. Doch das Initialthema war er losgeworden und den ÖVP-Chef hatte er mit seiner Ankündigung in die Defensive getrieben. Das Ziel der Ablenkung war also erreicht.

Einige Wochen später gelang der vom BZÖ geführten Kärntner Landesregierung ein noch aufsehenerregenderer Befreiungsschlag. Die Kärntner um Landeshauptmann Gerhard Dörfler und den Kärntner BZÖ-Chef Uwe Scheuch waren im Skandal um Milliardenverluste der Kärntner Bank Hypo Alpe Adria massiv in die Kritik geraten. Nur eine Totalverstaatlichung durch die österreichische Bundesregierung rettete schließlich das potenzielle Pleite-Institut. Doch als das Thema in den Medien voll eingeschlagen war und sich österreichweit alle Kommentatoren auf Kärnten und das BZÖ einzuschießen begannen, lieferten die Kärntner Orangen eine bessere Nachricht.

In einer Nacht-und-Nebel-Aktion verkündeten Scheuch und FPÖ-Chef Heinz-Christian Strache die zumindest teilweise Wiedervereinigung des Dritten Lagers in Österreich. Die FPÖ und das Kärntner BZÖ – nun unter dem Namen FPK, die Freiheitlichen in Kärnten – zogen wieder an einem Strang. Der Effekt der innenpolitischen Bombe: Die Ex-BZÖler hatten die Hypo-Causa an ihrem Höhepunkt gekillt. Die Titelseiten und TV-Aufmacher gehörten nicht mehr den dubiosen Bankgeschäften, sondern dem Revirement bei den Rechten.

Die edlere und vor allem noch gewinnbringendere Form des »Agenda Cuttings« ist allerdings das »Reframing«. Der Vorwurf des politischen Gegners wird dabei nicht nur ausgehebelt und aus den Nachrichten verdrängt, sondern in eine Gegenattacke umformuliert. Der ursprünglich in Medien und Öffentlichkeit geschaffene Diskussionsrahmen wird zerstört. Der neue Rahmen der Auseinandersetzung bestimmt fortan die Politik-Arena.

Beim »Reframing« agiert der unter Druck geratene Politiker wie beim

Judo. Kommt ein zu ungestümer Angriff des Kontrahenten, nimmt er dessen Schwung mit, um ihn auf die Matte zu befördern. Gelungen ist das neben anderen der SPÖ im Wahlkampf 2006. Nur 17 Tage vor der Nationalratswahl waren die Sozialdemokraten in eine besonders missliche Lage geraten. Der Höhepunkt des Skandals um die Gewerkschaftsbank BAWAG war zwar schon ein halbes Jahr her, doch ein aktuelles Ereignis so knapp vor dem Wahlgang konnte die schlimmsten Erinnerungen der Wähler an diesen Skandal wieder zutage fördern. Am 14. September 2006 wurde in Frankreich Ex-BAWAG-Generaldirektor Helmut Elsner verhaftet, obendrein publikumswirksam mittels Handschellen.

In der ÖVP jubilierte man. Das war jener Motivationsschub, hieß es in der Parteizentrale, den die eigenen Parteikader auf den letzten Metern der Kampagne gebraucht hatten. Die SPÖ dagegen werde unter der neu aufflammenden Mediencoverage über die Causa BAWAG massiv leiden.

Doch es kam ganz anders: Die SPÖ war zwar tatsächlich schwer angeschlagen, doch aufstecken wollten die roten Granden nicht. Nur zwei Tage nach der Verhaftung fand sich in Wien eine illustre Runde zu einer ungewöhnlichen Pressekonferenz zusammen: Alle vier SPÖ-Landeshauptleute – Wiens Michael Häupl, Burgenlands Hans Niessl, der Steirer Franz Voves, die Salzburgerin Gabi Burgstaller – und Oberösterreichs SPÖ-Chef Erich Haider waren erschienen und starteten die Gegenattacke der SPÖ. In »tiefer Sorge« zeigten sich dabei die Parteigranden um den Zustand des Landes und prangerten eine angebliche »Verleumdungskampagne« der ÖVP im Nationalratswahlkampf an. Die ÖVP, so Häupl, wolle die Wahlen mit der Verbreitung »glatter Unwahrheiten« gewinnen (gemeint war eine angebliche Finanzierung der SPÖ via BAWAG und Gewerkschaft). Gabi Burgstaller sprach von einer Erschütterung der Demokratie und prangerte das »Dirty Campaigning« der Volkspartei an. Den Vogel allerdings schoss Franz Voves ab. Er nannte die ÖVP eine »genetisch bedingte Krebszelle«, die fortwährend schreie: »Wir wollen die ganze Macht.«

Am Tag darauf legte SPÖ-Klubchef Josef Cap in der ORF-»Pressestunde« ein Schäuflein nach. Er ritt heftige Attacken gegen den mit der BAWAG-Affäre betrauten Staatsanwalt Georg Krakow. Dieser, so Cap, hatte sich mit der zeitlich abgestimmten Verhaftung offenbar von der ÖVP für ihre Zwecke einspannen lassen. Das Ganze sei eine »Wahlkampfintrige der ÖVP«. Cap: »Das Drehbuch ist in der ÖVP-Zentrale entstanden.«

Die ÖVP war ob des medialen Trommelfeuers bass erstaunt. Dazu kam, dass an diesem Wochenende Fotos vom Besuch des ehemaligen ÖVP-Chefs Josef Taus bei Elsner in Frankreich auftauchten. Die Folge: Der ÖVP war es nicht gelungen, den durch die Elsner-Verhaftung erhofften Elan mitzunehmen. Im Gegenteil: Die Sozialdemokraten schlugen massiv zurück und verpassten der Diskussion einen neuen Rahmen. Nun sollte über den Machtanspruch der Volkspartei diskutiert werden und wie sich diese offenbar sogar Staatsanwälte gefügig machte und sie dazu anhielt, Gefangene dann zu machen, wenn es der ÖVP am besten in den Wahlkampfkram passte.

All das war starker Tobak, und die ÖVP fand sich plötzlich in der Defensive. Alles was sie in den folgenden Tagen erreichte, war eine Entschuldigung des steirischen Landeshauptmannes für den Ausdruck »Krebszelle«. Daraus Kapital schlagen konnten die ÖVP-Generäle allerdings nicht. Die SPÖ dagegen hatte, statt erneut im BAWAG-Abseits zu landen, erfolgreich ein neues innenpolitisches Schreckgespenst an die Wand gepinselt: die politische Allmacht der Volkspartei.

Abgeschaut hatten sich die roten Strategen diesen Kunstkniff wieder einmal bei ihren amerikanischen Vorbildern aus den erfolgreichen Clinton-Kampagnen. Der US-Präsident hatte in einer für ihn höchst sensiblen Causa eine sehr ähnliche Verteidigungsstrategie gewählt – der Affäre Lewinsky.

Nach seiner ungeschickten öffentlichen Leugnung der Affäre war Clinton 1998 derart unter Druck geraten, dass in beiden Häusern des US-Kongresses Amtsenthebungsverfahren gegen ihn eingeleitet wurden. Sogar ein Sonderstaatsanwalt, Kenneth Starr, war zur Untersuchung der Verfehlungen des Präsidenten bestellt worden.

In dieser höchst problematischen Situation bastelten Clinton und seine Berater nun an einem möglichen politischen Ausweg. Kein Tag verging, an dem nicht einige Vertreter der republikanischen Opposition den Rücktritt des Präsidenten verlangten. Doch dieser blieb hartnäckig. In Clintons »War Room« war inzwischen eine Strategie des »Reframing« entstanden. Mit ihrer Hilfe sollte es gelingen, den öffentlichen Fokus weg von der Affäre Lewinsky und hin zu den Kritikern des Präsidenten zu verlagern, im Mittelpunkt stand dabei der angeblich mit guten Kontakten zu den Republikanern ausgestattete Sonderstaatsanwalt Starr.

Clinton-Berater Paul Begala gab in einem Interview in der viel gesehenen US-Polit-Sendung »Meet the Press« bei Tim Russert die Linie vor. In einem Interview, das auch als Paradebeispiel für Botschaftsdisziplin gelten kann, kam Begala immer wieder auf den seiner Meinung nach Hauptschuldigen an der Affäre Lewinsky zu sprechen: Staatsanwalt Starr.

> **Die Clinton-Verteidigung**: **Russert:** *Eine sehr einfache Frage: Wie hat die Beziehung von Präsident Clinton zu Monica Lewinsky ausgesehen?*
> **Begala:** *Nun, das ist Gegenstand einer laufenden Untersuchung. Deshalb dürfen Menschen wie ich sich da keinen Spekulationen hingeben. Diejenigen, die diese Untersuchung führen, dürfen aber auch nichts an die Öffentlichkeit dringen lassen. Das ist aber genau das, was wir derzeit sehen: einen Feldzug mit durchsickernden Informationen und Lügen. Dahinter stehen, seien wir doch ehrlich, sicher politische Absichten. Das müsste untersucht werden – und Kongressabgeordnete haben das ja auch schon angeregt. Ich glaube, es ist an der Zeit, endlich die Untersuchenden zu untersuchen und der Frage nachzugehen, woher diese ganzen Informationen kommen.*

Das Frage-Antwort-Spiel ging noch eine Weile in dieser Tonart weiter. Russert wollte endlich über Clinton und Lewinsky Bescheid wissen, Begala aber attackierte weiterhin die Republikaner und Sonderstaatsanwalt Starr. Er versuchte, der Debatte einen neuen, für die Demokraten vorteilhaften Rahmen zu verpassen. Auf dem Höhepunkt der Lewinsky-Affäre hatten sich Begala, Carville und Co. ein Botschaftsdreieck zugelegt, das dem Präsidenten den Weg aus jener Affäre wies, die leicht sein Karriereende hätte bedeuten können.

Das Lewinsky-Dreieck

Das Lewinsky-Dreieck Clintons beweist eines nachdrücklich: Politische Botschaftsdreiecke funktionieren auch in der Defensive. Neben einem defensiven Eckpunkt, bei dem immerhin eine Verfehlung Clintons – wenn auch eine ausschließlich private – zugegeben wird, finden sich zwei Angriffspunkte. Während Clinton für sich in Anspruch nehmen konnte, dass ihm seine Frau Hillary die Affäre immerhin schon verziehen hatte und er das nun auch von der amerikanischen Bevölkerung erbitte, hatten es diese offensiven Punkte in sich. Einmal wurde den republikanischen Parteiführern unterstellt, dass sie aus der Affäre bloß politisches Kapital schlagen wollten und es ihnen gar nicht so sehr um Moral und Anstand ging. Um einem innenpolitisch erfolgreichen Präsidenten zu schaden, so der Vorwurf des Clinton-Teams, würden die Republikaner alles tun. Sie würden sogar – und an dieser Stelle kommt der dritte Punkt des Dreiecks zum Tragen – eine der Grundsäulen der amerikanischen Demokratie gefährden: die unabhängige Justiz.

Aus einer pikanten Sexaffäre um den Präsidenten machten dessen Berater also eine staatsgefährdende, dunkle Intrige der Republikaner. Nimmt man nun das Lewinsky-Dreieck näher unter die Lupe und weiß man um die Tätigkeit verschiedener US-Berater für die SPÖ unter Alfred Gusenbauer, dann verwundern Parallelen des Lewinsky-Dreiecks zur Causa BAWAG und der Elsner-Verhaftung vor der Nationalratswahl 2006 nicht mehr. Hier das (rekonstruierte) Botschaftsdreieck der SPÖ aus dem September 2006:

Das Elsner-Dreieck

Elsner ist ein Kriminalfall

Affäre ist eine ÖVP-Verschwörung

Unabhängige Justiz ist in Gefahr

Die Strategen der SPÖ hatten die erfolgreiche Clinton-Masche einfach kopiert und zwei Eckpunkte leicht abgewandelt. Der Dreh dahinter: Aus der Polit-Affäre Elsner wurde ein reiner Kriminalfall, an dessen Aufklärung die SPÖ natürlich das höchste Interesse hatte. Die Republikaner wurden einfach durch ihre österreichische Ausgabe, die Volkspartei, ersetzt, und fertig war die Gegenattacke auf Schüssels Kanzlerpartei.

Beide politischen Kommunikationsmanöver waren letztlich erfolgreich. Sowohl die Demokraten als auch die SPÖ holten das Maximum aus einer für sie überaus vertrackten Situation. Sie suchten im Angriff ihre beste Verteidigungslinie. Ein wenig erinnern sie dabei an einen wegen seiner Zuneigung zum Alkohol unter Druck geratenen Lokalpolitiker. Dieser kann sich auch zwischen mehreren Varianten der Entkräftung der Vorwürfe entscheiden: Er kann die Gerüchte ignorieren und riskiert so einen Running Gag. Er kann leugnen und muss den Beweis für seine Unschuld ab sofort an jedem Stammtisch erbringen. Der Politiker kann die Attacke auch als solche thematisieren und die Angreifer einer Sudelkampagne bezichtigen. Oder aber er kann in die Gegenoffensive übergehen und dem Vorwurf einen neuen Rahmen geben. Den (mäßigen) gesellschaftlichen Genuss von Alkohol könnte er leicht auch als »Volksnähe« interpretieren – und so vielleicht sogar noch dem Angreifer, dem es daran mangeln könnte, Probleme bereiten.

Impfen und teflonisieren

Damit es zu Defensiv-Kunstgriffen gar nicht kommen muss, versuchen sich schlaue Politiker schon vorab auf jene Angriffe einzustellen, die ihnen dereinst blühen könnten. Aus der Analyse einer professionell gemachten Botschaftsbox lässt sich für jeden Politiker auch die eigene politische Achillesferse lokalisieren. Gegen Angriffe auf diese verwundbare Stelle muss sich der Politiker dann »impfen«.

Solche Immunisierungen versuchen Parteien fortwährend. Im Nationalratswahlkampf 2008 etwa hatte die ÖVP nur ein Ziel: Sich gegen den Vorwurf der sozialen Kälte zu wappnen. Die war ihr zwei Jahre zuvor zum Verhängnis geworden – und diesen Fehler wollte man nun wieder ausbügeln. Also plakatierte die ÖVP im Wahlkampf, was das Zeug hielt. Einen 13. Bezugsmonat der Familienbeihilfe wollte die Volkspartei garantieren und die Pflegeförderung gar verdoppeln. Genutzt hat es gegen das Wahldebakel 2008 nichts. Denn die ÖVP startete diesen Immunisierungsversuch viel zu spät. Sie impfte sich erst, als die Krankheit schon voll ausgebrochen und bis zum Wahltag nicht mehr zu kurieren war.

Einen tauglicheren Versuch, sich gegen Vorurteile die ÖVP betreffend zu schützen, startete der neue Obmann Josef Pröll 2009. Er, der schon einige Zeit davor die sogenannte »Perspektivengruppe« der ÖVP geleitet hatte, versucht seit seiner Übernahme der Partei eine Neuinszenierung. Unter Pröll war es so plötzlich möglich, dass sich die ÖVP einer Bildungsreformdiskussion nicht mehr gänzlich verweigerte. Selbst eine abgeschwächte Form der Homosexuellen-Partnerschaft war nun, wenn schon nicht eheähnlich, so doch dem Prinzip nach möglich. Mit Kurskorrekturen wie diesen versucht sich Pröll für die nächste Wahl umzupositionieren. Ziel der Adaptierungen war es nicht, SPÖ oder Grüne links zu überholen. Vielmehr sollten für viele Wähler Gründe abgebaut werden, das nächste Mal wieder nicht die Volkspartei zu wählen. Ähnliches strebt auch die Sozialdemokratie unter Werner Faymann an. Nach massiven Wahlverlusten schwenkte diese 2009 auf einen rigideren Kurs in Sachen Zuwanderung. Das Image jener Partei, die es mit Kriminalitätsbekämpfung nicht so ernst nahm und gerne und zahlreich Zuwanderer willkommen hieß, sollte angesichts einer immer skeptischeren Stimmungslage gegenüber Zuwanderern im Land abgestreift werden.

Sieht ein Politiker die Attacken des Gegners schon kommen, bleibt auch hier nicht lange Zeit zum Überlegen. Die meisten erwarten den Einschlag der Vorwürfe und hoffen, dass dieser nicht allzu heftig ausfallen möge. Besser ist es freilich, selbst aktiv zu werden. Die Geschichte kann dann in einer eigenen Version anders dargeboten werden. Als Beispiel dafür kann erneut Präsidentschaftskandidat John Kerry, der hoch dekorierte Kriegsveteran, dienen. Kerry wusste, dass die Republikaner seine Zeit in Vietnam, vor allem aber seine Kritik am Krieg nach seiner Heimkehr ausschlachten würden. Dagegen unternommen hat er nichts. Möglichkeiten dazu hätten sich dutzendfach geboten. Kerry hätte den amerikanischen Wählern in Grundsatzreden nur die Gründe für sein Handeln erläutern müssen. Den Rahmen der Diskussion hätte er damit vorab bestimmt und die Aufmerksamkeit in eine ihm genehmere Richtung gedreht. Darüber hinaus hätte er sogar die immer kritischere Haltung der Amerikaner zum Irak-Krieg nutzen und mit seinen eigenen negativen Kriegserfahrungen koppeln können.

Doch Kerrys Wahlkampfteam verzichtete auf diese Art der Impfung. Die Berater des Demokraten ließen es zu, dass ihr Kandidat von der gegnerischen Bush-Kampagne definiert wurde. Es war Bush, der Kerry den US-Wählern vorstellte, nicht der Demokrat selbst. »Speed kills«, Schnelligkeit siegt – dieses Prinzip hatte schon Bill Clintons Kampagnenmanager James Carville zu seinem Credo erhoben. Auch die Bush-Kämpfer hatten es beherzigt. Kerrys Experten hatten dagegen offensichtlich auch keine professionelle Rasterung der möglichen Krisen für ihren Wahlkampf vorgenommen. Das Strategieteam eines Präsidentschaftskandidaten sollte eine solche Analyse jedoch gleich zu Beginn der Kampagne anstellen. Eine erste grobe Rasterung für alle möglichen Kampagnenthemen sieht so aus:

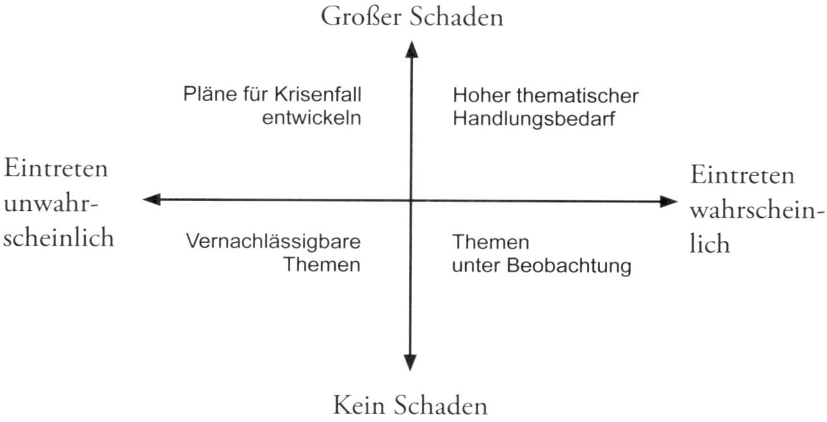

Jedes mögliche Thema, das auf die eigene Kampagne zusteuern könnte, wird auf die Wahrscheinlichkeit des Eintreffens und die Größe des möglichen Schadens abgeklopft. Alles was die Themenanalyse in der unteren Hälfte und so ohne großen potenziellen Schaden für die Kandidatur Kerrys ausgewiesen hätte, wäre von seinen Experten mit Recht ignoriert worden. Selbst jene Themen, deren Auftreten zwar Schaden hätten verursachen können, deren Eintreten aber höchst unwahrscheinlich war, hätte man mit Standard-Krisenplänen abhandeln können.

Gefährlich wird es aber im rechten oberen Viertel des Diagramms. Kerrys Kriegsgegnerschaft nach Vietnam hätten wohl auch nicht mit der Kampagne befasste Experten in diesem Quadranten angesiedelt. Ein klares Indiz dafür, dass Handlungsbedarf gegeben war. Trotzdem unternahm Kerrys Beraterteam um Bob Shrum und Mary Cahill zu wenig, um den Schaden vom eigenen Kandidaten abzuwenden.

Das Bush-Team konnte ungebremst zulangen und Kerrys kaum begonnenen Marsch auf das Weiße Haus stoppen. So kamen Kerrys Strategen nicht einmal in die Nähe des Traums eines jeden Kampagnenverantwortlichen: der Teflonisierung des eigenen Kandidaten. Sie ist so etwas wie die Endausbaustufe eines Politikers. Hat er den Status der Teflonisierung erreicht, perlt jede Kritik an ihm ab.

Doch mit dieser speziellen Form der Immunisierung ist das so eine Sache. Nur wenige Politiker erreichen sie, nur wenige dürfen wie Siegfried in Drachenblut baden.

Auch in Österreich sind Beispiele von Teflon-Politikern rar. Bruno Kreisky war ein solcher. Was der Langzeit-Kanzler auch anpackte oder sagte – die Opposition konnte mit Attacken kaum punkten. Erst als Kreisky in den 1980er Jahren zu selbstsicher wurde, bekam die Teflon-Schicht ihre Kratzer. Die hatte sich der Sonnenkanzler aber eher selbst zugefügt, als dass seine Gegner erfolgreich gewesen wären. Mit der Ankündigung von Steuererhöhungen im bereits erwähnten Mallorca-Paket schmälerte Kreisky 1983 die Wahlchancen seiner Partei und bereitete so unfreiwillig seinen eigenen Abgang vor.

Ein weiterer zumindest für kurze Zeit mit einer undurchdringlichen Teflonschicht ausgestatteter Politiker war Ex-Finanzminister Karl-Heinz Grasser. Der Liebling der Nation konnte zu Amtszeiten tun und lassen, was er wollte. Kritik von Opposition und einigen wenigen Medien brandete zwar immer wieder auf, doch seiner Popularität tat das bis zu seinem Ausscheiden aus der Politik keinen Abbruch. Einen ähnlichen Status erreichte der Langzeit-Chef der Grünen, Alexander van der Bellen. Auch an ihm blieben Angriffe kaum haften. Der Wirtschaftsprofessor war in TV-Debatten ob seiner Diskussionsfaulheit regelmäßig unterlegen, und doch wurde er meist wie ein Sieger gefeiert. Selbst seine politisch größten Gegner gestanden ihm zu, ein ausnehmend liebenswürdiger Kerl zu sein. Jene persönlichen Vorwürfe, die in Salzburg Franz Schausberger Schaden zufügten, wären an van der Bellen wohl ohne Weiteres abgetropft. Dem Grünen hätte keiner zugetraut, einer Fliege etwas zuleide zu tun, geschweige denn seine Frau zu schlagen. Die Angriffe wären sofort als lächerlich und völlig unglaubwürdig abgetan worden. Mit ein Grund dafür: der langjährige erfolgreiche Imageaufbau des Grünen-Chefs.

Das Problem an der politischen Teflonisierung liegt allerdings darin, dass sie für Politiker in den seltensten Fällen wirklich planbar ist. Mit der Immunisierung gegen erwartbare Vorwürfe ist es anders: Hier können die Kampagnenverantwortlichen, wie gezeigt, so manchen Trick aus der Kiste ziehen.

Zwei der wirksamsten Kniffe sind auch im Fall der Abwehr von Negativkampagnen Humor und Ironie. Gelingt es einem Politiker, vorhersehbaren Attacken schon früh die Spitze zu nehmen und sie ins Lächerliche zu ziehen, ist er auf dem Weg zur wirkungsvollen Immunisierung sehr weit. In seiner viel beachteten »Rede des Finanzministers« im Oktober

2009 setzte ÖVP-Chef Josef Pröll nicht nur so manches neue innenpolitische Thema, er versuchte sich auch in Selbstironie:

> **Pröll**: *Vor nicht einmal einem Jahr haben viele gefragt, manche ganz offen, manche hinter vorgehaltener Hand: Was macht ein Bauer im Finanzministerium? Ich bekenne mich dazu. Ich bekenne mich zu den Prinzipien, die ich vom bäuerlichen Kreislauf gelernt habe: Man kann nicht mehr herausholen, als drin ist. Säen, wachsen, ernten ist ein Kreislauf. Eines ist vom anderen nicht zu trennen.*

Das Spiel mit dem Klischee des Bauern im Finanzministerium war gelungen: Zumindest im Saal erntete Pröll so manchen Lacher. Der Vorwurf, ein Bauernbündler wäre im Finanzministerium leicht überfordert, wird damit nicht abebben. Aber Pröll hatte sich dem Thema gestellt und so zumindest Problembewusstsein gezeigt.

In den USA ist der lockere und humoristische Umgang mit der eigenen Person seit jeher ein politisches Asset. Ronald Reagan etwa gelang einmal live im TV-Studio eine Art Turbo-Impfung gegen den Vorwurf mancher Gegner. Als er 1984 im Alter von 73 gegen den um einiges jüngeren demokratischen Herausforderer Walter Mondale zur Wiederwahl angetreten war, kam es bei der zweiten TV-Debatte zu einer der legendärsten Szenen der amerikanischen Wahlkampfgeschichte.

Nachdem einige Medien schon über den Gesundheitszustand des beliebten Präsidenten und seine Fähigkeit, das Land während des Kalten Kriegs zu führen, spekuliert hatten, stellte der Diskussionsleiter, Henry Trewhitt von der Baltimore »Sun«, eine hinterhältige Frage. Präsident Kennedy, meinte Trewhitt, sei während der Kubakrise tagelang mit sehr wenig Schlaf ausgekommen. Und dann, an Reagan gerichtet: »Haben Sie Zweifel, ob auch Sie solchen Bedingungen standhalten würden?« Reagan blieb ruhig und antwortete lächelnd: »Überhaupt nicht. Und Sie sollten auch wissen, dass ich das Alter in diesem Wahlkampf als Thema nicht ausschlachten werde. Ich werde die Jugend und Unerfahrenheit meines Gegners nicht für politische Zwecke ausnutzen.« Reagan hatte den Spieß umgedreht und der Diskussion einen neuen Rahmen verpasst. Selbst Gegner Mondale musste lachen.

Über zwanzig Jahre später gelang dem 72-jährigen republikanischen

Präsidentschaftskandidaten John McCain ein ähnlicher Scoop. Um sich gegen Attacken zu wappnen, dass auch er zu alt sei, lud McCain einen speziellen Gast zu seinen Wahlveranstaltungen. Seine Ankündigung war dabei immer dieselbe.

McCain: »Ich weiß, dass sich manche meiner Gegner Sorgen machen, ob ich diesen Wahlkampf körperlich durchstehe und ob ich nicht zu alt bin für das Amt des Präsidenten. Ich möchte diese Fragen an eine kompetente Frau weitergeben – meine Mutter.« Auftritt Roberta McCain, Alter 96. McCains Mutter bestätigte bei ihren kurzen Reden dann, wie kraftstrotzend ihr kleiner »Johnny« schon immer war und dass er schon als Kind ein geborener »leader« gewesen sei, an dem sich alle anderen orientiert hätten. Die Botschaft der McCain-Kampagne: Wenn seine Mutter noch mit 96 in der Lage war öffentlich aufzutreten, dann würde es wohl auch ihr Sohn im zarten Alter von 72 locker schaffen, das Land zu führen.

EPILOG

YEEEEEHAAAAA!

Howard Dean, ehemaliger Favorit im demokratischen US-Präsidentschaftsrennen 2004, feuert seine Anhänger nach der Niederlage im Bundesstaat Iowa an.

Wer nach der Lektüre all dieser Tricks und wohlkonstruierten politischen Finten und Manöver nun den Eindruck hat, dass Politik immer ein kalkulierbares und berechenbares Business ist, irrt natürlich gewaltig. Die Aufgabe von politischem Management ist, möglichst viel Ordnung und Planbarkeit ins überbordende Chaos zu bringen. Trotz aller Bemühungen um Professionalität bleiben politische Kampagnen immer unübersichtlich. Manchmal ist es sogar so, dass erst nach einer erfolgreich geschlagenen Wahl deutlich wird, welche strategischen Faktoren zum Sieg geführt haben. Aber auch hier zeigt sich die Fähigkeit gerissener Politiker. Werden sie im Nachhinein zu den großen politischen Feldherren hochstilisiert, ist ihnen das auch recht. Denn nach der Wahl ist vor der Wahl. Mit dem Imageaufbau für die nächste Schlacht kann man gar nicht früh genug beginnen.

Trotz aller durchgestylten und bis ins letzte Detail geplanten Auftritte bleiben Politiker Menschen. Der Einsatz von Strategie, Emotion, exakten Botschaften und gezielten Attacken hängt letztlich immer vom Politiker selbst ab. Howard Dean, der eigentliche Erfinder moderner Internet-Kampagnen, musste das Ende Jänner 2004 schmerzlich erfahren. Mehrere Prozentpunkte war der ehemalige Gouverneur des Bundesstaates Vermont bereits vor seinen Herausforderern gelegen. Doch bei der ersten entscheidenden Vorwahl in Iowa kam er nur auf den enttäuschenden dritten Platz. Dean war mit dieser Situation sichtlich überfordert. Er trat vor seine trotz allem jubelnden Anhänger und wollte – zu Recht – Emotionen zeigen.

Die Übung ging dann allerdings gründlich in die Hose. Dean gab sich erst überwältigt vom Jubel der Fans und begann dann, die Menge noch weiter anzufeuern. Iowa sei nur der Beginn gewesen, rief Dean, es warteten noch so viele Bundesstaaten darauf, erobert zu werden. Und dann brüllte er die Namen der Staaten in den Saal, immer schneller, immer lauter. Am Ende, der Kopf hochrot, schloss der Kandidat mit etwas, das wohl als aufmunternde Freudenbekundung gedacht war: mit einem spitzen Schrei im Cowboy-Stil.

Das völlig überdrehte »Yeeeeehaaaaa!« des Kandidaten ging als Dean-Scream in die amerikanische Kampagnengeschichte ein. Dean hatte seine »I have a scream«-Rede so natürlich nicht geplant. Er wollte Emotionen zeigen, nicht vor laufenden Kameras ausflippen. Doch der Schaden war angerichtet. Der unmotivierte Schrei beendete Deans Kandidatur. Die demokratischen Wähler hatten nach jemandem Ausschau gehalten, der im Herbst 2004 George W. Bush aus dem Weißen Haus jagen sollte – allerdings nicht mit dem Lasso, sondern mit politischen Mitteln.

Einen ähnlich fatalen Fauxpas lieferte 1992 US-Präsident George Bush senior. Der Republikaner war bei seiner neuerlichen Kandidatur fürs Weiße Haus von seinen Beratern perfekt auf jede einzelne Wahlkampfrede vorbereitet worden. Auf eigene Moderatorenkarten hatten sie ihm sogar Regieanweisungen geschrieben. Bei einem Auftritt in New Hampshire ging dieser Perfektionismus dann allerdings gründlich schief. Der dem demokratischen Herausforderer Bill Clinton rhetorisch deutlich unterlegene Bush las versehentlich eine der nicht für die Öffentlichkeit bestimmten Anweisungen seiner Strategen vor. »Botschaft: Ich bin für euch da«, rief Bush in die Menge und gab sich damit ebenso der Lächerlichkeit preis wie Dean zwölf Jahre später.

Das Bush-Team hatte eines der wichtigsten Postulate für politische Kommunikation vergessen. Bei aller Professionalität und Kontrolle in der Kampagne muss der Kandidat er selbst bleiben und darf niemals ferngesteuert wirken. Politische Überzeugungskraft lässt sich schwer erlernen. Das Publikum merkt, wenn ihm vorgekaute Phrasen oder gar billige Imitate anderer erfolgreicher Redner vorgesetzt werden. Seit Barack Obamas Sensationstriumph bei den US-Präsidentschaftswahlen 2008 ist es auch im deutschsprachigen Raum für politische Kommunikatoren und solche, die sich dafür halten, üblich geworden, seinen Slogan »Yes, we can« zu kopieren. Man kann ihn inzwischen bei Autobahnteilstück-Eröffnungen genauso hören wie im »Sonntagsevangelium« der »Krone« vom Wiener Erzbischof Christoph Schönborn lesen. Der Kirchenmann hatte Obamas Worte auch noch tollpatschig mit »Ja, wir können« übersetzt.

Solche Versuche zwanghafter Originalität sind überflüssig. Nichts wirkt peinlicher, als sich einen nicht zur eigenen Bedeutung und Persönlichkeit passenden Stil anzumaßen. Besser, als krampfhafte Kopien zu liefern, ist es für einen Politiker, einen eigenen Stil zu entwickeln. Dabei kann man sogar Authentizität lernen – oder zumindest trainieren. Denn erst wenn die Scheu vor Menschenmassen oder laufenden Kameras verloren geht, kann sich ein Politiker auf die ungezwungene Vermittlung des Inhalts konzentrieren. In der politischen Kommunikation gilt, was

Bill Clintons Medientrainer Michael Sheehan auf die Frage antwortete, was er dem politischen Ausnahmetalent Clinton überhaupt beibringen könne: »Auch ein guter Politiker kann immer noch besser werden.«

Literaturhinweise

Brader, Ted: Campaigning for Hearts and Minds. How Emotional Appeals in Political Ads Work. Chicago, 2006.

Carville, James und Paul Begala: Buck Up, Suck Up … and Come Back When You Foul Up. 12 Winning Secrets From the War Room. New York, 2002.

Faucheux, Ronald A.: Running for Office. The Strategies, Techniques and Messages Modern Political Candidates Need to Win Elections. New York, 2002.

Geer, John G.: In Defense of Negativity. Attack Ads in Presidential Campaigns. Chicago, 2006.

Hofer, Thomas und Norbert Rief: Obama. Der schwarze Visionär – Zeitenwende für die Weltpolitik? Wien, 2008.

Hofer, Thomas und Barbara Tóth (Hrsg.): Wahl 2008. Strategien, Sieger, Sensationen. Wien, 2008.

Hofer, Thomas und Barbara Tóth (Hrsg.): Wahl 2006. Kanzler, Kampagnen, Kapriolen. Analysen zur Nationalratswahl. Wien, 2006.

Hofer, Thomas: Spin Doktoren in Österreich. Die Praxis amerikanischer Wahlkampfberater. Was sie können, wen sie beraten, wie sie arbeiten. Wien, 2005.

Klein, Joe: Vom Ende der Politik. Wie Meinungsforscher und Wahlkampfstrategen die Demokratie ruinieren. Berlin, 2006.

Lakoff, George: The Political Mind. Why You Can't Understand 21st-Century American Politics with an 18th-Century Brain. New York, 2008.

Luntz, Frank: Words That Work. It's Not What You Say, It's What People Hear. New York, 2007.

Mark, David: Going Dirty. The Art of Negative Campaigning. Lanham, 2006.

Morris, Dick: Behind the Oval Office. Getting Reelected Against All Odds. Los Angeles, 1999.

Morris, Dick: Power Plays. Win or Lose – How History's Great Political Leaders Play the Game. New York, 2002.

Plouffe, David: The Audacity to Win. The Inside Story and Lessons of Barack Obama's Historic Victory. New York, 2009.

Schwartz, Tony: The Responsive Chord. New York, 1973.
Trippi, Joe: The Revolution Will Not Be Televised. Democracy, the Internet and the Overthrow of Everything. New York, 2008.
Westen, Drew: The Political Brain. The Role of Emotion in Deciding the Fate of the Nation. New York, 2007.

Bildnachweis

BZÖ: S. 83 oben
Everett Collection/picturedesk.com: S. 88
Fabiano, Gary/Rex Features/picturedesk.com: S. 170
First Look/picturedesk.com: S. 86 oben
Fohringer, Helmut/APA/picturedesk.com: S. 84 unten, 176
FPÖ: S. 83 unten, 175
Gambrini Frederico/EPA/picturedesk.com: S. 169
Gamma/eyedea/2452/picturedesk.com: S. 173 unten
Kurz, Peter/Contrast/picturedesk.com: S. 86 unten
ÖVP: S. 81 oben, 82 unten
picturedesk.com: S. 84 oben, 85 oben
Ruymen, Jim/Eyevine/picturedesk.com: S. 87
Smith, Larry W./EPA/picturedesk.com: S. 171 unten
SPÖ: S. 81 unten, 82 oben, 174 oben
Techt, Hans Klaus/APA/picturedesk.com: S. 85 unten
Thew, Shawn/EPA/picturedesk.com: S. 171 oben
Wiener Ärztekammer: S. 174 unten
WTN/picturedesk.com: S. 173 oben